互联网时代的中国共产党研究·丛书

网络党建论

互联网时代政党的组织变革与社会适应

薛小荣◎著

【修订版】

时事出版社
北京

图书在版编目（CIP）数据

网络党建论：互联网时代政党的组织变革与社会适应/薛小荣著．—修订本．—北京：时事出版社，2019.2
ISBN 978-7-5195-0254-6

Ⅰ.①网…　Ⅱ.①薛…　Ⅲ.①互联网络—应用—中国共产党—党的建设—研究　Ⅳ.①D26－39

中国版本图书馆CIP数据核字（2018）第196154号

出版发行：时事出版社
地　　址：北京市海淀区万寿寺甲2号
邮　　编：100081
发行热线：（010）88547590　88547591
读者服务部：（010）88547595
传　　真：（010）88547592
电子邮箱：shishichubanshe@sina.com
网　　址：www.shishishe.com
印　　刷：北京旺都印务有限公司

开本：787×1092　1/16　印张：18.5　字数：355千字
2019年2月第1版　2019年2月第1次印刷
定价：120.00元

互联网是我们党长期执政面临的最大变量，过不了互联网这一关，就过不了长期执政这一关。

——习近平在党的新闻舆论工作座谈会上的讲话（2016 年 2 月 19 日）

目　　录

导　论

信息网络技术对执政党建设的三重影响

“每一项技术都是人类意愿的一种表达。”①

以互联网为代表的信息网络技术的迅速发展，在推动工业社会向信息社会转型的过程中，已经日益显现出其对社会政治生活领域的深刻影响。“信息社会的崛起是和一种新的社会结构不可分割的，那就是网络社会。20世纪最后25年的特色是由工业主义到信息主义，由工业社会到网络社会的转型，就资本主义和国家主义而言都是如此，其过程伴随着信息技术的革命。”② 现代政党作为产生、形成于机械化大工业时代的特殊政治组织，在信息社会已经渐露峥嵘的新形势下，必然会对传统的政党组织结构带来巨大冲击。正如习近平总书记所言：“互联网新技术新应用不断发展，使互联网的社会动员功能日益增强。要传播正能量，提升传播力和引导力。要严密防范网络犯罪特别是新型网络犯罪，维护人民群众利益和社会和谐稳定。要发挥网络传播互动、体验、共享的优势，听民意、惠民生、解民忧，凝聚社会共识。网上网下要同心聚力、齐抓共管，形成共同防范社会风险、共同构筑同心圆的良好局面。”③ 因此，如何通过政党的组织重建从而适应迅速变化的社会，不仅是中外主流政党的普遍共识，更是作为执政党的中国共产党迫切需要解决的理论和实践问题。信息网络技术主要从技术、组织和价值三个层面对当前党的建设产生了极大影响。

一

信息网络技术对党的建设的第一重影响主要表现在技术层面，即要求

---

① ［美］尼古拉斯·卡尔著，刘纯毅译：《浅薄——互联网如何毒化了我们的大脑》，中信出版社2010年版，第47页。

② ［美］曼纽尔·卡斯特著，夏铸九、黄慧琦译：《千年终结》，社会科学文献出版社2006年版，第4页。

③ 《习近平在中共中央政治局第三十六次集体学习时强调：加快推进网络信息技术自主创新 朝着建设网络强国目标不懈努力》，《人民日报》，2016年10月10日。

我们必须适应信息社会的发展趋势，积极推进党员党组织的信息化，提升党的党务管理能力。政党的党务管理能力直接反映了政党的组织水平，并决定着政党的战斗力。中国共产党作为执政党，其党务管理能力更是关系到执政党执政水平的高低。因此，借助于信息网络技术的发展，可以有效提升党员和党组织信息的精确管理、动态管理和统一管理。具体来说，提升党务管理能力主要表现在以下三个方面：

一是信息网络技术带来的信息存储的数字化，可以使党员党组织的信息编码实现真正的精确管理。这主要是因为：传统党务管理主要是依托印刷载体而实现对党内成员和各级组织的信息管理活动。以纸质为主要代表的印刷载体具有“同一性、连续性和线条性原则”①。建基于此之上的党务信息管理由此表现出两个典型特征：其一，垂直线性特征。由于纸质类信息载体具有单一线性的信息垄断特点，这就决定了党内各级组织和成员的信息管理必然表现为上级组织对下级组织主要信息的管理具有最终的汇总权和知情权，而下级组织则只能拥有本级单元的信息知情权。上下级之间组织内部的信息流动的强烈反差带来的结果就是下级组织只能“一叶障目而不见泰山”。其二，分割阻隔特征。纸质信息载体除了垂直线性所带来的上级信息垄断特点外，还有一个重要的特点就是本级组织在整个政党的信息管理体系中，只是作为一个单一孤立的本级信息聚合点和提供者而存在。一般来说，在垂直孤立的线性信息管理模式中，它与其他的信息提供者之间按照系统安排是不能或者只是进行简单的信息联接。一方面，这是由纸质载体的信息容量大小所决定的。超大的纸质信息无法支持信息之间的横向流动，只能通过自下而上的单向流动方式向上级汇聚。另一方面，这也是由纸质载体的信息存储水平所决定的。纸质载体特有的易损伤性带来了信息管理的存储难度，从而也无法支持政党组织体系内部信息的有效流动。正是由于垂直线性和分割阻隔两大特征的存在，导致依托纸质载体进行信息管理的传统党务管理在对党员党组织的信息管理方面只能进行模糊化管理。信息网络技术的发展则有力地突破了纸质化信息管理的这一缺陷，通过对党员党组织的信息编码，使政党的党务管理可以实现对党员党组织的精确化管理。这是因为依托信息网络为载体的信息管理有效克服了纸质信息载体容量小、存储难的问题，能够促进信息的交互流动，从而为

---

① ［加拿大］马歇尔·麦克卢汉著，何道宽译：《理解媒介：论人的延伸》，译林出版社 2011 年版，第 25 页。

精确管理奠定坚实的物质技术基础。当然，“一个王朝首先只能是‘纸张王国’，然后才成为信息王国以及信息控制王国。从近代直至20世纪末的社会变迁证明了这一事实，尤其在最发达的国家。社会职能的拓展深入关注个体生活的各个方面，这一切依靠的就是被认为呈指数增长的社会群体资料库，若没有这些堆积如山的文件的激增”①，国家模式的运作将无法正常进行。不过，信息网络条件下党务信息管理更为重要的意义还在于：在精确化的党务管理中，党员党组织的个体信息不再只是纸质材料上的刻板平面印象，而是具有了鲜活立体的感觉；党员党组织不再只是数据统计中一连串的数字符号，而是信息交互图景中一幅幅生动的形象。

二是信息网络技术带来的信息流动的瞬时化，可以使党员党组织的信息管理实现真正的动态管理。随着改革开放的深入发展，原来高度集中统一的中国社会结构日益呈现出分层化、碎片化的趋向，使“单位人”逐渐向“社会人”转变，特别是由于大量新的经济组织、社会组织的出现，不仅促进了中国社会发展的流动，而且对党的建设提出了新问题，集中表现为流动党员的管理问题。造成这一问题出现的原因主要在于：其一，中国社会的持续发展使个体越来越成为独立的社会单元，传统党务依靠相应的行政组织体制来进行管理的渠道，已经因为部分党员个体脱离国家行政体制而无法实施有效管理，从而出现流动党员组织关系“空巢”现象的出现。其二，现有党务管理中遵循的属地原则已经无法适应流动性增强的当今社会。部分党员在生存发展的驱动下，逐渐脱离原来的组织关系所在地，到达新的工作地方之后又没有相应渠道转入当地党组织，从而出现流动党员组织关系“空转”现象的出现。其三，以纸质载体为主要特征的现有党务管理体制，在面对迅速变化的流动社会以及由此而带来的流动党员问题时，往往囿于信息管理的高成本和现行组织关系转接的复杂性，而无法对流动党员实行有效的实时动态管理，从而导致组织对党员管理出现暂时性的“失声”现象。信息网络技术的发展则在一定程度上可以解决流动党员管理的时空“错位”问题，克服现行组织系统内部横向交流能力欠缺的困难，通过党员党组织的信息编码，政党的信息管理可以实现信息流动的瞬时化，从而实现政党内部组

① ［法］弗雷德里克·巴尔比耶、卡特琳娜·贝尔托·拉维尼尔著，施婉丽、徐艳、俞佳乐译：《从狄德罗到因特网：法国传媒史》，世纪出版集团、上海人民出版社2009年版，第2页。

织信息的有效对接。具体来说，加强党员党组织的信息管理，特别是针对流动党员群体的管理，可以通过搭建“党员党组织信息管理系统”和“党员党组织联系动员系统”两个平台来实现对党员党组织的动态管理和实时监管，真正使党员管理“落地生根”。

三是信息网络技术带来的信息选择的时差化，可以使党员党组织的信息传播实现真正的统一管理。对党员进行宣传教育是党务活动的重要内容，也是增强党内团结的重要形式。在现实党务管理中，这一活动主要依托各级党组织所在的行政事业编制单位进行，从而形成强烈的路径依赖。由于这一党务活动的组织形式具有典型的行政色彩，对宣传教育的对象（党员）、时间和场所等有明确的物理要求，即党员必须身体在场、有固定的时间和一定的物理空间。应该说，这一教育组织形式满足了行政事业编制体制内的党员需求，但是对编制体制外的党员教育则稍显不足，尤其是“两新”组织内的党员和流动党员更显困难。正因如此，加强对党员的统一教育往往由于在人员、时间和场所上的问题而不能很好地落实，其效果自是大打折扣。信息网络技术的发展则在一定程度上可以弥补和解决党员统一教育的问题。这主要是因为：其一，信息网络技术的实时交互性，可以有效破除物理条件下的时空限制，实现虚拟空间领域的人员、时间和地点的统一。通过建立“网上党支部”等平台，可以使党员通过电脑、手机等通讯媒体实现人员的“虚拟集合”，从而解决由于身体不在场而带来的教育“缺席”。其二，信息网络技术的信息选择时差化，可以在一定程度上克服现实党员教育中存在的非同步性问题。“先前的信息领域中，政治信息的记录以及保存至多只是基本的和支离破碎的，只是象征性地冠以‘新闻’这个术语。对公众而言新闻中的信息大都仅仅是同时代的而已；一个星期之前的旧报纸不是那么容易获得的，一个星期之前的旧电视节目就算是一去不复返了。然而，以网络为基础的‘公告栏’却将政治信息以某种方式得以保存，使得过去的信息在现在更容易获取。”① 因故不能及时参与党组织举办的统一教育活动的党员，可以通过“党员远程教育系统”等平台，点击调取党员宣传教育的相关文字、音像和视频等资源，在合适的时间和地点进行事后学习，从而真正实现党员的统一管理。

① ［美］宾柏著，刘钢等译：《信息与美国民主：技术在政治权力演化中的作用》，科学出版社 2011 年版，第 86 页。

二

信息网络技术对党的建设的第二重影响主要表现在组织层面，即要求我们必须适应信息社会的发展趋势，全力应对政党组织结构的变化，提升党的组织适应能力。“通信技术是形成政党体系的历史背景的主要特征之一。”[①] 从工业社会向信息社会的发展转变，信息网络技术引起了一系列经济、政治和社会组织的结构变化，“以满足新的要求或新的网络运动的潜在要求”[②]。相比于经济组织（如公司企业等）和社会组织（如志愿者组织、环保组织等）对于技术变革而带来的组织变化的敏锐反应，政党作为社会政治生活的特殊政治组织，往往由于政治问题的敏感与沉重而无法迅速应对技术发展推动下的社会变化，以及由此带来的政党组织结构的变化。事实上，在信息网络技术发展的今天，中外主流政党的变化已经表明，只有迅速适应变动不居的社会，才是能确保政党长久发展之道。中国共产党作为执政党，在当代中国社会剧烈转型的深刻变革下，更应该着眼变化，通过组织的调整与优化，朝着更加灵活、更加及时、更加直接的发展方向，积极提升自身的社会适应能力。具体来说，提升组织适应能力主要表现在以下三个方面：

一是根据灵活原则，构建组织管理的新模式。信息网络技术的迅猛发展，带来的不仅仅是新的技术成果的广泛运用，更为深刻的意义还在于技术运用所引发的剧烈社会变动。“一场信息革命通过为政治通信和集体行动的组织创造新机会而摧毁之前的信息政体。这些变化为某些组织和结构形式带来益处的同时也为另一些组织和结构形式带来不利，导致政治组织和中介机构领域的适应和变化。”[③] 从工业社会向信息社会的转变，是一个新旧杂陈、不断突破创新的转型时期。在达到新的社会平衡之前，这一过渡时期最大的特点就是“变化”。在传统的党的建设赖以依存的高度板结的社会结构逐渐消解，新的稳定的社会结构尚未完全建立起来的情况下，

---

① ［美］宾柏著，刘钢等译：《信息与美国民主：技术在政治权力演化中的作用》，科学出版社2011年版，第16页。

② ［英］安德鲁·查德威克著，任孟山译：《互联网政治学：国家、公民与新传播技术》，华夏出版社2010年版，第181页。

③ ［美］宾柏著，刘钢等译：《信息与美国民主：技术在政治权力演化中的作用》，科学出版社2011年版，第18页。

党的建设面临着严峻挑战，并且这种压力与挑战将会长期存在。就党的组织管理模式而言，由信息网络技术发展所带来的社会历史性变化对党的组织管理模式提出的挑战主要表现为：其一，在党员管理方面，由于流动党员群体的出现，对现有的党员管理模式提出了新问题，即如何在属地管理原则的基础上，更好地利用信息网络技术加强对流动党员的管理。如前所述，可以通过将党员党组织信息编码和搭建党员党组织联动系统平台等方式，实现对流动党员的组织管理。其二，在信息管理方面，由于信息网络技术发展所带来的信息流动模式的深刻变化，对传统政党严密封闭的信息管理方式提出了新问题。中国共产党的信息管理模式产生形成于特殊的革命战争时期，在时刻面临生死存亡的高度警惕状态下，出于保守秘密和保证党的活动安全的目的，党内信息流通具有极其严格的规定。下级组织或普通党员群众只有在上级传达的情况下才能获知党内重大情况通报。[①] 当党取得革命胜利后，建立起高度集中统一的政治经济结构后，党的信息管理方式又与之相适应，在动员党员和人民群众响应国家号召，发起群众性运动中发挥着积极的作用。但是，随着改革开放的深入发展，原有的计划经济被打破，市场经济体制逐渐确立起来后，党的信息管理方式与社会发展开始出现不相适应的问题。而近些年来由于信息网络技术的广泛使用以及由此引起的信息传播的开放性与迅捷性，又进一步加剧了这一不适应。

---

① 1927年11月的中共中央政治局扩大会议严格规定了秘密工作纪律，强调“各级党部的常务委员会不得超过五人至七人，五人以上及两点钟以上的集会，非极端的必需不得举行，凡是稍稍破坏党的秘密组织纪律的，立刻应当停止他的工作，或者直接开除党籍”（见《中共中央文件集》第3册，中共中央党校出版社1989年版，第476页）。1928年5月18日，中央发出《中央通告第四十七号——关于在白色恐怖下党组织的整顿、发展和秘密工作》，要求“在秘密环境中务必使党的组织适合于这一环境，使敌人不易破获党的机关与组织，或者破获一部分而不致连带到其他的部分”。（见《中共中央文件集》第4册，中共中央党校出版社1989年版，第203页）。随着中国革命战争的不断胜利，中国共产党为了加强党对群众的领导，逐步进行了公开建党的尝试。1948年5月3日，中共牡丹江省委组织工作会议做出决定，要求公开建党，目的是为了加强党和群众的联系，使群众能够监督党，更好地发挥党的领导作用。强调“所谓公开，是组织公开，并不是把党内带秘密性的东西都公开了”（见中共牡丹江市委党史研究室编：《北疆旭日——牡丹江市接管与社会改造》，黑龙江朝鲜民族出版社2000年版，第67—71页）。新中国成立后，中国共产党成为执政党，对公开建党的含义和意义做了明确表述，指出公开建党是指党在劳动人民中间应公开地进行关于党纲和党章的宣传教育，普遍提高他们的觉悟，而不是公开党的组织工作（见《中国共产党组织史资料》第9卷，中共党史出版社2000年版，第28—29页）。

“信息运动瞬息万里的速度兴起以后，任何组织中最周密的计划都可能遭到不测。组织图表中常见的委派权威随之崩溃，金字塔结构及管理结构随之消融。”① 在这种传统信息传输模式逐渐失效的情况下，一些事关党员群众和人民群众利益相关的重大事件，往往在没有正常的组织渠道传达的情况下，通过网络、手机等信息平台迅速传播开来，而现有的信息管理模式又囿于组织程序无法进行及时澄清，以至引起了部分党员群众的思想混乱，严重干扰了正常的社会政治生活。因此，面对信息网络技术的发展，党的组织管理模式必须因时顺变，在强化集中领导的前提下，通过优化组合，建立更加灵活机动的组织模式，以切实应对急剧变化的社会新问题。

二是根据及时原则，完善舆情治理的新机制。政党组织机制的优化调整，是信息网络技术发展所带来的一系列社会影响的必然结果。而网络舆情问题的提出，则更是强化了这一技术发展对政党的影响。在印刷时代，“一个人的喊声永远传不到全民的耳朵里”②。但是，网络舆情的风潮叠起，使互联网这一虚拟空间领域成为舆情发生的集散地和放大器，对社会生活造成极大影响，使得如何有效治理网络舆情成为执政党迫切关心的现实问题。但是，网络舆情的发生发展，有其自身的独特生成机制。现实的社会舆情治理手段并不能达到治理的理想目标。这主要是因为现实社会的舆论，其发生发展主要是通过有形的信息载体来实现的，无论是通过报刊、电视抑或是一定人群的私下传播，都可以借助于政府强大的公民个人身份信息寻根摸底，从而将舆论控制在一定范围之内，避免引起社会的连锁反应。可以说，现实空间领域中的一切舆论都可以做到有迹可寻，从而能够迅速采取有效措施加以管控。但是，虚拟空间领域中的舆情发生在相当程度上由于公民个人信息在网络空间的模糊性而无法得到迅速有效的治理。“将互联网与其他媒介形式相比，我们会发现有些媒介更容易管理。过去，国家对待新媒介的诞生，是通过制定政策和监管手段来适应技术引发的特殊问题及其使用的内容。同时，普遍使用经济手段来决定媒介引入的门

① ［加拿大］马歇尔·麦克卢汉著，何道宽译：《理解媒介：论人的延伸》，译林出版社 2011 年版，第 279 页。

② 列宁：《告贫苦农民——向农民讲解社会民主党人要求什么》（1903 年），《列宁全集》第 7 卷，人民出版社 1959 年版，第 117 页。

槛。……比较而言，对于政府来讲，管理和控制互联网内容就非常困难了。”① 因此，在现有的网络舆情治理机制尚未完全建立起来的时候，执政党面对网络虚拟空间沸腾的舆情浪潮时，其治理手段往往不能竞其全功。那么，应该如何提高执政党治理网络舆情的能力呢？从组织机制的角度来讲，应该着眼建设一套及时、果断、灵活的治理机制来应对舆情风潮。首先，要及时发现舆情苗头。网络舆情的发生虽说具有突发性，但是并非空穴来风。一般来说，网络舆情的发生往往都是与现实社会生活中的突发事件有着紧密联系。在一定程度上，网络舆情和社会突发事件就是一对孪生子。因此，要治理网络舆情，必须找准引发舆情的根源，从而采取措施进行有效治理。其次，要果断处置舆情风潮。网络舆情治理，本质上就是危机管理。因此，当网络舆情逐渐在虚拟空间蔓延之时，必须在第一时间果断出手，表明态度，赢得网民信任，掌握舆情治理的主动权。最后，要灵活应对舆情问题。网络舆情的背后往往站立的是生活在现实社会中的鲜活个体。因此，治理网络舆情的核心要求，就是要学会如何与这些人打交道。建立平等、公开、透明的对话机制，无疑应该成为一种比较理智的选择。

三是根据直接原则，优化党群关系密切的新渠道。信息网络技术的发展，为进一步密切党与群众的关系提供了可能。主要表现为：其一，信息传递的瞬时性，可以使党与群众的交往渠道更加迅捷，能够在一定程度上克服现实生活中组织体制中层级关系带来的信息审核，使基层群众的需求得到迅速反映，从而增强了党了解民情、民意、民生的信息获取能力。其二，信息联通的同时性，可以使党与群众的对话渠道更加方便，从而增强党对群众的亲和力。信息网络技术提供的网络同时在线功能，消除了人与人之间的空间距离，虽远隔千山万水，但却通过网络而实现了面对面的“零接触”。传统党群关系是党在现实生活中通过各级组织与群众的日常接触而实现的。而信息网络技术则为党联系群众提供了一条更加方便的渠道，使党的各级领导能够摆脱组织层级的束缚，实现与群众的直接对话。“新电子媒介为利益团体的发展以及意见的形成提供了新兴的‘论坛’。这

① ［英］安德鲁·查德威克著，任孟山译：《互联网政治学：国家、公民与新传播技术》，华夏出版社2010年版，第8页。

将允许政界人士和活跃公民展开对话，省去了政党机器不可避免的干涉。”[①] 胡锦涛在人民网“强国论坛”的实名注册和温家宝与网民的直接对话等一系列举动，就直接拉近了党和国家领导人与普通群众之间的距离，增加了党吸引、团结群众的能力。因此，根据信息网络技术在促进党群关系方面所具有的上述两种特征，我们可以通过建立邮箱、微博、论坛等多种形式，及时了解人民的所思所想，正确做出解决问题的措施方案，使党与群众通过网络更加紧密地联系在一起，成为牢不可分的统一整体。

三

信息网络技术对党的建设的第三重影响主要表现在价值层面，即要求我们必须适应信息社会的发展趋势，正视、重视党员主体价值的实现，提升党的持续发展能力。在迅速变动的社会中，政党的持续发展有赖于全体党员主体价值的充分实现。“一个社会对于信息的掌握程度可以衡量其社会的发展程度。”[②] 信息网络技术的飞速发展，为党员个体在信息获取和民主实践两个方面提供了更大的可能，从而要求政党必须正视、重视党内普通成员的主体性，切实采取措施为党员主体价值的实现提供制度保障，以保证党的健康发展。可以说，一个内部团结、充满活力、昂扬向上的党员队伍，是执政党保持团结、稳定和发展的关键要素。因此，提升党的持续发展能力主要表现为以下两个方面：

一是信息网络技术的发展促进了党员信息获取能力的提升，要求政党必须正视党员个体的智慧水平。“人”作为政党组织的主体构成，其价值内涵并非一成不变。信息网络技术的广泛运用及其所展现的社会意义都已经表明，一个有别于机械大工业时代的新时代已经出现，并越来越展现出其强有力的变革力量。现有的政党模式多脱胎于机械大工业时代，其政党的组织理念、组织架构、组织成员等都具有明显的机械大工业时代的特点，即“分割肢解的、集中制的、肤浅的”[③]。具体来说，在组织理念上，

---

① ［荷兰］丹尼斯·麦奎尔著，崔保国、李琨译：《麦奎尔大众传播理论》，清华大学出版社 2010 年版，第 123 页。

② ［美］宾柏著，刘钢等译：《信息与美国民主：技术在政治权力演化中的作用》，科学出版社 2011 年版，第 33 页。

③ ［加拿大］马歇尔·麦克卢汉著，何道宽译：《理解媒介：论人的延伸》，译林出版社 2011 年版，第 18 页。

强调的是统一指挥；在组织架构上，表现出的是中央—地方的垂直线性机制；在组织成员上，强调的是个体的纪律与服从。而在信息网络时代，政党的组织理念、组织架构、组织成员等方面都正在发生着潜移默化的改变，表现出“整体化的、非集中制的、有深度的”① 特点。从组织理念上来看，信息网络技术的分权特点使组织越来越呈现出多元自治而非统一一律的特点；从组织架构上来看，信息网络技术的多中心特点使组织越来越表现出扁平化的非线性结构趋向；从组织成员来看，信息网络时代的“人”的特点在人与组织的关系中越来越彰显出“人”的理性自我特征，强调的是个体自我价值实现而非一味地要求组织成员个体的牺牲与奉献。也就是说，在人与政党的关系中，究竟是人作为政党组织的主体价值存在还是政党本身成为组织主体价值存在？在政党本身成为主体价值存在的人—政党关系中，政党强调的是个体集合——集体——的整体利益，这一组织伦理要求组织成员必须放弃个体的一切特征与需求，即个体的“去个人化”，个体的“人”泯然于组织的千万大军之中，成为一架庞大机器的螺丝钉、一座宏伟大厦的地砖。而在“人”作为政党组织的主体价值存在的人—政党关系中，政党本身的价值内涵开始回归。在近代政党政治兴起以后，政党的根本意义在于它是代表一部分社会利益的群体集合，通过鲜明的政治理念，通过政治权力的争夺来实现社会群体的利益诉求。可以说，在人—政党的关系中，政党是人实现自身价值与社会价值的工具与平台。这才是政党价值的根本体现。但是，建构于机械大工业时代的政党组织囿于观念、技术等制约因素，政党越来越成为一个相对独立的“利益存在”和“宏大目标”，组织内部成员的个体价值与目标消逝得无影无踪，犬儒主义的精神状态开始弥漫于整个组织的方方面面。以苏联共产党为例，“人们不满这个体制，并以各种形式表现他们的退缩：犬儒主义，工作场所的偷鸡摸狗、浑水摸鱼，自杀及广泛的酗酒等。由于斯大林式的恐怖主义早已被废弃，取而代之的是政治上有选择性且有限制的压迫，意识形态的教化顶多只是一种官僚的仪式，而不是真正的审查。所以，一旦勃列日涅夫的长期统治建立起一种常态和烦闷的生活形式之后，人们就学会如何

---

① ［加拿大］马歇尔·麦克卢汉著，何道宽译：《理解媒介：论人的延伸》，译林出版社 2011 年版，第 18 页。

对付这种体制，过自己的生活，尽量利用它，敬国家而远之”①。信息网络技术的兴起及其普及运用，其最深远的社会意义就在于它促使组织内部关系变革。而变革的核心就是人与组织的关系中如何在个体利益与整体利益、个体价值与整体价值之间寻求一个恰当的平衡。如果说机械大工业时代由于信息流动和组织控制成本过高而使个体屈从于组织纪律要求，那么信息网络时代带来的信息流动与组织控制成本的降低，以及个体理性的成熟，则无疑成为推动政党进行组织变革的时代之力。

二是信息网络技术的发展促进了党员民主践行能力的提升，要求政党必须重塑党内民主的政治价值。党内民主是党的生命，是执政党发挥党员智慧、保持党内活力的基本方式，也是中国共产党扩大社会民主的关键步骤。信息网络技术的发展，在提升党员个体信息获取能力的同时，也为党员个体民主参政能力的培育提供了坚实的物质技术保障和政治价值追求。“信息的专门使用权被认为是通向权力的通道。对于传播媒介的控制通常是取得政治权力的首要一步。位于现代组织机构中心的信息机构传播信息的方式远不是随意的。同时，目前的电子系统传播信息的数量、形式和速度已经在人际关系和群体关系中产生了一种性质上全新的要素。电信在今天成为最强劲的力量，不仅影响意识形态而且影响社会物质基础。”② 相比于现实的党内民主的活动实践，信息网络技术具备的信息发布的迅捷性、公开性和交互性等特点，无疑是对现实党内民主实践过程中的有益补充。“新电子媒介被普遍认为是一种逃避压抑性的、‘自上而下’的大众民主政治的潜在方式；在这种自上而下的大众民主政治中，组织紧密的政党独立拟定政策，使背后的支持力量最大化，却很少有经过协商或者草根阶层的参与。新媒介提供了供应高度差异性政治信息与观念的方式，在理论上可以让所有意见无限制地接受，而且领导者和追随者之间有许多的反馈和协商。”③ 具体来说，主要体现在以下两个方面：首先，党员的参政议政能力的提升。信息网络促进了包括政治信息在内的信息流通。而信息流通则使党员直接参与党内重大决策成为可能。通过信息网络技术的运用，对于党

---

① ［美］曼纽尔·卡斯特著，夏铸九、黄慧琦译：《千年终结》，社会科学文献出版社2006年版，第2—3页。

② ［美］赫伯特·席勒著，刘晓红译：《大众传播与美利坚帝国》，上海译文出版社2006年版，第29页。

③ ［荷兰］丹尼斯·麦奎尔著，崔保国、李琨译：《麦奎尔大众传播理论》，清华大学出版社2010年版，第123页。

员群众所关心的党内重大事件的讨论，党组织可以通过内部网的传播平台，向党内成员广泛征求意见，从而确保党员知情权和议政权最大限度地贯彻落实，并在党内广泛讨论的基础之上凝聚共识，形成科学决策。比如，目前各级党组织通过党建网站等形式向党员群众征求党内事务的看法意见，不仅使各级党组织以低廉的信息成本获取了丰富的信息，而且通过这一技术平台，使党员群众的知情权和建议权得到了有效落实，为党的科学决策提供了有利支持。其次，党员的民主监督能力的提升。党内监督是确保中国共产党纯洁性的重要保障。事实证明，只有把监督的权力掌握在全体党员手中，才能真正确保党内的纯洁健康。信息网络技术的发展，提供了党员履行直接监督权力的有效平台，比如12380举报平台。同时，更为重要的意义在于，信息网络技术带来的信息的公开性、流动性与互动性，不仅使本级组织内部的监督成为可能，而且为党内其他成员发挥非本级组织监督提供了重要手段。

总之，信息网络技术的发展，带来的不仅仅是政党内部事务活动的技术手段更新，最深远的意义还在于促进了党员主体价值的普遍觉醒以及对党内民主、社会民主的价值渴求。中国共产党作为代表最广大人民群众根本利益的无产阶级政党，只有正视和满足广大党内成员的政治民主追求，才能真正夯实党的执政基础，才能真正增强党的执政活力。正如习近平总书记指出的那样：“网民大多数是普通群众，来自四面八方，各自经历不同，观点和想法肯定是五花八门的，不能要求他们对所有问题都看得那么准、说得那么对。要多一些包容和耐心，对建设性意见要及时吸纳，对困难要及时帮助，对不了解情况的要及时宣介，对模糊认识要及时廓清，对怨气怨言要及时化解，对错误看法要及时引导和纠正，让互联网成为我们同群众交流沟通的新平台，成为了解群众、贴近群众、为群众排忧解难的新途径，成为发扬人民民主、接受人民监督的新渠道。”①

---

① 习近平：《在网络安全和信息化工作座谈会上的讲话》，人民出版社2016年版，第8页。

第一章

网络党建的基本问题

“任何媒介形式的发展，或者说任何新的传播技术的发展，都无法逃脱政治因素的纠缠，更不用说互联网这种新的传播技术本身就是从军事国防领域延展而来，它与国家之间勾连不清的政治性是其与生俱来的秉性之一。”[①] 以互联网为核心的信息网络技术的迅猛发展和广泛运用，强而有力地推动着中国社会开始向信息网络社会转变，对中国共产党的执政理念、执政方式、组织结构、制度建设、党务管理等方面提出了新的要求。只有积极适应信息网络社会的持续发展，才能提升中国共产党应对急剧变化社会的战略适应能力，才能永葆中国共产党的执政地位。在从工业社会向信息网络社会逐步转变的过程中，中国共产党敏锐地察觉到这一转变必将给执政党建设带来深刻影响，因而从党的最高领导层开始给予了高度重视，党的各级组织也根据自身所处的环境不断摸索新的经验。这一系列由信息网络技术引发的党的建设的新探索，在理论和实践的层面上被统称为“网络党建”。不过，关于“网络党建”的相关基本问题仍然没有得到清醒、科学的理论阐释，因而无法形成统一共识以有效指导党的建设实践。因此，“网络党建”的科学、健康发展，必须以首先厘清基本理论为起点。

第一节　问题的提出

中国共产党积极进行信息网络社会中党的建设的尝试，最早可以追溯到20世纪90年代中后期。1999年先后发生的两件重大事件从经验层面证实了互联网的两面性，即谁能利用好互联网，谁就能掌握舆论。反之，则会丧失舆论的主动权！

1999年4月发生的“法轮功”事件给中国共产党敲响了警钟[②]：决不

---

① ［英］安德鲁·查德威克著，任孟山译：《互联网政治学：国家、公民与新传播技术》，华夏出版社2010年版，序言，第7页。

② 事实上，国外学者也敏锐地注意到互联网在此一事件中所扮演的角色。见［美］曼纽尔·卡斯特著，夏铸九等译：《网络社会的崛起》，社会科学文献出版社2001年版，第8页。

能忽视互联网的力量！而随后于5月8日发生的中国驻南斯拉夫联盟共和国大使馆遭到以美国为首的北约空军的导弹袭击事件，则使中国共产党前期因“法轮功”事件担忧互联网无法控制的同时，看到了互联网的另一面，即网络舆论的强大力量。导弹袭击事件发生后，中国社会舆论一致谴责以美国为首的北约暴行，通过互联网，中国人民向世界表达了强烈的民族情感。正是在这种群情激愤的情况下，中国共产党和政府进行了积极引导，使社会舆论始终保持正确的方向。

进入21世纪以来，随着互联网在中国的普及运用，中国共产党更加明确地提出了利用信息网络技术开展党的建设，尤其是党在信息网络时代开展思想政治工作的决定。不过，随着我国社会信息化程度的加深，中国共产党在继续强调利用互联网进行思想引导的同时，更加关注用信息网络技术来提升党的建设的信息化水平，以此作为推进党的建设科学化的重要举措。胡锦涛在十七届四中全会上明确提出要加快推进党建信息化，以提高党建科学化。他在这次会议上的讲话不仅成为直接推动此后党的建设信息化的号角，而且也明确了党的建设信息化的重要内容。

可以说，从20世纪末期跨入21世纪，中国社会在全球化、信息化的浪潮冲击下开始从工业社会向信息社会转型，既为中国共产党提供了发展的重大机遇，又为中国共产党提出了发展的严峻挑战。充分利用以互联网为核心的信息网络技术来开展网络党建，是中国共产党在时代新要求下做出的积极、主动、灵活的战略部署。

一、网络党建的必要性

网络党建作为信息网络时代中国共产党采取的积极战略应对，其必要性主要体现在以下三个方面：

（一）“短信政治”与网络党建工作的新思路

网络技术的发展和运用改变了政党的活动方式和工作效率。2010年1月5日，时任中共中央政治局常委、中央书记处书记、国家副主席习近平通过全国基层党建工作手机信息系统，向全国100万名基层党组织书记、大学生“村官”发出问候短信：“全国基层党建工作手机信息系统今天正式开通！我代表党中央，向全国的基层党组织书记、大学生村官致以亲切的问候！习近平”。这一短信引起广大基层党建工作者的热烈反映，成为党和国家利用新兴媒体加强基层党建新思路的重要体现。

2010年2月21日，名为“胡锦涛”的微博出现在人民网上，微博主页“关于我”的资料栏中显示为：中共中央总书记、国家主席、中央军委主席。数千网友迅即追逐而至，短时间内“胡锦涛微博”上的粉丝已有10165人，且这一数字仍在不断攀升。“胡锦涛微博”的开通，成为传递国家领导人亲民、贴近民生的积极信号，被评价为中国历史上第一次“最高层官方话语与最底层平民话语的互动”①。此后，各级党委和政府也纷纷通过建立微博等形式，与普通民众进行直接对话，倾听民意。据统计，截至2011年3月，全国范围内共有实名认证的政务机构微博1708个，政府官员微博720个。② 2012年6月30日，在中国共产党成立91周年到来之际，中央组织部在北京举行共产党员网、共产党员电视栏目、共产党手机报开通仪式。中国共产党这一系列举措表明，重视和加强信息网络时代信息的及时传播与沟通，是提升党的组织能力的重要手段。

上述一系列现象被海内外学者称之为“短信政治”，表明通过短信等新媒体手段传达政令、传递消息、听取意见和建议，成为中国共产党党建工作的新思路、新尝试。不仅表明中国共产党具有强大的自我适应能力，“在党内各级组织间实施‘短信互动’，表现出中共为适应时代发展变化而不断自愿、自发、自觉地改造自我的求实精神，显示出不断实现自我超越的强大生命力”。而且具有积极的政治意义，“毋庸置疑，‘短信政治’值得期待。它将搭建起公开透明、上下互动的执政平台，激发起广大民众参政议政的热情。人们期待眼下的‘短信互动’的党务创新，能够在不远的将来转变成一种制度创新，最终推动社会民主进步”③。

事实上，利用网络进行政治动员和组织建设，在西方发达国家已经成为政党的常态活动方式。据统计，自1994年美国国会选举时政党建立的第一个网站起，到2000年中期，世界上大约有1250个政党在互联网上建立了自己的网站。单在欧洲和北美洲，平均每个国家就有大约40个政党有自己的网站。政党不仅可以通过网络媒体获取信息、选择信息、传播信息，影响受众的思想观念，宣传动员民众，扩大影响，展示和树立现代政党的形象；而且通过互联网倾听民众的声音，把握社会跳动的脉搏，以便调整自己的目标和政策。在2008年美国总统大选中获胜的奥巴马，更是因其本

---

① 赵晓：《总书记上网与小平南巡：评网民民主为中国政治发展带来新契机》，http：//www.cser.org.cn/。

② 中央组织部党建研究所课题组：《信息化发展对党的建设的挑战及对策》，《党建研究内参》，2012年第6期。

③ 汪嘉波：《“短信政治”值得期待》，《解放日报》，2010年1月5日。

人及其竞选团队对各种网络媒体的深刻理解、高度重视和娴熟运用，“从一开始就积极接纳了社会化媒体”[①]，被誉为“互联网总统”“Web2.0总统”“科技总统”。奥巴马总统竞选获胜的成功经验证明了网络时代给政党政治带来的深刻变化。正如Google前任CEO埃里克所言：“能够发挥互联网全部潜力的候选人，将会在下一次总统大选中脱颖而出。”[②] 在奥巴马的竞选团队中，大量网络精英参与其中，如蓝州数码公司的创建者之一、担任奥巴马竞选班子新媒体主任的乔·罗斯帕斯，当今世界最大的社交网站Facebook的创始人之一克里斯·休斯，以及网景的创始人马克·安瑞森，谷歌全球总裁埃里克·施密特等，全方位操控与竞选相关的网络传播活动。[③] 他们从建立Myspace主页和Facebook主页，到在YouTube传播海量拉票视频，千方百计发动网民投身大选，并最终筹得创纪录的7亿美元竞选资金，使奥巴马最终在激烈的角逐中战胜对手。所以有人总结了一个公式：“视频社区的推广+搜索引擎营销+网站联盟=奥巴马的胜利”。[④] 与奥巴马相比，2017年1月20日宣誓就职第45任美国总统的唐纳德·特朗普不仅利用Twitter（推特）为总统竞选呐喊助威，摇旗造势，而且把Twitter作为总统治国的重要方式。从2009年3月特朗普正式注册Twitter账号开始，Twitter就成为特朗普在生意场上的宣传神器。他曾说“我爱推特，推特就像拥有自己的报纸，而且不会亏钱”（I love Twitter... it's like owning your own newspaper—without the losses）。对于Twitter在其竞选中起的作用，特朗普直言不讳，“如果没有社交媒体，我怀疑我还能否坐在这儿”（I doubt I would be here if weren't for social media, to be honest with you）。[⑤]

因此，承认、适应和融入这一信息技术带来的政党政治的革命性变

① ［美］埃里克·奎尔曼著，刘吉熙译：《颠覆：社会化媒体改变世界》，人民邮电出版社2010年版，第49页。

② 《互联网成为美国总统竞选政治营销新渠道》，《广州日报》，2007年7月29日。

③ 高瞻：《奥巴马与美国网络政治的发展》，《红旗文稿》，2009年第15期。

④ 罗丹：《从两届美国总结大选看新媒体发展》，人民网，2008年11月11日。

⑤ 肖立晟、袁野：《社科院专家分析特朗普3200条“推特”：读懂特朗普的政治手腕》，https://mp.weixin.qq.com/s?__biz=MzA4ODI0OTg2Ng==&mid=2651199240&idx=2&sn=26764c94cd24f2f6c6414b0c967b665b&chksm=8bdfb46dbca83d7bf5ef251cc7086bf9b2ab0de98c80cb4f679a06fdb1b862987ae1e7f0258d&mpshare=1&scene=1&srcid=0617ZKw3kWfnM0AqscU9mebT#rd。

化，将决定一个政党的未来发展之路。正如托夫勒在《创造一个新的文明：第三次浪潮的政治》中所言："第三次浪潮不仅仅是个技术和经济学的问题。它涉及道德、文化、观念，以及体制和政治结构——正如工业革命摧毁了先前的政治结构，或者使得这种政治结构丧失意义一样，知识革命——以及它所发动的第三次浪潮变迁——将对美国和许多国家产生同样的效果。承认这一历史事实的政党和政治运动将生存下去，为我们的后代塑造未来。而那些拒绝承认这一历史事实的人则将被冲进历史的阴沟里。"① 而苏共亡党亡国的教训则从反面说明逆信息发展潮流而动所带来的惨痛结局："一个以生产力发展为标志的体系，却不擅长人类历史上最重要的科技革命。此乃由于信息主义的特征，社会主导的信息处理与物质生产间的交互影响，与国家独占信息是不兼容的，与军事部门的封闭性亦不兼容。从组织层级来看，正如西方社会的发展一样，在朝向弹性网络的信息趋势下，垂直的官僚体系已过时了。……信息社会并不是这个新科技范式的上层结构。它立足于抽象的信息处理的物质力量与社会寻求有意义的文化认同二者之间的历史紧张关系。由这两方面来看，国家主义似乎无法掌握历史。不只因为其阻挠科技革新，还因为其挪用历史认同而重新加以定义将之融入所有重要的权力生成过程。终于，国家主义在一个以不断更新信息、信息科技成为经济与军事的基本资源的社会为主的世界中，显得越来越无力。而国家主义亦同时衰微，因其无力在认同基础上产生合法性，最后只得毁灭。正在快速消退的意识形态结构所代表的国家力量，无法通过历史传统与个人欲望的双重考验。"②

（二）"网络公民"与网络党建工作的新对象

所谓"网络公民"，是指具备民主意识、付诸行动并担负责任，在虚拟性的网络世界里从事公民实践和公民维权的网民。自2009年以来发生的"网络群体性事件"表明，"网络公共领域"已经形成、"网络公民"业已成长壮大。"网络公民"成长的背后，取决于两个方面的因素。

一是数量庞大的网民规模。根据中国互联网络信息中心（CNNIC）发布的《第41次中国互联网络发展状况统计报告》显示，截至2017年12月

① ［美］阿尔温·托夫勒、海蒂·托夫勒著，陈峰译：《创造一个新的文明：第三次浪潮的政治》，三联书店1996年版，前言，第6页。

② ［美］曼纽尔·卡斯特著，夏铸九、黄慧琦译：《千年终结》，社会科学文献出版社2006年版，第55页。

底，中国网民规模突破7.72亿，普及率达到55.8%，超过全球平均水平（51.7%）4.1个百分点，超过亚洲平均水平（46.7%）9.1个百分点。我国手机网民规模达到7.53亿，网民中使用手机上网人群的占比由2016年的95.1%提升至97.5%。[①] 庞大的人口规模和便捷的上网环境，使互联网真正成为一个社会信息大平台。“亿万网民在上面获得信息、交流信息，这会对他们的求知途径、思维方式、价值观念产生重要影响，特别是会对他们对国家、对社会、对工作、对人生的看法产生重要影响。”[②] 这种重要影响之一就是，网络技术的迅速普及及其带来的深刻变化，突破了在传统媒介受“把关人”、中心权力化条件下公民成长的局限，使民众能够在“大众麦克风时代”开始向公民身份转变——从被动接受过滤信息的群众开始向独立获取评估信息的公民转变。

二是日益理性的网民声音。对于群体的智慧水平自来就有不同的看法。法国学者塞奇·莫斯科维奇认为人们一旦聚集成群体，其整体智慧水平就会下降。“人们总是说，在社会环境中，个人举止并不完全符合他们的道德良心，或者表现出他们的最好方面。事实常常与此相反。他们的良好品质趋于减少，逐渐败坏，而不是得到集中和升华。事实上，人类群体的水准降到了其最差成员的层面。就是说，每个人都可以参加集体行动并感到他们都是平等的。因此，不能说行为和思想在这种情境下会趋向平均值。实际上，它们是最小的公分母的平均值，也就是说，群体中的人的思想行为会接受那些最低水准的人的平均水平。数量法则就是中值定理。地位最低的人的标准被用来判断非常普通的事情。总之，在一个群体中，第一名会成为最后一名。”[③] 不过，也有学者对此持相反的态度。美国《纽约客》专栏作家詹姆斯·索诺维尔基在《群体的智慧》[④] 一书中提出，在一定条件下，民众群体比个体及小群体专家或精英更聪明，更能酝酿出革

① 中国互联网络信息中心：《第41次中国互联网络发展状况统计报告》，http：//www.cnnic.org.cn/hlwfzyj/hlwxzbg/hlwtjbg/201803/t20180305_70249.htm。

② 习近平：《在网络安全和信息化工作座谈会上的讲话》，人民出版社2016年版，第6页。

③ ［法］塞奇·莫斯科维奇著，许列民、薛丹云、李继红译：《群氓的时代》，江苏人民出版社2006年版，第17—18页。

④ ［美］詹姆斯·索诺维尔基：《群体的智慧：为什么多数人比少数人更聪明以及集体智慧如何塑造商业、经济、社会与国家》（又名《百万大决定：世界是如何运作的?》），中国社会科学出版社2007年版，第9页。

新，更能做出智慧决策，甚至能更准确地预测未来。不过，群体要变得“更聪明”而不至于沦为“乌合之众”必须具备四个基本条件：其一建议的多样化，群体中每个人都可以形成、发布独立信息，可以做出异见判断，这是保证信息充足来源的前提；其二个体的独立性，个体不受群体领导者或群体名义的控制支配性干扰；其三分权，群体决策是由成员判断的均值形成，这就要求群体（组织）的权力与功能最大程度下放；其四汇聚，需要一种机制最终能够将各成员的意见汇集起来，依据群体规则得出决策意见。具备了上述四个条件，利用群体的力量进行决策的效果就会大为改观。从这一观点出发，可以看出“网络公民”与普通网民的不同之处。“网络公民”具有聪明、平和、理性的特征，有自己的思考，他们期待这种有益的思考得以传播，并能够对现实社会产生一定的影响。“网络群体性事件”中爆发出来的主动维护、帮助受困民众的公民责任意识，以及与政府各职能部门交涉的理性平和的沟通方式，都已经表明：“网络公民”在成长的道路上已经迈出了坚实一步。

列宁曾指出：“一个国家的力量在于群众的觉悟，只有让群众知道一切，能判断一切，并自觉地从事一切的时候，国家才有力量。”[①] 网络党组织要能够在网络环境中发展壮大，必须学会与“网络公民”的沟通方式，理解、尊重并真诚地对待他们的意见和主张。只有真正能够团结并凝聚起“网络公民”的热忱之心，网络党组织建设才能真正在网络环境中生根发芽，茁壮成长。

（三）“网络表达”与网络党建工作的新场域

“网络群体性事件”中的网络舆情实质上是一种意见表达。在互联网已经成为大众日常生活必不可缺的一部分的时候，这种意见表达摆脱了现实社会表达渠道的限制，具有了成本低、效率高，传播快、影响广的特点。“网络表达”突破了技术原因造成的话语权垄断，借助于网络论坛这一“虚拟空间的公共领域”，使普通公众包括弱势群体、边缘群体也拥有了某种话语权。“真实、可信和个性化的声音在很大程度上，成为网络获得成功的基础。在网上人人平等，网络的这一特点再次让人们热衷于发表言论。我们人类乐于回应彼此嘈杂、喧哗的声音，网络使人有机会摆脱广播媒体‘一对多’观念带来的种种限制。作为新生事物，人们在网上发表

① 列宁：《全俄工兵代表苏维埃第二次代表大会文献》（1917年10月），《列宁全集》第33卷，人民出版社1973年版，第16页。

言论的各种努力，源于人们极为迫切的公诉需求。”[①] 学者彭兰也指出：“平等，意味着没有权威，意味着你们具有等同的发言权，都可以站在讲台上。而在现实中，没有人能做到。网络生存依靠的是你讲的道理，而不是听你的级别，你的学术身份。这就是平等，ID 之间一律平等。这就是互联网。”[②] 同时，网络的匿名性也为创造舆论环境提供了有效的保护。美国最高法院称：“人们愿意使用匿名，可以是出于害怕遭到经济上的或官方的报复，担心被社会排挤或者仅仅就是想尽可能地给自己多留一些隐私。”匿名还能“为那些作为个人而言不受欢迎的作者提供一种途径，使他们能够确信读者不至于仅仅因为不喜欢他这个人而对他的东西产生先入为主的偏见”[③]。

对于推进当代中国的政治文明进步而言，这一建构于互联网基础之上的社会表达渠道无疑也是一种有益尝试。任何一种制度“形式”，其文明程度有三个主要的衡量标准：效用、成本、公平。[④] 网络具备促进和完善这三个标准的条件和优势，中国网民坐拥 7800 万台电脑，他们只需一根网线便可参与意见讨论，并天然拥有“ID 面前人人平等”的思想。事实上，“网络群体性事件”之所以能够从普通的舆情事件发展成为网络集群行为，也正是在这一技术力量的推动之下完成的。当然，在这一“虚拟的广场议政”中，各种声音都可能会出现，甚至一些缺少自律意识的网民在发表言论时采取偏激的态度，极易形成以群内同质化、群际异质化为特征的“群体极化”[⑤] 倾向，无疑会为这种政治尝试增加风险系数。不过，这也从相反的方面表明，当前中国社会的公民表达机制尚有待于进一步的改善。因

---

① ［美］里克·莱文、克里斯托弗·洛克、道克·希尔斯、戴维·温伯格著，江唐、丁康吉译：《线车宣言：互联网的 95 条军规》，中国青年出版社 2010 年版，第 135 页。

② 彭兰：《网络兴起打开一个新的“倾听”通道》，《中国质量报》，2003 年 8 月。

③ ［美］约纳森·罗森诺著，张皋彤等译：《网络法：关于因特网的法律》，中国政法大学出版社 2003 年版，第 203 页。

④ 李景鹏：《政治发展与政治文明》，《学习时报》，2002 年 10 月。

⑤ 桑斯坦认为，群体极化的定义极其简单：团体成员一开始即有某些偏向，在商议后，人们朝偏向的方向继续移动，最后形成极端的观点。在网络和新的传播技术的领域里，志同道合的团体会彼此进行沟通讨论，到最后他们的想法和原先一样，只是形式上变得更极端了。见［美］凯斯·桑斯坦著，黄维明译：《网络共和国：网络社会中的民主问题》，世纪出版集团、上海人民出版社 2003 年版，第 47 页。

为在一个公众意见可以得到充分表述，公共价值得到普遍重视的社会，社会的自我纠错能力往往要比国家机器的强制力量更能有效维护社会正义和社会稳定。正如美国著名作家巴特勒在《敏感言论》一书里指出，控制使用某些“敏感词语”，并无实质意义。即使人们不把某些敏感词语说出口来，难道就能改变他们心里的真实想法？把本来可以由社会道德舆论公议的事情，当作必须由国家机器来惩罚的“罪行”，这其实是对公众是非判断能力和决心的蔑视。毛泽东说过：“彻底的唯物主义者是无所畏惧的。”“让人讲话，天不会塌下来，自己也不会垮台。不让人讲话呢？那就难免有一天要垮台。”[①]

列宁指出：“党是我们时代的智慧、荣誉和良心。”[②] 在传统的社会政治结构中，囿于信息技术的落后而导致的政治资源的内在封闭性和流动的有限性，使政党被认为是人们表达利益愿望和要求的主要工具和表达渠道而受到高度关注，但是以互联网为代表的信息技术的广泛运用改变了人们获取信息和意见表达的方式，政党作为获取信息的唯一渠道的作用已经降低，民众可以通过网络媒体直接表达。在这种情况下，如何在意见表达的“众声喧哗”中脱颖而出，吸引网民的注意和关注，重塑时代智慧的政党形象，就成为当前及今后网络党组织建设工作的重要内容之一。

二、网络党建的可能性

开展网络党建之所以成为可能，主要体现在以下三个方面：

（一）党建网站与网络党建的技术支撑

党建网站作为网络党建的活动平台，是开展网络党建的主要依托，也是各级党组织推进网络党建发展的主要切入点。1999 年 4 月 16 日，国内第一家以政治教育和思想交流为主的民办红色网站由清华大学学生自发创建。之后，“红色中国”“红色世界”相继开通。2000 年 7 月 1 日，中共北京市委组织部创办了全国首家利用互联网宣传党的建设的官办网站——“北京党建”[③]，这是全国第一个组织工作专业网站。7 月 18 日，上海市杨

① 毛泽东：《在扩大的中央工作会议上的讲话》，《毛泽东著作选读》下册，人民出版社 1986 年版，第 838 页。

② 《苏共中央关于纪念俄国社会民主工党第二次代表大会七十周年的决定》，莫斯科政治出版社 1973 年版，第 3—4 页。

③ http：//www. bjdj. gov. cn.

浦区委组织部主办的杨浦党建网开通，这是上海成立的第一家地区党建网站。9月，中共南京市鼓楼区委在中共江苏省委、市委组织部的大力指导和支持下，创办全国第一个由地方党委主办，内容涵盖组织、宣传、纪检、统战、党史、群团等整个党建工作的专业党建综合性网站。2010年9月8日，“中国共产党新闻网”正式推出“直通中南海——中央领导人和中央机构留言板”，突出互动性，让广大网民对中央领导人倾诉心声。截至2016年5月，以各级组织部门中的党建网站为例，全国31省（区、市）的党建网站总数为2171个，约占全国三级行政单位总数的68%。[①] 党建网站的平台建设可谓轰轰烈烈。

从当前我国的党建网站建设现状来看，全国大部分省市已建成各类党建网站。仅以上海为例，截至2010年底，各区县、市属工作党委、工青妇层面的党建类网站有30余个，高校、企事业单位、社区（街道）、乡镇自己建立的党建网站数量更多。[②] 已建的大部分党建网站在内容组织上均提供了党建动态、政策法规、党建专题、党建资料、党建教育及党务百科知识等信息，在功能建设上网民可以通过点击党建理论研究文章，进入党建论坛探讨有关党的建设的问题，可以通过下载专区使用下载功能，可以通过视频点播查看热点新闻，可以通过会员注册开设博客，等等。而由中央组织部和中国移动通信集团公司联合建设的全国基层党建工作手机信息系统也在2010年1月5日正式开通。全国基层党建工作手机信息系统收集汇总了全国100万名基层党组织书记、大学生“村官”及省、市、县党委组织部长手机号码，通过手机短信互动，实现了中央组织部、省区市党委组织部与基层党组织书记、大学生“村官”之间快捷、及时、双向、安全的联系沟通，是运用现代化手段加强党的建设的一项创新举措。习近平在开通仪式上指出，建设全国基层党建工作手机信息系统，找到了现代科技与基层党建工作的一个新的结合点，创新了党的工作方法和手段，拓宽了党委组织部门与基层的沟通联系渠道，丰富了党员教育、党建宣传的形式和手段，是基层党建工作中一件新事、一件好事、一件大事，对于推进基层党组织工作信息化，畅通党内信息上下互通渠道，促进党内基层民主建设，扩大党的工作的影响力和覆盖面，推动学习型党组织建设，具有十分

---

① 中国软件与技术服务股份有限公司党委：《互联网＋基层党建》，党建读物出版社2017年版，第58页。

② 高骥、虞志灏：《基层党建e时代》，上海人民出版社2012年版，第62页。

重要的意义。

应该说，这一创新举措不仅便利了中央与基层党组织之间的及时双向沟通，而且也对网络党组织如何利用党建网站资源，使数量转化为质量，提供了一个新的思路和启示。当然，党建网站不能仅仅满足于信息搜集和党员网上服务，更应该走向网络公共领域，在网媒聚光灯下，通过自己真诚的声音和行动来赢得广大网民的支持，从而切实提高网络党组织的舆情引导能力。正如习近平总书记所言："善于运用网络了解民意、开展工作，是新形势下领导干部做好工作的基本功。各级干部特别是领导干部一定要不断提高这项本领。"①

（二）熟人社会与网络党建的角色介入

2009 年 7 月 16 日，百度"魔兽世界吧"发表的一个名为"贾君鹏你妈妈喊你回家吃饭"的帖子，在短短五六个小时内就被 390617 名网友浏览，引来超过 1.7 万条回复。截至 2010 年 1 月 15 日 18 点 25 分，此帖达到 16063 页，回复 481875 条，536885 楼，突破 40 万，被网友称为"网络奇迹"（虽然这一"奇迹"的背后有网络推手的幕后操纵）。"贾君鹏你妈妈喊你回家吃饭"迅速成为 2009 年网络新流行语。然而，在这场网络大狂欢的背后，难掩亿万网民内心寂寞。究其原因，既有"魔兽世界"迟迟不开服，但更多的是源于当代网民内心生活的空虚寂寞。

"贾君鹏现象"的背后，突出反映了网络社会结构特有的陌生与熟悉、虚拟与现实相互混杂的特征。网络社会具有"陌生人社会"的特点，实质上是急剧变化的社会现实条件下人际关系的一种反映和延伸。从一定意义上讲，信息网络技术及其影响已经成为现代人心理焦虑或不安全感产生的原因之一。② 美国著名法学家劳伦斯·弗里德曼在《美国法简史》首先提出"陌生人社会"概念，他说："在当代世界，我们的健康、生活以及财富受到我们从未而且也永远不会谋面的人的支配。我们打开包装和罐子吃下陌生人在遥远的地方制造和加工的食品；我们不知道这些加工者的名字或者他们的任何情况。我们搬进陌生人——我们希望是精巧的——建造的房子。我们生活中的很多时间是被'锁'在危险的、飞快运转的机器——

---

① 习近平：《在网络安全和信息化工作座谈会上的讲话》，人民出版社 2016 年版，第 7—8 页。

② 唐魁玉：《网络化的后果——日常生活与生产实践的变迁》，社会科学文献出版社 2011 年版，第 8 页。

如小汽车、公交车、火车、电梯、飞机——里度过的。制造工序中的一个错误步骤，飞行员或驾驶员一个简单的‘人为错误’，都会将我们的生活置于危险之中。事实上，我们作为个人，对于生活的很多——使用机器和机器制造的物品的——方面都是无能为力的。我们被机器束缚着，因此我们的生活也掌握在那些制造和运转机器的陌生人手中。”①

当代中国社会的深刻变化，使社会公众的社会角色从“身份”转向“契约”、从“单位人”转向“社会人”，伴随着社会流动的加大和社会群体的分化，中国开始进入“陌生人社会”。正如弗里德曼所描述的：“当我们走在大街上，陌生人保护我们，如警察；或陌生人威胁我们，如罪犯；陌生人扑灭我们的火灾；陌生人教育我们的孩子；陌生人建筑我们的房子；陌生人用我们的钱进行投资。打开收音机、电视或报纸，陌生人告诉我们世界上的新闻……如果我们得病住进医院，陌生人切开我们的身体、清洗我们、护理我们、杀死我们或治愈我们。如果我们死了，陌生人将我们埋葬。”② 这一现实生活中的“陌生人”心理体验，在网络这一被戏称为“你不知道坐在那头跟你聊天的是一条狗”的虚拟空间里得到暗示和强化，以肆意的放纵、调侃的讽刺来宣泄内心的孤独与寂寞也就成为一种本能的冲动。

但是，网络社会也具有“熟人社会”的特点。费孝通先生在《乡土中国》中首先提出“熟人社会”（亦称“熟悉的社会”）的概念。他认为，由于中国传统社会是典型的血缘组织和地缘组织的结合体，所以在“乡土中国”中，人们很少流动，“他们活动范围有地域上的限制，在区域间接触少，生活隔离，各自保持着孤立的社会圈子。乡土社会在地方性的限制下成了生于斯、死于斯的社会。常态的生活是终老是乡。假如在一个村子里的人都是这样的话，在人和人的关系上也就发生了一种特色，每个孩子都是在人家眼中看着长大的，在孩子眼里周围的人也是从小就看惯的。这是一个‘熟悉’的社会，没有陌生人的社会”③。对于网民来说，在感受到网络社会的陌生体验同时，对个体价值的网络实现也促使他在遵从网络生存规则的时候，寻求“熟人”的心理慰藉和价值体验。“人们对互联网所

---

① ［美］劳伦斯·弗里德曼著，李孝猛译：《美国法简史》，清华大学出版社2004年版，第89页。

② ［美］劳伦斯·弗里德曼著，李孝猛译：《美国法简史》，清华大学出版社2004年版，第89页。

③ 费孝通：《乡土中国》，北京大学出版社1998年版，第9页。

抱的渴望是如此的热切，我们只能把它理解成为一种强烈的精神需求。这种渴望表明，我们的生活缺失了某些东西，缺失的正是富有人情味的声音。”[①] 正如一个 QQ 用户受到好友推荐开始使用 MSN 时，如果发现好友列表中空无一人，或者只有寥寥数人，他十有八九会放弃 MSN，继续回归 QQ 阵营。对于他来说，QQ 阵营高度的社会临场感会使他有较高的群体融入感。

因此，“生活在别处”的“陌生体验”与“个体价值”的“熟人渴求”的交织，构成了网民网络生存的矛盾状态。“在叫人难以置信的短短时间里，数百万人涌入了互联网，这并不是因为互联网对用户有亲和力——它没有——而是因为互联网似乎提供给人们某些现代生活早已失去的无形特质。面目单一的广播媒体、经过消毒处理的大众‘文化’，还有迫使人们保持沉默的官僚机构，使人们在情感上陷于孤立，互联网与这种孤立形成了鲜明的对比，它使人们彼此联系，还提供了一片场所，人们很快在这里重新找回了富有人情味的交谈声。”[②] 网络党组织要想介入网络社会并成为网络舆情的有效治理力量，必须首先从网民的这一心理体验和需求开始。

（三）意见协调与网络党建的功能发挥

如何在意见表达纷呈的网络空间实现各方意见的协调呢？这是开展网络党建必须要面对的一个紧迫的现实问题。因此，要解决好这个问题，必须首先要正视两个现实。

一是必须承认网络声音的表达分歧。互联网的分权、匿名从技术意义上使网络意见表达的“众声喧哗”成为现实。基于网络交互的“身体缺场”交流方式，激发和强化了网民个体的无约束表达。在现实生活的人际交流中，交流主体共处同一个具化的物理空间，借助于亲情友情、道德规范和法律法规等客观现实范畴，实现个人的精神诉求。而网络作为一个虚拟空间，不仅使交流主体失去了日常交往中可触摸的物理实体，而且其匿名的特征使网民强化了“身体缺场”的个体感受，极大地冲淡了网民的自

---

① ［美］里克·莱文、克里斯托弗·洛克、道克·希尔斯、戴维·温伯格著，江唐、丁康吉译：《线车宣言：互联网的 95 条军规》，中国青年出版社 2010 年版，第 124 页。

② ［美］里克·莱文、克里斯托弗·洛克、道克·希尔斯、戴维·温伯格著，江唐、丁康吉译：《线车宣言：互联网的 95 条军规》，中国青年出版社 2010 年版，第 19 页。

我认同感。刺激和鼓励网民以一种更为开放、更为自由、更为大胆的姿态介入网络公共领域，在带来网络空间繁花似锦的同时，也使得现实生活规范中高度理性和秩序、超常冷静和客观渐行渐远。在消费时代“娱乐至上”“娱乐至死”的精神畸形需求下，就如尼尔·波兹曼在《娱乐至死》中所说的那样，文化生活被重新定义为娱乐的周而复始，一切公共事务形同杂耍。“一切公众话语都日渐以娱乐的方式出现，并成为一种文化精神。我们的政治、宗教、新闻、体育、教育和商业都心甘情愿地成为娱乐的附庸，毫无怨言，甚至无声无息，其结果是我们成了一个娱乐至死的物种。”[①] 就像在“网络群体性事件”中部分网民歇斯底里式的不负责任的言论一样。在努力建构网络社区的平等与自由同时，也伴随着网络社会的失序与混乱。

二是必须承认网络声音的怀疑批评。意见协调的困难首先在于如何看待网络的批评性声音。据调查公司尼尔森发布的亚太各国网民的用户习惯报告所称，中国网民最喜欢在网络上发表与产品相关的负面评论，而韩国网民则喜欢分享正面的评论。约有62%的中国网民表示，他们更愿意分享负面评论，是该区域唯一分享负面比愿意分享正面评价多的消费者。尼尔森的调查报告主要是针对商业消费领域，然而，中国网民“负面评论”的习惯却明显地反映和扩展到整体政治、经济和社会生活之中。“之所以形成和其他亚太国家比例和程度不大一样的情况，跟中国社会转型以及官方与民间信息互动的状况密切相关。”[②] 从根源上分析主要源于政府公信力的迅速下降，促成了社会民众普遍“怀疑心态”的养成。据《国际先驱导报》2011年1月19日所做的“你为什么会习惯性怀疑?”的网络调查显示[③]，在397人参与的调查问卷中，关于“你为什么会习惯性怀疑?”的多项原因选择时，84%的人是因为“被骗次数太多了”、12%的人是因为“周围人的言论氛围”、9%的人是因为“媒体负面报道太多了”、8%的人是因为“其他原因”，只有4%的人表示“很少怀疑”。在关于“你最相信谁?”的多项选择中，86%的人选择相信自己、61%的人选择相信亲人、14%的人选择相信朋友、7%的人选择相信其他、3%的人选择相信老师、

---

① ［美］尼尔·波兹曼著，章艳、吴燕莛译：《娱乐至死》，广西师范大学出版社2009年版，第5—6页。

② 周兆呈：《“习惯性批评”成为网民习惯》，《联合早报》，2010年8月15日。

③ 问卷调查：《你为什么会习惯性怀疑?》，《国际先驱导报》，2011年1月19日。

3%的人选择相信利益相关人。而选择相信基层政府、领导、学校和单位的人数比例则只有1%。这一调查在一定程度上表明，传统社会中信息权威性来源的政府、上级领导和单位等代表公权力的机构，在网络时代其信息权威性的丧失已经远远超出人们的预期。也正是因为公权力所代表的信息权威性的逐渐丧失，使得社会现实声音在网络空间的表达表现出"习惯性批评、习惯性质疑、习惯性反对"的新的心理特征，使得政府在与民众进行沟通之时更是举步维艰。尤其是在"网络群体性事件"群情汹涌之时更是令政府百口莫辩、举止失措。因此，开展网络党建，进行网络意见的协调，必须要在承认这一客观形势的基础之上才能采取正确的沟通策略。

不过，从具体研究来看，大部分"网络群体性事件"都是对社会现实问题的一种网络映像。因此，与其忧心于网络的不安宁，不如着手从改造客观现实做起。对于网络党组织而言，要实现对网络表达的意见协调，不仅需要自身功能的完善拓展，更需要能够以一颗平等、理性、自信、包容之心来坦然面对。

三、网络党建的实践性

网络党建具有高度的工作实践性。所谓实践性，主要是从实践认知、组织设计和实践路径等三个方面而言的。从本质上来讲，网络党建的实践性反映了作为组织主体的党委组织部门在看待和应对互联网对党的建设影响时的格局定位，并因此决定了其组织工作的策略路径。具体来说，网络党建的实践性主要体现在三个方面。

（一）网络党建的实践认知

尽管我们现在已经习惯于用"网络党建"的概念术语来指称互联网时代的党的建设，并对"网络党建"的内涵有了丰富而多层次的认知理解。但是无论是从网络党建的本初起源还是具体实践来讲，网络党建表现最为显著的特点就是它的实践认知。从网络党建的起源来讲，它实际上是对电子党务这一工作实践的认知提升。电子党务的最初产生，其直接动因就是互联网在中国的引入和发展，借鉴于电子政务的启发，党务部门开始尝试利用互联网技术对党务工作进行电子化。这个时候的电子党务更多地体现为两个方面：工作材料电子化和工作流程网络化。工作材料电子化是指把线下的党务工作材料输入到党务管理信息系统之中，实现材料从纸质化到电子化的存储形态转变；工作流程网络化是指通过搭建内部局域网的方式把本部门本单位各职能机关的工作程序串连起来，实现工作程序从线下层层报批到线上的内网及时流转。以今天的眼光而论，电子党务的这种工作形态和“网络党建”的工作内涵实质上存在很大差距。尽管被冠以电子党务之称，但无论从工作内涵还是工作形式而言，电子党务实际上只是对党的建设和工作领域极少部分工作利用互联网进行的电子化而已，是网络党建的最初原始形态。电子党务之所以在当时出现并以这种形态表现出来，决定性的因素在于互联网在中国发展的初级形态以及由此而形成的中国共产党对互联网的初级认知。简言之，电信基础设施的滞后、上网速度的迟缓和网络交流工具的欠缺，极大地抑制了互联网深刻变革的内在动能，并影响了中国共产党的最初认知——互联网只是用来上网获取和传递信息的简单工具而已，而网络信息的极度匮乏和传播速度的局限又加剧了这种认知。因而互联网反映在中国共产党组织建设的工作形式上就只能是最初级原始的电子党务。

随着电信基础设施建设的加速和带宽网速的不断提高，在如 QQ、博客等社交媒体工具功能增强的助推下，中国共产党对互联网的认知又有了更进一步的丰富和提升。网上虚拟空间的概念开始形成，并成为指导中国共产党运用互联网技术进行组织建设的工作指导理论。作为对这一指导理论的实践展开，党建网站成为一种主要的工作形式，也成为网络党建组织形态发展演变的关键阶段。如果说电子党务更多地是体现为对党务工作素材的“电子化”和工作流程的“网上化”，因而在空间流转和工作指向上具有极强的内向性特征，那么党建网站的出现则打破了这种内向性的组织结构。一方面，借鉴于政务网站和商业网站的设计架构，党建网站拥有了远超电子党务的内容体量，从而能够把更多的党务工作以网络化的方式呈现出来。另一方面，借鉴于政务网站的信息公开和商业网站的信息提供等内在的开放性和互动性，党建网站在架构设计上也具有了相当的组织开放性。比如，在最初一段时期内，不少党建网站都设有极具网络开放性的党建论坛。其后虽因论坛承载过多的“负面”信息而又不能给予及时有效的解决，因而绝大多数的党建论坛都先后取消或关闭，仅存的极少数论坛也设置了严格的登录权限（仅允许内部使用）。尽管如此，相比于电子党务，党建网站仍不失为互联网对党的组织建设的一个重要工作实践形式。

从 2011 年开始，在电信基础设施、带宽网速和智能手机以及以微信为代表的第三方应用程序等众多因素的集体发力下，中国手机移动网络用户首次超过 PC 端网络用户，从根本上促进和推动了中国网络社会的形成。

“网络社会”开始取代“网上虚拟空间”成为中国共产党对互联网认知的最新理论。以微信为代表的第三方应用程序的普遍运用，在进一步加剧信息传播不可控的同时，又通过强大的链接功能把分散的个体重新联结成为一个新的社交共同体。为了适应这种新的社会群体变化和交往新环境，开发党建 APP 就成为网络党建发展形态的新形式。党建 APP 的优势在于，它能够摆脱党建网站必须依托于 PC 端的物理空间限制，通过智能手机的下载安装，就能以适应手机显示要求的方式开展日常党务工作。当然，随着大数据、云计算、人工智能等技术的迅猛发展和运用实践，党建云成为目前网络党建发展形态的又一新形式。相比于类型繁多的党建 APP，党建云的目标则是在立足区域化行政管理范围的基础之上，整合统筹辖区所有党建资源，通过平台、系统和技术的互联互通，实现党建大数据的深度开发和精准运用，为严密党的组织体系、增强党的组织能力提供强有力的体系性、机制化的组织支撑。可以说，这是目前网络党建形态发展的最新形式。

（二）网络党建的数据架构

对网络党建的实践认知和工作要求，决定了网络党建的数据架构。从目前的实际情况来看，在“两微一网”的总体思路指导下，各地党委组织部门在具体开展网络党建时，主要依托技术服务商来对所属党建数据进行大数据管理和架构设计。简言之，就是通过建设网络党建大数据平台，利用大数据技术，将网络党建相关的各种系统的结构化的数据和非结构化的数据（公文、通知、音频、视频等）采集汇聚到大数据平台，利用大数据技术进行处理后，通过大数据可视化手段进行展示，为网络党建工作提供有力支撑。

以北京人大金仓信息技术股份有限公司（以下简称“人大金仓”）为例，该公司以“计量互联网党建学”作为学术研究基础，曾为多家党委组织部门和单位提供过网络党建大数据解决方案。其对网络党建的数据架构主要基于三个目标考虑：一是建立数据标准，打破信息孤岛，实现数据共享。由于互联网党建各级机构部门较多、数据来源庞杂、数据不一致，缺乏动态数据，共享互通成为瓶颈，大数据价值难于发挥。所以建设一套符合数据共享交换的数据标准，以数据的采集、清洗、存储、分析和可视化全生命周期为管理闭环，打破各部门的信息壁垒，实现大数据对内共享与对外开放。二是建设行业应用，为各级人员提供便捷服务。通过大数据平台的建设，可以为各级领导提供重点工作的监控和分析，为决策提供支撑；为各级业务人员提供负责工作的统计和分析，并可以通过一定的规则和算法进行业务的关联分析和预警。三是提升服务效率和质量。通过各部门之间实现数据共享，从信息流转、查询、审核等技术角度来保障服务的效率和质量。通过大数据的分析，为各部门的决策提供数据支撑，杜绝凭感觉、靠经验、拍脑门等决策现象。

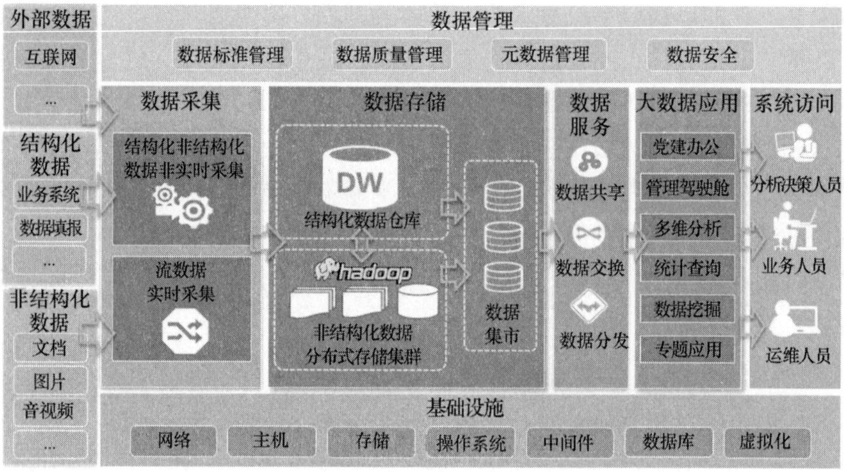

大数据平台总体架构

为了实现上述数据管理目标，人大金仓在具体设计时将网络党建大数据平台的数据架构分为标准格式化数据和非标准格式化数据两种类型，标准格式数据是按 ODS、DW、DM 层次结构将获取的结构化数据进行处理的过程和方法；非标准格式数据是将获取的流数据和非结构化数据以及半结构化数据进行处理的过程。

大数据平台标准格式的结构化数据按业务特点采集到数据仓库的 ODS 层进行统一的存储和简单的数据处理，ODS 层数据按主题将数据进行初步加工后加载到数据仓库层（DW），数据在 DW 层按主题进行统一的编码、分类和轻度汇总等数据处理，根据业务和部门需求将 DW 层数据抽取汇总的数据集市层（DM）供大数据应用使用。

实时流数据经过流数据处理引擎处理后将有价值的流数据进行汇总处理后形成结构化的数据直接提供给应用或加载到数据仓库中统一分析应用。非实时的非结构化数据通过分布式文件系统或非关系型数据库进行存储，可直接提供给应用使用或提取出高价值的结构化数据提供应用或加载

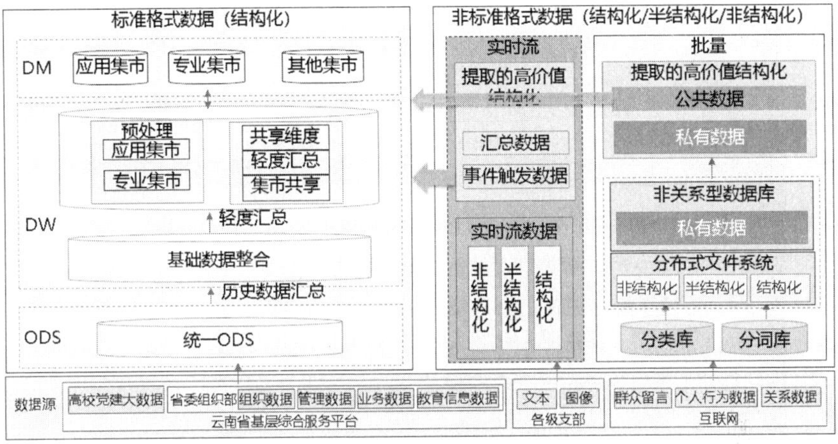

大数据平台数据架构

到数据仓库中统一分析利用。

由人大金仓提供的网络党建后台的数据架构可以看出，其总体目标就是要更好地发挥大数据价值，通过打造基于大数据的信息资源平台，优化大数据形成机制，打破数据壁垒，实现数据资源联合共建、广泛共享，为开展网络党建提供强大的大数据管理平台支撑。从目前的网络党建开展实践来看，网络党建数据架构集中反映为六大平台体系的开发设计：一是工作管理平台。主要负责单位党员党组织的信息管理。比如组织和单位信息、党员信息、组织关系接转、流动党员管理、党费管理、党组织活动、组织换届等内容。二是互动交流平台。主要负责党员党组织的沟通管理。比如工作通知、新闻公告、短信平台、党建论坛、书记信箱、私信平台、日常活动、党建圈等内容。三是学习教育平台。主要负责党员党组织的学习教育。比如音视频学习、专题学习、网上党校（或手机党校），远程会议等内容。四是党群服务平台。主要负责党员党组织与群众和社区的联系。比如党代表工作室、志愿服务中心、党群活动中心、党员责任岗、大学生村官、精准扶贫等。五是决策支撑平台。主要负责为党委和相关职能部门的决策提供大数据支撑。比如党建工作考核、党员积分制考核、干部管理体系等内容。六是网络监督平台。主要负责为群众监督党员党组织纪律和作风形象提供有效的网络渠道等。

（三）网络党建的技术路径

人大金仓提供的数据架构清晰地展示了网络党建后台数据管理体系。

为了实现网络党建的数据架构设想，必须要有相关的技术实现路径。在人大金仓的网络党建大数据平台建设事实上涉及多种 IT 先进技术，主要包括：ETL、数据仓库、MPP、流数据处理技术、Hadoop、多维分析、数据挖掘、门户技术、数据管理服务（ESB、共享交换等）、虚拟化。

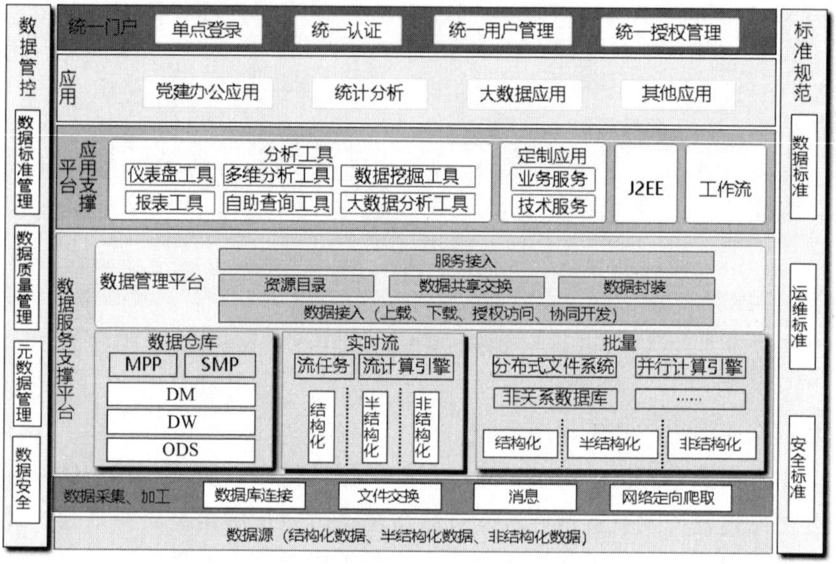

大数据平台技术架构

MPP 架构的分布式数据库应大数据时代海量数据分析处理的需求，是具有高性能、高扩展能力的分布式数据库系统，采用无共享存储、大规模并行处理技术（MPP）、列存储数据库、数据库内压缩、MapReduce、在线扩容等先进技术，满足对于大量数据采集、数据储存、数据挖掘以及数据分析等各种需求的能力，可以处理 TB 级甚至更大存储量的数据，并能集成多种异构数据源进行数据挖掘和分析。

流式数据处理技术是对流式数据的分布式、高可用、低延迟、具有自身容错的实时计算技术，根据处理规则来进行数据处理，提取和分析各种分布式系统的信息。流数据处理支持技术有 Storm、Spark 等。

Hadoop 是一个能够对大量数据进行分布式处理的软件框架。Hadoop 有以下优点，高可靠性：Hadoop 按位存储和处理数据的能力值得人们信赖；高扩展性：Hadoop 是在可用的计算机集簇间分配数据并完成计算任务的，这些集簇可以方便地扩展到数以千计的节点中；高效性：Hadoop 能够在节点之间动态地移动数据，并保证各个节点的动态平衡，因此处理速度非常快；高容错性：Hadoop 能够自动保存数据的多个副本，并且能够自动将失败的任务重新分配。Hadoop 由许多元素构成：HDFS 存储 Hadoop 集群中所有存储节点上的文件，HDFS 的上一层是 MapReduce 引擎，该引擎由 JobTrackers 和 TaskTrackers 组成。Hadoop 分布式计算平台最核心的分布式文件系统 HDFS、MapReduce 处理过程，以及数据仓库工具 Hive 和分布式数据库 Hbase，基本涵盖了 Hadoop 分布式平台的技术核心。

运用上述大数据技术，网络党建可以在多个方面实现数据化管理。在党风管理方面，可以从各级党委、政府网站抓取群众留言等数据，结合党员的实名身份认证，将党员个人信息与其在各类互联网社交媒体、电商平台、新闻资讯网站等行为数据进行绑定和联动，获取更为丰富复杂的个人行为数据和关系数据，用以分析和预测各地党群、干群关系的发展趋势，有针对性地加强党的作风建设。在党务管理方面，一方面实现对组织架构内的党员相关信息进行统一管理，对党员从申请党员到成为正式党员，及期间的转入转出进行全历程跟踪，由专门工作人员进行党员状态实时维护，保证组织内的党员信息为最新状态。另一方面实现相关工作人员对组织相关信息进行统一管理，实现对党组织进行全历程跟踪。党组织管理功能包括信息维护、网格管理维护、电子地图维护等。在网络监督方面，实现对网络党建工作相关数据及进展情况以比较直白的形式进行展现。展现内容包括网络党建相关数据、网络党建地图（根据各种党组织的具体位置及相关信息进行标注，并在相应的区域地图上进行显示，展开支部以后可以显示本支部的各种信息）、网络党建工作服务中心工作、工作预警（对互联网党建的工作进行预警提醒，预警信息针对互联网党建的各项工作，如软弱涣散的党组织、党员预警等）、快捷方式、网络党建核心数据分析表等。

总之，网络党建大数据平台利用远程交换和持续集成技术建设数据管理平台，借助网络存储系统，远程实施数据交换，借鉴 Github 持续集成技术、虚拟化技术、大数据分布式存储技术，构建协同开发持续集成和数据管理平台，对数据上传、下载、授权访问和协同开发等进行集中管控。同时通过建立数据资源目录，对数据资源进行统筹规划，构建统一的数据资源使用和管理体系，将数据资源进行统一编目、分级维护、安全共享、实现数据资源的互通互用和统一管理，为大数据应用提供底层应用支撑，主要包括各种分析工具、工作流技术以及各种业务组件和技术组件的定制，为网络党建数据的收集、分析、管理和运用提供了强大的技术力量。

方式和党内权力结构形成等产生深刻影响”[①]。信息网络技术的这一社会性特征带来的深刻影响就是推动政党的“组织结构从传统层级制向扁平化网络化转变，呈现为一种柔性化的有机组织”[②]。张德寿在承认信息网络技术的工具价值的同时，更表达了对信息网络技术对党的建设的理性价值的关注。他指出：“网络党建既是技术创新又不是技术创新。所谓是，就是网络党建在进行党的建设上运用了信息技术、新兴媒体这一现代化的工具，从而可以在党内学习、党内信息沟通交流、党内宣传动员、党内民主推进，以及党员管理、党的基层组织设置和其他党务管理方面突破传统党建手段的局限性，大大提高效率，从而更容易实现各个层次的党建目标。因此，信息网络技术对于网络党建，是用的问题，是善于运用的问题。所谓不是，指网络党建不仅意味着党建手段和方式的现代化，还意味着与党建相关的各个方面的变化。比如，要推进网络党建，涉及真正确立党员主体地位、崇尚党内民主、改革党内权力配置过于集中、强化执政党与民众广泛沟通的自觉性、增强党的意识形态的包容性等方面的问题。而这些问题的解决，现代化的工具固然重要，但关键是观念的变革。换言之，工具的现代化要与党建的科学化、现代化相结合，网络党建才能真正推进。”[③]

（二）网络党建的概念界定

上述两种网络党建概念认识的不同，其最大的分歧点在于如何认识信息网络技术。其实，这种分歧和争论自人类社会中每次重大技术的发明与运用以来，都受到了广泛关注。而技术在社会运用方面带来的两面性也早已为人所知。马克思指出：“在我们这个时代，每一种事物好像都包含有自己的反面。我们看到，机器具有减少人类劳动和使劳动更有成效的神奇力量，然而却引起了饥饿和过度的疲劳。新发现的财富的源泉，由于某种奇怪的、不可思议的魔力而变成贫困的根源。技术的胜利，似乎是以道德的败坏为代价换来的。随着人类愈益控制自然，个人却似乎愈益成为别人的奴隶或自身的卑劣行为的奴隶。甚至科学的纯洁光辉仿佛也只能在愚昧无知的黑暗背景上闪耀。我们的一切发现和进步，似乎结果是使物质力量具有理智生命，而人的生命则化为愚钝的物质力量。现代工业、科学与现

---

① 张婷：《网络党建的交互性研究》，《广西社会科学》，2007 年第 8 期。

② 沈建红：《执政组织资源与执政党的组织建设》，浙江大学出版社 2011 年版，第 182 页。

③ 张德寿：《网络党建的相关问题研究》，《中共云南省委党校学报》，2011 年第 4 期。

代贫困、衰颓之间的这种对抗，我们时代的生产力与社会关系之间的这种对抗，是显而易见的、不可避免的和毋庸争辩的事实。”[①]

不过，重大技术所具有的社会转折意义已经被人类社会的发展所证明。比如印刷术之于中世纪[②]、报纸和广播之于19世纪[③]、电视之于20世纪[④]。要准确把握网络党建的内涵，就必须回答以互联网为核心的信息网络技术是否真正具有社会意义。如果承认信息网络技术具有社会意义，那么，对网络党建的理解应该从更为宽阔的时空背景下进行深度思索。

毋庸置疑，以互联网为核心的信息网络技术从20世纪70年代开始，随着技术发展的愈加完善成熟，已经在事实上对既有的现存世界进行了重构。一个有别于传统工业社会的信息网络社会已经初显端倪，并正以势不

① 马克思：《在“人民报”创刊纪念会上的演说》（1856年），《马克思恩格斯全集》第12卷，人民出版社1962年版，第4页。

② 恩格斯指出，印刷术的发明以及商业发展的迫切需要，不仅改变了只有僧侣才能读书写字的状况，而且也改变了只有僧侣才能受较高级的教育的状况。在知识领域中也出现劳动分工了。新出现的法学家把僧侣们从一系列很有势力的职位中排挤出去了。僧侣从此也就多半变成了多余的人。（见恩格斯：《德国农民战争》（1850年），《马克思恩格斯全集》第7卷，人民出版社1959年版，第391页。）关于印刷术的历史作用，具体可参见［美］伊丽莎白·爱森斯坦著，何道宽译：《作为变革动因的印刷机：早期近代欧洲传播与文化变革》，北京大学出版社2010年版。

③ 法国学者让—诺埃尔·让纳内认为：“在欧洲历史上，法国大革命这一重要时刻，如果不考虑报纸在其中所起的作用，就显得难以理解了。如果不给报刊以准确的定位，革命就会是非常难以捉摸的。这涉及革命的进程、革命的步调，还有由当时人和后来人所构成的革命的代表。在法国历史上，甚至是欧洲历史上（英国的几个特殊例外），这还是第一次，大多数政治参与者都成为了记者。有些报界人物成为了历史运动的领导人”，“报刊在团体的凝结过程中起到直接作用，而这种团体以一种有力的离心的方式影响着社会主体和政治主体。报刊给乱党以身份及其存在的理由在戏剧化的年代里，这些乱党通过争夺政权织就了政治生活的纬纱”。见［法］让—诺埃尔·让纳内著，段慧敏译：《西方媒介史》，广西师范大学出版社2005年版，第52—57页。

④ 电视对于政治的影响关键在于“政界人物所共有的对电视的万能性的天真信念。他们设想这种新的工具可以左右选举，掌握了它，便等于确保了一种无法反对的力量。这种错误的信念来自政界人物与电视间所维持的心理上的联系：不只是他的演说被转播，他的自恋也被牵连进来，他的形象在别人眼中，在一种由永恒的诱惑所形成的作用中。由于电视的存在，政界人物会影响那些不固定的、虚构的选民，那些不到公共场所的人，那些激进的社交网触及不到的人，呆在家里的人；去影响他们认为人数众多的可以随意操纵的被动群体。”见［法］让—诺埃尔·让纳内著，段慧敏译：《西方媒介史》，广西师范大学出版社2005年版，第257页。

可挡之势加速发展。在以互联网为代表的信息网络技术迅猛发展的历史新条件下，“国家与公民社会之间的经常性张力会持续引发政治对立。现存政治结构与自上而下或自下而上的社会运动之间的联动关系正在形成，就像电子民主与借助互联网力量的底层动员的发展，在使得公民参与的传统形式充满活力。相似的政治化进程正在国际层面上发生，并集中在争论不休的议题上：如何治理与管理互联网?”①

因此，笔者以为，网络党建并不仅仅是信息网络技术对政党建设在技术层面上的简单反映，而是在信息网络技术强力构筑的新的社会关系及结构重组中的理念认识和组织功能的“再适应”。所谓网络党建，即是指在信息网络时代政党对自身价值和功能的重新思考与定位，通过对政党政治理念的更新、组织结构的重组，实现政党的价值重塑——政党内部关系的民主化和政党社会关系的民主化，提升政党在变动不定的新的社会的战略适应能力。

二、网络党建的内涵

与对网络党建概念界定的两种理解不同的是，理论界在关于网络党建的实践内容上却表现出相当程度的一致性。之所以会出现这种反差，原因可能在于：从理论层面上讲，网络党建是一个新生事物，还需要做进一步的深入观察和长期研究；从实践层面上讲，网络党建主要是以中国共产党的各级党委组织部门为主体进行实际推进的，从而容易在具体事务中形成以简入易的工作路径。

（一）内涵：理论界的观点

目前，理论界对网络党建内涵的界定主要包括以下四个方面的内容：

一是网络党建是宣传党的理论的重要阵地。董永强、邓如峰②认为，网络党建是党建工作的新领域，是党的政治建设、思想建设的新载体，是宣传马列主义、毛泽东思想、党的创新理论和党的路线、方针、政策的重要阵地。

---

① ［英］安德鲁·查德威克著，任孟山译：《互联网政治学：国家、公民与新传播技术》，华夏出版社2010年版，第3页。

② 董永强、邓如峰：《关于深入开展“网络党建”的对策思考》，《网络与信息》，2008年第5期。

二是网络党建是提升党务能力的重要手段。董永强、邓如峰[①]认为，网络党建借助于网络信息传播技术和数据库管理系统的技术支撑，利用网络环境进行党建工作信息发布，开辟网上党校、网上思想政治工作等党建阵地，同时将大量频繁的党务管理和日常工作通过设定好的程序在网上实施，以数字化方式提高工作效率，实现党的建设和党务工作管理服务的综合运行新模式。

三是网络党建是开展党的建设的重要平台。龚晨[②]认为，推进党的建设工作信息化、网络化，是提高党的思想理论建设科学化水平，巩固主流意识形态的重要保证，是提高党的组织建设科学化水平，增强党的组织凝聚力、党内生活透明度的重要手段，是提高党的作风建设科学化水平，是提高党的廉政建设科学化水平，有效发挥党内监督功能的重要举措。

四是网络党建是密切党群关系的重要渠道。网络的发展使原来党组织的管理从传统的科层式的层层管理可以突破层级界限，使上级组织和基层党员之间实现直接沟通，“拉近了党内不同部分的距离，为党内上下之间的直接沟通提供了宽阔的渠道”[③]，从而使党员的民主权利可以更好地发挥，可以提高党员参与党建的积极性。

总体来说，网络党建的内涵大致应该包括：电子党务、党员教育管理应用软件、党员电子身份认证及远程选举、网上党支部活动、网上民意舆情收集分析预警、有效实施党务公开，加强党内外民主及监督，构建城乡一体化的“党网”系统等一系列实践举措。[④]

（二）网络党建的内涵界定

笔者以为，网络党建作为党的建设的系统工程，其基本内涵和实践形式应该包括系统、平台、网站、机制等四个方面的体系建设。

第一，网络党建的系统建设。

网络党建的信息系统主要是指党员党组织信息系统。这一信息系统是推进网络党建深入发展的主体工程。没有灵活、动态，以数字化为表现形式的党员党组织系统，网络党建就无法获得系统平衡的发展。具体来说，

---

① 董永强、邓如峰：《关于深入开展“网络党建”的对策思考》，《网络与信息》，2008 年第 5 期。

② 龚晨：《党建工作信息化的制度安排构想》，《福州党校学报》，2011 年第 5 期。

③ 王长江：《政党论》，人民出版社 2009 年版，第 242 页。

④ 李志强：《打造党建信息化工作新平台》，《群众》，2010 年第 1 期。

党员党组织信息系统主要是指通过党员党组织的信息录入、采集、管理等信息化手段，逐步建立立体化、交互式、多层级和广覆盖的信息管理系统，实现对党员党组织的数字化、网络化、动态化和个体化服务与管理，提高党员党组织管理的信息化水平。[①] 在实践中，党员党组织信息系统主要是通过三个专项子系统的完成而建立起来的。

一是党内组织信息管理系统。通过对系统内“党组织基本情况”“党员个人基本情况”“党组织换届情况”“预备党员转正情况”“基层党组织负责人手机号码”等规定项目的信息录入，以实现各级党组织的信息数字化。

二是党员电子身份认证系统。主要用来完成党员个体的网络身份认证。中共河南省委组织部、中共河南省信阳市委组织在《信息化发展对党员队伍建设的影响》的专题课题研究中就提出建议，认为可以通过制作配发具有读写功能的IC芯片的党员网络身份证，实现党员的电子身份认证，以利于党员组织关系的自动接转和实时的动态网络管理。[②]

三是党务动态管理网络系统。通过这一系统，可以实现党员组织关系实时“网上转移”功能、党内实时统计功能（如完成相关统计报表）、党务工作实时提示功能（如提示按期换届、预备党员转正等）、党内实时动员功能（如通过邮件捆绑短信，确保党内重大精神迅速传达到各级党组织）等[③]，为有效解决流动党员的管理问题提出了新思路、新对策。

第二，网络党建的平台建设。

网络党建的平台是开展网络党建的重要载体和主要渠道。具体来说，各级党组织在实践过程中逐步形成了以下六个平台建设的共识。

一是信息发布平台。主要是及时公布党内重大信息，使各级党组织、党员能迅速接收和了解党内情况。同时，及时发布反映各级党组织、党员在党的建设方面的有益探索，增进党员、党组织之间的交流。

二是理论宣传平台。互联网的飞速发展和广泛影响，要求中国共产党

① 中共河南省委组织部、中共河南省信阳市委组织部课题组：《信息化发展对党员队伍建设的影响》，《党建研究》，2012年第3期。

② 中共河南省委组织部、中共河南省信阳市委组织部课题组：《信息化发展对党员队伍建设的影响》，《党建研究》，2012年第3期。

③ 这是上海市委在推进网络党建过程中的主要经验。见中共上海市委组织部2009年12月下发的《关于进一步贯彻落实中央和市委全会精神推进上海基层党建信息化工程建设的通知》。

必须牢固树立思想政治教育的阵地意识。要以互联网为平台，大力加强党的创新理论成果的宣传教育，使互联网成为党的思想舆论阵地，引领党员群众和网络民众的思想导向。

三是在线学习平台。通过打造在线学习平台，建立远程教育体系，开展网上党校活动，使党内外群众能够方便、迅捷地接受党的组织培训。

四是党群交流平台。互联网的发展，打破了党的组织结构中固有的层级传递体制，使党的各级领导与党内群众的直接对话、交流成为可能。通过构建党群交流平台，比如“网络论坛”“网络邮箱”“网络微博”等形式，可以使党内群众的意见和想法得到反映。

五是党务活动平台。利用网络开展党务活动，是当前各级党组织在推进网络党建实践中的一个重要举措。其中，以“网上党支部”最为典型。所谓“网上党支部”，就是借助网络技术这个平台，为实现党组织建设的意图和目标而创建的基层党组织，它是党的建设在虚拟世界中的一种拓展和延伸，也是党的组织设置的一种创新性实践。①

六是舆论监督平台。信息网络技术的发展，有助于党员群众知情权、参与权、选择权和监督权的有效落实。通过建立反腐倡廉监督网络体系，比如12380举报平台、12371手机短信平台、全国组工网等监督平台，可以进一步发挥党内监督、社会监督的综合力量，促进各级党组织和党员队伍的纯洁性。

第三，网络党建的网站建设。

党建网站是开展网络党建的重要平台和主要实现形式。从当前党建网站的使用情况及效果反馈来看，大多数党建网站在设计时变得更加灵活便捷、更加人性化，凸显了党建网站的两大功能：主题教育功能和互动交流功能。在主题教育功能方面，以中央和本级党委政府的重大活动为中心，通过专题设置的形式强化了对党员群众的主题教育。在互动交流功能方面，注重增强党建网站的互动功能，重视党建网站的沟通交流。通过开设党务咨询、党代表网上提议、阳光信箱等互动栏目，以网上问答、讨论、献策等形式，加强与党员、群众的网上交流，提高网站的互动性。

第四，网络党建的机制建设。

网络党建的发展离不开科学规范的制度保障。从当前网络党建的实际

---

① 徐根义、李守成：《大力推进基层党支部建设网络信息化进程——临朐县网上党支部建设的实践思考》，《黑龙江省社会主义学院学报》，2010年第4期。

推进情况来看，应该着重进行以下四个方面的机制建设。

一是网络党建的组织领导机制。网络党建是中国共产党在信息网络社会推进党的整体建设的重要组成，必须在中国共产党各级党委的统一领导之下有序推进、科学发展。以中组部负责的“大组工网”为例，中组部提出并建立了以国家电子政务网络为依托、以中组部为中心节点，贯通省、市、县党委组织部，连接中央和国家机关部委、部分国有重要骨干企业和高等院校组织人事部门的“大组工网”，有效推进了党的各级组织工作。因此，建立网络党建的组织领导机制对于推动党的建设发展尤为必要。从当前网络党建的组织领导现状来看，基本上形成了以党委统一领导，组织部门总体负责，党员服务中心等部门具体管理，各相关单位共同维护，基层党组织积极参与的格局。这一组织领导机制的形成，有力保障了网络党建的顺利推进。

二是网络党建的运行管理机制。网络党建的实际运行，主要可以通过三个方面的管理设定来进行。其一，权限管理。网络党建的各种信息管理系统都是以党建网站为依托平台进行实际运行的。因此，加强网络党建的权限管理，实质上就是强化以党建网站为核心的平台管理。具体来说，网站的平台管理主要集中在信息管理方面。在实际运行中，实行网站后台信息报送与信息审核权限分离，严格信息发布的审批关。其二，用户管理。党建网站后台采取多级授权模式，默认创建一个超级管理员，拥有整个系统的最高权限，可以管理网站的所有功能、创建子网站、对网站管理员进行子网站的访问授权等。为保证信息的总量质量，体现及时性、准确性、可看性和可持续性，按照职能分工，每个栏目都明确一个处室或单位，承担提供信息和日常维护的责任。其三，安全管理。主要依托专业网络公司进行日常维护和安全管理，确保网站的高性能和安全性。操作系统安全控制策略主要是利用用户识别和认证、存取控制和监控审查机制增强保密性。后台登入通过密码验证作为身份识别的手段，同时对用户密码设置有强度要求，从而防止简单密码和可靠性不高的密码出现，系统对密码验证限制登录失败次数，如果错误登录超过规定次数，系统自动锁定。

三是网络党建的协调发展机制。网络党建是一个系统工程，不仅包括内部建设中的软件与硬件、形式与内容，还包括总体设计中的中央与地方、城市与农村等关系。因此，从党的建设的全局出发，应该建立网络党建的协调发展机制。具体来说，应该包括两个方面的内容：其一，网络党建的规范机制。为了解决当前我国网络党建实际出现的分散化、小型化、封闭化的现状，应该成立由中共中央组织部牵头的协调机构，建立标准规范、均衡发展的建设机制。就当前的工作重点来说，尤其要重视网络党建的技术标准和规范的统一制定，以减少重复建设和资源浪费，提高党建信息的共享率，逐步形成“结构开放、科学合理，面向社会、服务公众”的网络党建格局。其二，网络党建的协调机制。在统一技术标准的基础上，实现党委内部组织、纪检、宣传、统战等部门的联通，党委与人大、政府、政协等部门的联通，以及各省区市之间党建网络的联通。[①] 通过统一标准，共享资源，实现网络党建的真正联通。

四是网络党建的信息管理机制。具体来说，主要包括以下四个方面的制度建设。其一，坚持党建信息员工作例会制度，每半年召开一次工作例会，主要对党建信息员进行专题业务培训、回顾上阶段工作、布置下阶段的工作，明确近期报送要点、听取困难、意见和建议等。其二，制定党建信息报送工作管理办法，要求各党建信息员作为各单位信息报送的责任人，规定每个信息员平均每周报送的稿件的最低数量。其三，坚持对党建信息员业务能力的培训，定期邀请有关专家对全体党建信息员进行集中培训，对提高党建信息员的写作和采集信息的能力起到了有益的作用。其四，制定信息通报及考评制度，要求每季度公布一次各单位党建信息的报送情况，每半年在信息员例会上讲评一次，年终开展党建信息报送优秀组织奖、优秀党建信息员的评比表彰，给予一定的精神和物质奖励，从而形成了相互促进、互相提高、积极向上的运作机制。

三、网络党建的理论

作为一项具有极强实践性特征的组织工作，网络党建仍然离不开深刻的理论研究和指导。

（一）网络党建的理论分析基点

事实上，如何看待网络党建是理解网络党建理论的最核心问题。按照已有的网络党建工作形态的演变过程来看，主要经历了电子党务、党建网站、APP 党建、平台党建等四个实践阶段。每一次的工作实践都是对前一阶段实践的承继和超越。而在其中发挥关键性主导作用的则是中国共产党对互联网不断深化的理论认知。根据已有的工作实践和对互联网的认知，

---

① 中央组织部党建研究所课题组：《信息化发展对党的建设的挑战及对策》，《党建研究》，2012 年第 6 期。

网络党建的理论认知和分析框架应该建立在互联网作为社会技术的核心观点之上。

如前所述，互联网在全球的应用发展及其对世界产生的影响已经表明，互联网已经不再仅仅只是一种纯粹意义的工具性技术。更加确切的讲，正是借助于以互联网为代表的信息技术的变革力量，互联网时代（或者网络社会）才得以形成确立，并进一步加速和重塑了全球化的内涵——从基于经济利益交往的全球化演化成为基于信息自由流动的全球化。构筑起全球化架构的基本要素的内涵升级，带来的最深刻最持久的影响就是世界观念、世界秩序和作为世界的人的内在变革。从“一隅”走向“全域”，从“原子人”到“网络人”，每一个人都在突破时空物理限制后被重新编织在一张覆盖全球的互联网络之上。无论是作为个体，抑或是作为个体集合的组织（集团、政党乃至国家），都有可能在特定时刻、特定事件中被置身于众目睽睽的网络场景之中。尤其是当下正在经历着深刻转型的中国，这种强烈的万众瞩目感在更容易更频繁出现的现象级社会现实中，不断考验着任何一个可能遭遇此情境的人和组织。怎么看待这种现象呢？有人把它归结为互联网带来意见表达的便捷性；有人把它归结为网民的随意性、情绪化和独立性。这两种看法都有道理，但是却在根本上忽略了经过21世纪头十年市场化孕育发展业已形成的互联网态势及其对中国的深刻影响。就像习近平总书记在2016年的网络安全和信息化工作座谈会上指出的那样：“从社会发展史看，人类经历了农业革命、工业革命，正在经历信息革命。农业革命增强了人类生存能力，使人类从采食捕猎走向栽种畜养，从野蛮时代走向文明社会。工业革命拓展了人类体力，以机器取代了人力，以大规模工厂化生产取代了个体工场手工生产。而信息革命则增强了人类脑力，带来生产力又一次质的飞跃，对国际政治、经济、文化、社会、生态、军事等领域发展产生了深刻影响。”[①] 因此，开展网络党建，必须从社会性的角度来理解互联网和认识互联网对中国和中国共产党产生的深刻影响。

（二）网络党建的两种理论关系

把互联网作为社会性技术以及技术变革对中国社会的结构性影响作为开展网络党建的理论基石，需要构建一种适应于互联网时代的党建工作理

---

① 习近平：《在网络安全和信息化工作座谈会上的讲话》，人民出版社2016年版，第2—3页。

论体系，以指导具体的网络党建组织实践。具体来说，新的网络党建工作理论体系至少应该处理好两个方面的理论关系。

一是政治与技术的关系。如前所述，互联网作为一种社会性技术，其内涵的深刻变革性对包括中国共产党在内的一切集团、组织都会产生极大影响。中国共产党对互联网的认知经历了从传播工具到虚拟空间再到网络社会的三个阶段性认识演变。每一个阶段的互联网认知，都促使中国共产党做出对应性的组织反映。在传播工具的认知阶段，以电子党务为代表的组织工作方式开始出现；在虚拟空间的认知阶段，以党建网站为代表的组织工作方式开始迭代演进成为主流；在网络社会的认知阶段，以大数据平台为支撑的“党建云”开始整合党建信息资源，成为当下中国共产党主要的组织工作方式。可以说，对互联网的每一次认知转变和工作方式的重新选择，都表明中国共产党力图在互联网带来的社会性变革影响浪潮中达到积极适应和主动引导的战略自由，以此夯实执政的政治基础。因此，构建网络党建工作理论体系，必须始终把党要获得在互联网时代的主动性和领导力作为核心基点，以此作为实际工作决策时进行策略路径选择时的主要评价依托。

二是组织与社会的关系。认识和开展网络党建有一个问题必须首先解决，那就是绝不能仅从技术运用和组织建设两个层面来理解，而应该从国家治理体系和治理格局的角度来看待。从社会管理到社会治理的转变，既是当代中国社会多元发展过程中蕴含的内在变革要求，又是中国共产党从革命型政党向执政型政党实现现代转型的必然选择。双重转型的内在要求与现实压力，都表明了在互联网时代的执政条件下，中国共产党的国家—社会治理模式发生了深刻变化，要求中国共产党必须根据变化了的社会现实，积极主动推动国家和社会治理的现代化。党的建设作为中国共产党治国理政时区别于法治治理的政治治理方式，是中国共产党实现现代社会治理的又一主要力量。但是党建作为社会治理力量时必须面对一个新的情况，那就是社会治理结构变化后党的治理角色困境。当代中国社会治理结构的多元化来源于改革开放和社会主义市场经济的深入发展。高度集中的计划经济体制的逐步瓦解和社会利益发展的多元趋势，使原先高度板结的社会结构发生了深刻变化，表现出从单一化向多样化、从板结化向碎片化、从凝固化向流动化转变的复杂多样的社会结构，从而在根本上促使以党和政府为主导的传统社会管理模式向现代社会治理模式的转变。在这一转变过程中，党建在社会结构中的角色随之发生了深刻变化。在传统高度集中的社会结构和社会管理模式下，基层党建的角色由于是以政府行政管理体制为依托，从而表现出高度的社会主导性和绝对的组织唯一性两大特征，具有浓厚的行政管理色彩。但是，在现代开放多元的社会结构和社会治理模式下，基层党建的角色由于政府行政管理体制所适范围的缩小和党组织满足社会个体利益需求的供给能力的下降，在相当程度和范围内，基层党组织的社会治理能力呈现出弱化的趋势。这种弱化趋势集中体现在基层党建的社会组织核心地位受到冲击和挑战。在传统社会管理模式下，党组织是社会唯一组织，发挥着社会团结凝聚的核心作用。但是，现代多元社会的逐步确立促进了社会组织的培育和发展，个体需求的社会支持体系日渐丰富，从而对基层党建的传统社会组织核心提出了新的挑战。这一挑战带来的直接问题就是，基层党组织如何在与其他社会组织相协调的过程中展现自己的组织力量，并以此实现对社会的引领和团结。开展网络党建的目的其实就是针对这一挑战而来的。在 2016 年 4 月 19 日召开的网络安全和信息化工作座谈会上，习近平总书记就明确指出："我们提出推进国家治理体系和治理能力现代化，信息是国家治理的重要依据，要发挥其在这个进程中的重要作用。要以信息化推进国家治理体系和治理能力现代化，统筹发展电子政务，构建一体化在线服务平台，分级分类推进新型智慧城市建设，打通信息壁垒，构建全国信息资源共享体系，更好用信息化手段感知社会态势、畅通沟通渠道、辅助科学决策。"① 因此，必须从组织与社会的关系来认识和开展网络党建，借助于网络党建大数据平台，提升党的组织力和引领力。

第三节　价值与功能

"每一种工具里都嵌入了意识形态偏向，也就是它用一种方式则不是另一种方式构建世界的倾向，或者说它一种事物赋予更高价值的倾向；也就是放大一种感官、技能或能力，使之超过其他感官、技能或能力的倾向。"② 信息网络时代不仅促使网络党建成为政党建设的新的内容，而且在

① 习近平：《在网络安全和信息化工作座谈会上的讲话》，人民出版社 2016 年版，第 6 页。

② ［美］尼尔·波斯曼著，何道宽译：《技术垄断：文化向技术投降》，北京大学出版社 2007 年版，第 7 页。

更深层次上影响着政党建设的方方面面，其中最主要体现在价值的更新与功能的重设。

一、网络党建的价值

既然承认信息网络技术对政党建设具有深刻的社会政治意义，那么，进一步思考网络党建的价值定位就成为可能。事实上，无论是作为实践的网络党建，还是作为理论研究的网络党建，对于信息网络技术对政党建设的价值冲击都有着或深或浅的深沉思考和直接感受。

（一）网络党建的价值：理论界的观点

从理论研究的角度来看，在信息网络技术的革命性作用下，网络党建作为政党建设的主要内容，它促使政党价值在五个方面发生了巨大而深刻的变化，表现出强烈的信息网络时代的党建新特征。具体来说，信息网络对政党的价值影响主要体现为①：

第一，政党不再是一个神秘的组织，表现出透明性的特征。在信息网络时代，由于人民获取社会信息的渠道更加畅通和多种多样，人民与政党、政府信息严重不对称的状况已根本改善，政党的神秘色彩不再存在，民众对政党的崇拜也一去不复返。相反，人民群众对政党的要求却日益严格。政党的执政权力日益受到人民群众的直接监督。这一变化促使政党的权力行使更加透明、更加公开。

第二，政党不再是一个封闭的组织，表现出开放性的特征。在信息网络时代，任何国家、民族、政党、政治组织、社会团体，甚至个人把自己封闭起来都是没有出路的，必然要被历史和现实所抛弃。况且，政党要发展，要赢得民众的支持，必须公开其纲领路线，必须随着选民的要求和意愿调整自己的组织结构，更新政治理念。这就要求政党必须变得更加开放，以吸纳新的社会力量，增强自己的政治活力。

第三，政党不再是一个固定的组织，表现出流动性的特征。在信息网络时代，社会流动性的增强，意味着政党政治资源的流动。人们在流动的过程中，思想意识、价值观、民主意识、权利义务观念等相互激荡、影响，要求政党必须通过网络平台适应流动性需要，以保持政党与政治资源流动性的适时接触。

---

① 汪守军：《论网络革命与政党理念的更新》，《云南行政学院学报》，2006 年第 4 期。

第四，政党不再仅仅是“一个”阶级的组织，表现出包容性的特征。在信息网络时代，社会结构发生了剧烈变化，政党必须根据新的社会力量的发展，不断调整自身结构，吸收和包容更多社会新成员，成为社会力量的集中代表。

第五，政党不仅仅是一个政治的组织，表现出多维性的特征。在信息网络时代，政党作为唯一政治组织的属性已经发生嬗变。政党，特别是作为执政党，不仅体现在对政治理念的价值关怀，而且表现在对社会经济发展的整体筹划。

汪守军先生关于信息网络时代政党特征的上述分析，是符合当前世界各国主流政党的建设发展实践的，不乏有益的启示意义。不过，以本书研究的主要目标——中国共产党——而言，还需要进行更进一步的具体分析。

（二）网络党建价值界定的三个维度

笔者以为，思考信息网络技术对中国共产党推进网络党建的价值影响之时，必须首先确定以下三个基本问题：第一个问题，网络党建与传统党建的关系问题；第二个问题，网络党建与电子党务的关系问题；第三个问题，网络党建与社会需求的关系问题。只有在对上述三个问题的准确理解的基础之上，才有可能达成网络党建价值定位的统一认识。

第一个问题，关于网络党建与传统党建的关系问题。

董永强、邓如峰[①]认为，传统党建是网络党建的基础，网络党建是传统党建在信息传播、工作方式和工作领域的拓展和延伸，二者共同构成网络时代完整的党建模式。即，网络党建是随着网络的产生及其对现实生活的影响逐渐形成的，是党的建设对网络时代的顺应。网络上虚拟党建的形成和发展并不排斥现实中的实体党建的存在和发展，恰恰相反，网络党建是以现实党建为基础并为网下的现实党建服务的。没有现实党建的存在，就没有网络党建存在的必要性和可能性。与此同时，网络党建一方面可以反映现实党建的情况，扩大现实党建的影响力，另一方面网络党建也可以

---

① 董永强、邓如峰：《关于深入开展“网络党建”的对策思考》，《网络与信息》，2008 年第 5 期。

促进现实党建的完善和发展。[1] 张德寿[2]则进一步从思想、组织、作风、制度及反腐倡廉等五个方面论述了网络党建与传统党建的发展。他指出，网络党建与传统党建的主要区别在于前者运用了信息网络技术这一新手段，使推进党的建设获得了新的工具与平台。

具体来说就是：一是在思想建设方面，利用现代网络技术，可以更加便捷地传播党的执政理念、党的执政价值观和解释党的方针政策，等等。与此同时，也可以更加便捷地实现党内外的思想沟通交流、达成共识。二是在组织建设方面，利用现代网络技术，可以突破传统的局限性，在基层组织设置方式、党员教育管理方式和服务形式等方面的创新，使党的组织建设更加顺应时代发展的要求，更加富有成效。三是在作风建设方面，利用现代网络技术，通过网络党建的各种活动，可以在一个更广阔的虚拟时空里展示中国共产党求真务实、追求科学、追求民主、追求法治、与时俱进的政党形象。四是在制度建设方面，利用现代网络技术，可以获得更加便捷的途径发现制度、体制本身存在的问题，以及制度、体制运行过程中引发出来的问题，从而及时改进、完善制度和及时进行纠偏，等等。五是在反腐倡廉建设方面，运用现代网络技术，更加有效地监督政府、监督官员、揭露腐败和发现腐败，等等。总之，两者的区别最主要是工具的不同，或者说，网络党建具有了比传统党建更先进的工具和开展的平台。两者是紧密相关，不可分割的。

笔者以为，党的建设是一个大格局，在这一个大格局中，传统党建和网络党建是党的建设的两大组成部分。网络党建与传统党建的关系，不是一种单纯的衍生关系，即网络党建是传统党建在新技术条件下的一种技术形态的反映。准确地说，网络党建与传统党建是一种相互依存、联动互生的关系。缺少了网络党建，传统党建就会失去党的建设的鲜活力量；而没有传统党建的支撑，网络党建也就成为无源之水、无本之木。因此，传统党建和网络党建构成了中国共产党自身建设的大格局。网络党建在党建大格局中的这种重要性不是自封的，而是在社会经济文化日益发展、网络技术广泛普及的条件下，党的建设对客观形势带来的新情况、新问题的一种

① 周贤山：《论网络时代的党建新思路》，《中共石家庄市委党校学报》，2011 年第 2 期。

② 张德寿：《网络党建的相关问题研究》，《中共云南省委党校学报》，2011 年第 4 期。

积极反映。在网络虚拟空间已经形成，并且逐渐对现实社会产生影响的情况下，传统党建已经无法有效覆盖这一成为“飞地”的虚拟空间，党建模式必须发生转型。在这种条件下，网络党建的提出和发展就成为党建格局调整的必然选择。承认了这一点，我们就必须认识到：网络党建不是传统党建的翻版，网络党建需要新的组织形式、需要新的党建模式。传统党建是以民主集中制为根本的组织原则，强调下级服从上级、少数服从多数。而网络技术的分散性和无中心性对传统党建的这一组织结构具有一定程度的消解作用。网络党建的组织形式必须适应这一新变化。如果没有与之相适应的组织形式和组织结构，网络党建是无法应对网络环境中层出不穷的问题的。

第二个问题，关于网络党建与电子党务的关系问题。

叶帆[①]认为，电子党务，就是党的建设顺应知识化、信息化、网络化的时代潮流，充分运用高科技手段及现代信息技术，利用先进信息平台和信息网络等手段，有效整合党的建设信息资源，从而增强党的建设的效率性、参与性、民主性的一种新型的党建模式。从电子党务的概念与内涵来看，其与网络党建具有一定的重叠性。不过，电子党务的关注重点是机关办公自动化、党务工作流程信息化、党务管理网络化等方面的内容。而网络党建则不仅包括了党建信息化这一技术基础，而且更重要的意义在于信息网络时代党的组织结构的自我变革与社会适应。因此，网络党建的内涵与外延应该比电子党务更加广泛。从这一意义上讲，网络党建是电子党务的重要载体和实现基础[②]，电子党务是网络党建的一个重要内容。

笔者以为，电子党务从其提出的渊源来讲，主要是受电子政务的影响而逐步发展而来的。其关注焦点主要集中在党务工作技术层面上的信息化水平的提高。因此，电子党务与党建信息化在本质上是一体两位，都是网络党建的重要组成。

第三个问题，关于网络党建与社会需求的关系问题。

准确的价值定位，是网络党建能否良性发展的关键所在。那么，怎么

---

① 叶帆：《电子党务：党建创新的战略平台》，《天水行政学院学报》，2008 年第 1 期；汪热明：《电子党务建设研究》，《华南热带农业大学学报》，2006 年第 1 期；佟亚萍：《关于“电子党务”建设必要性的探讨》，《黑龙江交通科技》，2010 年第 9 期；张强：《浅谈电子党务建设》，《传承》，2007 年第 5 期；沈建红：《执政组织资源与执政党的组织建设》，浙江大学出版社 2011 年版，第 184 页。

② 张婷：《网络党建的交互性研究》，《广西社会科学》，2007 年第 8 期。

进行网络党建的价值定位呢？主要是与网络党建的社会需求有着直接关系。网络党建的价值定位必须是建立在满足需求的基础之上。没有需求，网络党建就只能是标新立异、孤芳自赏。那么，网络党建的社会需求是什么呢？具体表现为两个方面的需求：第一个需求是适应网络技术发展而产生的党建需求。技术形态的革命性变化需要与之相适应的政党组织形式的转型与创新。第二个需求是适应多元化社会发展而产生的党建需求。传统党建在面对网络无中心、平等和开放的要求时，传统的自上而下式的群众性动员模式常常是有心无力。因此，迫切需要党的组织创新以满足社会发展要求。

（三）网络党建的价值：凝聚党心、汇聚民气

笔者认为，中国共产党在推进网络党建的实践时，其总的价值定位应该是："凝聚党心、汇聚民气"。凝聚党心，是就党内群众而言，要在网络空间整合党的力量；汇聚民气，是就社会民众而言，要使网络党组织成为网络民众团结的旗帜。具体来说，主要体现在三个方面：

首先，在政治理论层面，网络党建的提出与实践开拓了政党学说的新领域。网络党建作为信息网络时代政党适应新的社会结构和政治环境的党建新内容、新形式，具有建基于机械工业社会结构之上的传统党建所不同的新内涵、新特点。其根源不仅在于互联网为不同群体提供了新的政治机遇，特别意味着"不强大的群体可能提升反抗能力，他们的呼声曾在报纸与电视中缺席。普通公民和政治上被边缘化的人们，再也不用完全依赖传统上占主导地位的广播媒介来构建身份或者表达政治不满。按照道格拉斯·凯尔纳的说法是，互联网上的政治传播变得'更加去中心化和多元化，这表现在事由、规模和影响上'。网络空间相对较高的速度与流动性，有时会让边缘人群相信他们的事务被纳入到了主流政治的议事日程。权力机构——如政府、公司或主流媒介——的权威正在弱化"①。更为重要的意义则在于互联网在中国发展的特殊内涵，即"它是中国社会现有习惯得到解放的通道"②。因此，作为理论研究的网络党建，是政党学说的一个新领域。

① ［英］安德鲁·查德威克著，任孟山译：《互联网政治学：国家、公民与新传播技术》，华夏出版社2010年版，第7页。

② ［美］曼纽尔·卡斯特著，周凯译：《网络社会——跨文化的视角》，社会科学文献出版社2009年版，第131页。

其次，在政治理念层面，网络党建的提出与实践提升了政党理念的新价值。信息网络时代越来越明显的公开、透明、分权、非中心化等特征，既使社会结构与社会阶层出现了急剧分化，为社会公众（包括网民）“带来了信息获取、媒体运用以及社会形式的创新模式”①，同时又对以承担政治教化使命自居的政党提出了新的价值问题，即如何看待在信息网络时代成长成熟起来的社会公众？政党如何在党内成员和社会公众新的政治觉醒力量前面表现出它的政治智慧？

最后，在政治实践层面，网络党建的提出与实践重组了政党组织的新结构。“在新信息技术带来的高速度、适应性以及灵活性的推动下，分散的网络形态比传统的垂直式分层体系结构更具竞争力。这种趋势无论在任何地方都不比在集体行动范围内更加明显。”② 因此，要实现信息网络时代正在或已经发生变化的政党价值理念，就必须在积极适应新的社会力量的基础上，不断地优化重组政党的固有结构，使之朝向更加灵活、包容、有效的方向发展。

二、网络党建的功能

价值决定功能，功能实现价值。既然网络党建的价值定位是“凝聚党心、汇聚民气”。那么，这一价值定位就决定了网络党建的功能至少应该在三个层面上得到具体体现。

（一）网络党建的技术功能

即通过广泛运用以互联网为代表的信息网络技术实现党建的信息化。具体来说，就是实现党的建设的基本信息，包括党员、基层组织等纸质信息的数字化，以利于信息的有效管理。不过，网络党建的技术功能更重要的还体现在信息的迅速流动所带来的传播效应。宣传作为政党的重要功能历来受到重视。不过，受制于传统政党组织内部自上而下的科层体制，不仅信息流动的效率大大降低，而且信息接收的效果也流于程式。网络党建通过信息网络技术的运用和网络平台的建设，可以有效地克服传统政党组织内部的层级体制，不仅能够更为快捷地传递信息，大大降低

① ［美］曼纽尔·卡斯特著，周凯译：《网络社会——跨文化的视角》，社会科学文献出版社2009年版，第131页。

② ［美］曼纽尔·卡斯特著，周凯译：《网络社会——跨文化的视角》，社会科学文献出版社2009年版，第373页。

信息流动成本，而且能够使党内成员和党外群众及时准确地掌握党的路线方针政策，从而避免、减免信息流转中的层级损耗。

（二）网络党建的组织功能

即通过利用信息网络技术所构筑的党建网系统，实现党务办公的自动化、党务活动的公开化、党员教育的网络化等，以提高党的组织凝聚能力。从组织建设的角度而言，推进网络党建可以在一定程度上有效克服组织关系的“分殊化”。中国共产党是由具有共同信仰和奋斗目标的先锋战士自愿结合的政治组织，与行政组织不同，它是“主义”的结合。毛泽东曾讲，有了“主义”才有所指望，有所趋向。但是，中国社会的剧烈转型给党的建设带来的巨大冲击，特别是随着党从革命型政党向现代执政党的转型，对利益的关切使得党的组织及其成员出现了显著的分化倾向，打上了“分层”的烙印。一方面，党员由于身处不同的社会分层存在认识差距。党内既有所谓的“大款”党员，又有相当一部分下岗党员、困难党员等。处于社会分层上游的部分党员对享有的优厚物质生活待遇认为理所应得，不顾其他层面党员和群众；处于社会分层中游的部分党员只瞻前不顾后，觉得待遇低，发牢骚；处于社会分层下游的部分党员看不惯中上游党员，一出口便称之为“腐败”。另一方面，党组织之间存在认识差别和利益差别。随着改革的深入，每个部门、每个单位都有自己特殊的利益。现在一小部分党员不是站在整体的利益和全局的立场上考虑问题，而是从本地区、本部门、本单位的利益出发，甚至成为部门利益的代表者。这种状况的存在造成了当前党组织之间的差异和矛盾。因此，通过推进网络党建，可以在一定程度上克服地方、部门的狭隘视野，树立全国党建一盘棋，进一步强化和提升政党的主义与精神。

（三）网络党建的政治功能

即通过利用信息网络技术实现政党的政治社会化功能，强化政党的政治治理能力。这是因为，“从破坏社会控制支配体系的能力来看，几乎所有的公共传播媒介都具有与生俱来的潜力。它们能够为关于现有秩序的新的声音和方法提供途径；被控制和不满的人群可以应用它们来发出抗议并组织起来”[①]。因此，从中国共产党的政治实践来说，这一政治治理能力主

① ［荷兰］丹尼斯·麦奎尔著，崔保国、李琨译：《麦奎尔大众传播理论》，清华大学出版社2010年版，第34页。

要包括两个方面的内容：

一是正确的网络舆情引导能力。之所以提出开展网络党建，其中一个重要的原因就是由互联网舆情的发展而引起的。1999 年 4 月和 5 月先后发生的“法轮功”邪教事件和美国轰炸中国驻南斯拉夫大使馆事件，使中国共产党开始认识到网络力量对社会现实的巨大影响。针对这两起事件，时任中共中央总书记的江泽民先后在给中共中央政治局常务委员会委员及其他有关领导的信中明确指出：“今天的事情，值得我们深思。人不知、鬼不晓，突然在党和国家权力中心的大门口周围聚集了一万多人，围了整整一天。其组织纪律之严密，信息之迅速，实属罕见。可是，我们的有关部门事先竟毫无察觉，而从互联网上就能迅速找到‘法轮功’在各地的组织联络系统，这还不发人深省吗？信息技术的迅速发展，给我们提出了新的课题。我们各个机关配置的电脑不在少数，是否有人注意到这些重要的社会动向呢？如果注意了，为何又没有任何反映呢？这些问题都需要认真加以研究”[①]；“这次全国人民同仇敌忾的抗议行动，再一次向世人表明，我们的人民是团结御侮的，是不可战胜的。历史经验告诉我们，群众充分发动起来以后，必须加强领导和引导工作”[②]。正是在对这两起重大事件的反思中，中共中央办公厅于 1999 年 10 月 6 日转发了《中央宣传部、中央对外宣传办公室关于加强国际互联网络新闻宣传工作的意见》。这是中共中央第一次从争夺 21 世纪思想舆论阵地制高点的高度，明确了今后网络新闻宣传工作发展的方向，成为指导网络新闻宣传的纲领性文件。而在 2000 年 6 月召开的中央思想政治工作会议上，江泽民更是明确提出了要认真研究互联网舆情的问题。他说：“信息技术特别是信息网络技术的发展，为我们开展思想政治工作提供了现代化手段，拓展了思想政治工作的空间和渠道。要重视和充分运用信息网络技术，使思想政治工作提高时效性、扩大覆盖面、增强影响力。互联网是开放的，信息庞杂多样，既有大量进步、健康、有益的信息，也有不少反动、迷信、黄色的内容。互联网已经成为思想政治工作一个新的重要阵地。国内外敌对势力正竭力利用它同我们党和政府争夺群众、争夺青年。我们要研究其特点，采取有力措施应对这种

---

① 江泽民：《一个新的信号》（1999 年 4 月），《江泽民文选》第 2 卷，人民出版社 2006 年版，第 319 页。

② 江泽民：《同仇敌忾，团结御侮》（1999 年 5 月），《江泽民文选》第 2 卷，人民出版社 2006 年版，第 327 页。

挑战。要主动出击，增强我们在网上的正面宣传和影响力。各级领导干部要密切关注和研究信息网络发展的新动向，抓紧学习网络知识，善于利用网络开展工作，努力掌握网上斗争的主动权。”①

2004 年 9 月，中国共产党第十六届四中全会通过的《中共中央关于加强党的执政能力建设的决定》，提出“高度重视互联网等新型传媒对社会舆论的影响，加快建立法律规范、行政监管、行业自律、技术保障相结合的管理体制，加强互联网宣传队伍建设，形成网上正面舆论的强势”。2007 年 1 月 23 日，中共中央政治局进行“世界网络技术发展和我国网络文化建设与管理”专题集体学习，胡锦涛从关系社会主义文化事业和文化产业健康发展，关系国家文化信息安全和国家长治久安，关系中国特色社会主义事业全局的高度，要求各级领导干部重视学习互联网知识，提高领导水平和驾驭能力。要求加强网上思想舆论阵地建设，掌握网上舆论主导权，提高网上引导水平，讲求引导艺术，积极运用新技术，加大正面宣传力度，形成积极向上的主流舆论。② 2008 年 6 月，胡锦涛在视察人民日报社时明确指出：“随着信息技术的快速发展，互联网已经成为人们获取信息的重要渠道，成为党和政府联系群众的重要纽带。”③ 2010 年 10 月，胡锦涛在党的第十七届五中全会上指出：“要在运用现代科技手段上下功夫，深入研究网上舆论引导的特点和规律，主动占领网上思想舆论阵地。把群众工作做得有声有色、丰富多彩。”④ 2011 年 2 月，胡锦涛在省部级主要领导干部社会管理及其创新专题研讨班开班式的讲话中指出，要“进一步加强和完善信息管理，提高对虚拟社会的管理水平，健全网上舆论引导机制”⑤。2011 年 10 月，中国共产党第十七届六中全会通过的《中共中央关于深化文化体制改革推动社会主义文化大发展大繁荣若干重大问题的决定》中强调：“加强网上思想文化阵地建设，是社会主义文化建设的迫切

---

① 江泽民：《在中央思想政治工作会议上的讲话》（2000 年 6 月），《江泽民文选》第 3 卷，人民出版社 2006 年版，第 94 页。

② 《胡锦涛：以创新的精神加强网络文化建设和管理》，新华网，http://news.xinhuanet.com/politics/2007-01/24/content_5648188.htm，2007 年 1 月 24 日。

③ 《唱响奋进凯歌 弘扬民族精神——记胡锦涛总书记在人民日报社考察工作》，《人民日报》，2008 年 6 月 21 日。

④ 《论党的群众工作——重要论述摘编（六）》，《人民日报》，2011 年 5 月 11 日。

⑤ 《胡锦涛：扎扎实实提高社会管理科学化水平》，中国网，http://www.china.com.cn/cpc/2011-04/13/content_22350896.htm，2011 年 4 月 13 日。

任务。”2014年9月19日，中共中央办公厅、国务院办公厅印发《关于推动传统媒体和新兴媒体融合发展的指导意见》。10月5日，习近平在中办秘书局《信息综合专报》第74期《当前意识形态领域值得关注的突出情况》一文的批示上指出，“要高度重视网络斗争，按照网络生态和运行规律，综合运用法律手段、技术手段治理网上乱象，让网络空间成为激发正能量的坚强阵地。”[①] 正是在这一系列的指示之下，中国共产党开始了对互联网舆情发展的特点规律和治理方法等的积极探索。

二是积极的党群网络沟通能力。囿于传统政党严格的等级体制，组织内部的交流与民主权利的实施只能通过间接代表制的方式而实现。长期以来，这一组织要求与习惯的实施，使党内民主，特别是党员的权利主体地位处于空置和失衡的处境，表现出重义务、轻权利，重服从、轻平等，重统一意志、轻主动精神的问题。具体则表现为：一方面，党员主体地位意识的缺位。在一些党员干部看来，党内生活及党的实践中真正起支配作用的是党的领导机关和领导干部，普通党员不过是被指挥、被管理、被教育的对象，很少成为党的建设的能动主体。另一方面，相关权利义务机制的缺位。尊重党员主体地位，必须从机制上做起。虽然党章规定了党员所应该具有的权利义务，但由于缺乏机制保障，党员主体应当具有的知情权、参与权、决定权、选择权、监督权，在党内现实生活中往往很难落实。另外，由于受社会转型带来的阶层结构变化、人员流动加剧、组织管理缺位等因素的影响，现在不少党员不但权利主体意识淡薄，义务主体意识更是缺失，这在很大程度上也影响了党员主体地位的实现。网络党建的推进则可在充分利用信息网络技术的基础上实现从间接代表制向直接议政的转变，从而有效克服党员权利方面存在权责的“失衡化”问题，切实提高党员的主体地位和提升党内民主化水平。就像习近平在网络安全和信息化工作座谈会上的讲话中指出的那样：“网民来自老百姓，老百姓上了网，民意也就上了网。群众在哪儿，我们的领导干部就要到哪儿去，不然怎么联系群众呢？各级党政机关和领导干部要学会通过网络走群众路线，经常上网看看，潜潜水、聊聊天、发发声，了解群众所思所愿，收集好想法好建议，积极回应网民关切、解疑释惑。善于运用网络了解民意、开展工作，是新形势下领导干部做好工作的基本功。各级干部特

---

① 《习近平国防和军队建设重要论述选编（二）》，解放军出版社2015年版，第74—75页。

别是领导干部一定要不断提高这项本领。”①

总之，网络党建是中国共产党顺应网络技术发展给党的建设带来的重大影响而做出的重要决定，既非无中生有，又非简单的技术应用，而是深深根植于信息网络时代社会深刻变化的敏锐洞察之上。正如曼纽尔·卡斯特所说：“检验中国因特网的关键是‘技术自由’与等级的‘中央集权经济’之间的典型矛盾，随着矛盾双方在范围和速度上的发展，这个矛盾也越发明显。因特网使中国自由化了吗？或者中国政府成功地按自己的意愿创造了因特网吗？经验事实远远比任何二元对立框架都要复杂，因为中国的网络形式处于一个法律、制度、社会群体以及文化认同的独特‘通信行为环境’中。”② 中国共产党作为执政党，必须主动适应信息网络时代政党组织变革的需求，正视信息网络技术的分散性和无中心性对传统政党组织结构消解作用，主动适应，因时而变。可以说，没有与之相适应的组织形式和组织结构，网络党建是无法应对网络环境中层出不穷的问题的。因此，加强网络党建的理论与实践研究，尤为紧要而迫切！

---

① 习近平：《在网络安全和信息化工作座谈会上的讲话》，人民出版社 2016 年版，第 7—8 页。

② ［美］曼纽尔·卡斯特著，周凯译：《网络社会——跨文化的视角》，社会科学文献出版社 2009 年版，第 130 页。

第二章

网络党建的目标任务

随着我国社会的飞速发展，网络已经成为当代中国社会生活的重要组成部分，对中国社会发展产生了且深且远的影响。中国共产党作为唯一执政党，在社会结构不断分化组合，社会环境越来越公开透明、民众利益表达越来越直接强烈的新情势下，借助于互联网这一舆论集散地，日益成为社会关注的焦点。政党的声誉管理也开始从物理空间向网络空间转移。面对环境的巨大变化，如何加强执政党的政党声誉管理就成为中国共产党推进网络党建的中心目标任务。

第一节　政党与政党声誉管理

政党作为现代政治生活的主要政治力量，不仅在政治生活中发挥着巨大的政治能量，而且在社会生活中通过政治话语的符号表达不断地被人格化，由此导致政党的一言一行、一举一动均被赋予极其深刻的道德内涵。特别是无产阶级政党，由于其所肩负的解放全人类的历史使命，其道德使命感更为突出。“列宁的政党在原则上是一支经过仔细挑选并具有严格纪律的精英队伍，所以它绝不旨在成为一个靠说服和争取选票来扩大自身影响的群众组织。它自称在知识和道德两个方面都具有优越性：它之所以在知识上具有优越性，乃是因为它拥有精通政党这门独特科学之各种理论的专家；而它之所以在道德上具有优越性，则是因为它的成员无私地献身于实现它所代表的那个阶级的命运，而这种命运也是社会和民族的命运。它的理想是一种彻底奉献的理想，首先是彻底奉献给革命，然后是彻底奉献给革命所通向的新社会的建设工作。”[①] 正是这种强烈的道德使命感，使政党声誉问题日益引起人们的关注，并成为政党，特别是执政党建构执政合法性的重要方式。因此，注重和加强政党的声誉管理是中外主流政党政治活动的主要内容。

---

① ［美］乔治·萨拜因著，邓正来译：《政治学说史》，上海人民出版社 2010 年版，第 502—503 页。

一、政党声誉：政党的人格化

政党作为现代政治生活的客观存在，其在社会生活中的角色早已超出了古板僵硬的组织范畴，成为人们日常生活中不可分离的“身边人”。无论是一党制国家，还是两党制、多党制国家，政党的声誉是政党获取、巩固执政地位，扩大政党影响的软权力。正是出于对这一“身边人”的关注，政党开始人格化。英国政治学家格雷厄姆·沃拉斯从政治心理学的视角揭示了政党人格化的原初意义。他指出：“政党主要是个名字，和其他名字一样，一听见或一看见就滋生出一个‘意象’，这个意象不知不觉地逐渐转变为自动理解它的意义。和在其他情况下一样，名字及其自动的心智联想能引起感情反应。”[①] 社会公众正是以一个特殊的“人”的角色来看待政党，从而赋予了政党与普通大众一样的“人”的道德内涵。政党的声誉问题即由此而来。

那么，什么是政党声誉呢？笔者以为，政党声誉在内涵上讲是一个综合性概念。它既包括体现政党价值取向的政治理念问题，又包括表现政党政治能力的政策实践问题，还包括反映政党组织成员的作风形象问题。具体来说，可以从以下三个方面来理解。

（一）政治理念

一个政党对于社会发展的根本认识和主张，亦即政党的纲领和旗帜，是否符合社会发展的普遍规律，这是政党赢得声誉的基石。没有符合社会大众信仰需求的正确主张，政党无法长时间维持民众的支持。意识形态作为政党政治理念的集中表现，是政党标榜自身价值的主要标志，也是社会判断政党性质的主要衡量标准。对于政党来说，意识形态之所以成为维护政党声誉的关系所在，主要是因为意识形态反映了政党对社会发展总体规律和社会群体不同认识的根本态度和价值判断。在传统的大规模群众运动时期，政党的意识形态总是在维护一个特定社会群体利益的同时，而对其他社会群体的利益具有相对的排斥性。正是这种排斥性保证了政党能够获得本阶层社会群体的绝对支持，并以此为政党带来巨大的社会影响力和改造社会的政治权力。但是，当传统的大规模群众运动逐渐消失在人们的视野之外，现代社会的迅猛发展逐渐模糊了社会群体之间的差别与分歧时，

① ［英］格雷厄姆·沃拉斯著，朱曾汶译：《政治中的人性》，商务印书馆 1995 年版，第 54 页。

意识形态固有的偏见和排斥就会给政党的执政带来挑战，即如何在保持传统政党社会基础的同时，使政党在政治理念上更具包容性，成为社会不同群体的利益代表者？如果无视社会剧烈变化带来的思想冲击，那么，意识形态就会脱离活生生的现实，成为一个外表的世界、一种纯粹的仪式、一种剥夺了和现实语义联系的形式化的语言，一种以伪现实代替现实的仪式化的符号系统。[①] 无论是欧洲的社会民主党还是中国共产党，其意识形态重建的实践已经表明：现代社会的历史性变迁要求政党必须通过重构意识形态，赋予其包容性内涵，才能广开渠道吸引更多其他社会群体，为政党获取和巩固执政地位提供更为深厚的社会基础，并以此增强政党的声誉。

（二）政策实践

政党通过获取执政地位来贯彻落实自己的社会主张，其所制定的政策既是政党价值主张的具体政治体现，又是通过政策工具的实施来不断调适价值主张与政治实践之间的裂痕，从而赢得社会民众的广泛赞同。对于政党来说，通过政策工具来维护政党声誉的关键在于：如何在意识形态的价值主张与政治实践的政策偏向之间寻求平衡。政党的意识形态属于信仰层面，具有理想性、抽象性和超现实性。政策工具则属于政治实践层面，具有可操作性、具象性和现实性。应该承认，如果说意识形态是政党维护自身声誉的信仰基础，那么政党的政策工具则是维护政党声誉的利益基础。社会民众正是通过政党政策实施所带来的实际利益来感受、判断并决定自己的价值选择。由于社会生活的复杂性和多变性，意识形态与政策工具之间往往不能够达到协调一致。正如列宁所言：“群众不是从理论上，而是根据实际来看问题的，我们的错误就在于总是从理论上来看问题。”[②] 因此，两者之间的矛盾平衡就需要一个中间缓冲力量来维系。这个力量就是政党的软权力——政党声誉。政党声誉作为社会群体对政党的信任委托，可以在一定时期内将意识形态宣传与政策工具实践的矛盾保持在一个可控的范围之内，从而有利于推动政策的实施。但是，一旦政策实施的后果越来越有损于意识形态的宣传时，则不仅会失去两者之间的短暂平衡而造成社会怨气的产生，而且更会耗费来之不易的政党声誉，给政党的执政合法

① 王邦佐：《执政党与社会整合：中国共产党与新中国社会整合实例分析》，上海人民出版社2007年版，第239页。

② 列宁：《在出席全俄工兵代表苏维埃会议的布尔什维克代表的会议上的报告》（1917年4月），《列宁全集》第29卷，人民出版社1972年版，第103页。

性带来巨大隐忧。因此，协调意识形态宣传与政策工具实践就成为关系到政党声誉维护的重要工作。

（三）作风形象

政党作为一个组织，是由领袖、中层成员和普通成员共同构筑而成的。领袖的个人魅力往往是政党获取和维持声誉的关键。正如1949年中国革命的胜利，使“毛泽东几乎成了有魅力的理想领袖，其非凡的能力被公认为取得胜利的关键，也几乎成了新朝代的理想创始人，在传统文化中这个角色能赢得一切含意的服从”[①]。不过，党内其他重要成员的行为对于维持党的声誉也发挥着极其重要的作用。从政党的组织结构上来看，中间成员往往是连接领袖和普通成员的桥梁。领袖的魅力对于党内成员或社会成员而言更多地是一种雾里看花式的道德性感召，而中间成员由于所处地位及其发挥的关键作用，是政党正常开展政治活动的中坚力量，其言行举止则表现为一种强烈的组织规范性。与领袖生动的魅力展示相比，政党内部中间成员的行为则更具科层官僚特征，在对普通党员的示范作用方面，体现的是自上而下的服从式组织伦理。因此，从更宽泛的意义上讲，政党的声誉往往是由两部分组成的：领袖和中间成员。两个部分相互配合，互为补充。在政党与民众的直接交往中，政党往往以其历史上的开创性领袖或代表性领袖的道德形象来赢得民众，扩大自己的政治影响力。而在政党内部的组织成员之间，则常常是以严格的科层制来约束组织成员的行为。可以说，领袖形象往往是作为一种历史符号资源不断被丰富、升华。“领袖让每个人都感到与他有一种个人的关系，使他具有人们已经认同的思想和世界观。这样，他就有一种人为的与人同在、团结一致的感觉，以及一种面对面的人际关系的幻觉。而要做到这些，只需要一两幅给人留下深刻印象的图像，一两个动听的、充满激情的信仰表白，或是让人想起某个伟大的集体信念。这就是团结个人、支撑民众大厦的黏合剂。壮观的庆典、频繁的大会、力量和信念的显示、一致通过的计划，等等，所有这些都组成这样一种机制，以确保所有力量都被集中起来，确保集体意志至高无上，并且创造了一种喜剧性的欢乐气氛。”[②] 政党的声誉更多地是由党的中间成

---

① ［美］罗德里克·麦克法夸尔、费正清编：《剑桥中华人民共和国史：革命的中国的兴起（1949—1965年）》，中国社会科学出版社1990年版，第61页。

② ［法］塞奇·莫斯科维奇著，许列民、薛丹云、李继红译：《群氓的时代》，江苏人民出版社2006年版，第7页。

员即亦党的中层干部队伍来维持。所以，干部队伍的整体形象是组成政党声誉的主体。

政党声誉的构成要素虽然略显一致，但在不同的社会政治环境下，政党声誉的获取方式却大大不同。在西方两党或多党竞争的政治生态中，政党声誉的获取主要取决于公众对政党及其行为的认同，即公众手中的选票。所以，英国政治学家格雷厄姆·沃拉斯在1908年所著的《政治中的人性》一书中就直接把政党声誉与选举投票联系在一起。在他看来，投票人需要“某种简单的、较为持久的状物，某种被热爱和信赖的状物，某种在相继的选举中能被认为是过去所热爱和信赖的相同的状物，政党就是这样的状物”①。所以，在西方选举政治环境中，政党的声誉更多地体现为政党领袖或政治候选人的魅力展示。

但是，在一党执政的国家里，由于政党垄断了政治权力，党的声誉的获取则更多地体现为通过政策工具来提升社会发展绩效，以赢取民众的支持，扩大党的声誉基础以及由此而来的权力合法性。反之，则将使政党成为社会矛盾的众矢之的，丧失执政地位。

以苏联共产党为例。苏联共产党的声誉主要来源于党所奉行的改造旧社会、建立新社会的革命信仰，以及由此而进行的翻天覆地的社会改造，从而确立起一个崭新的社会制度。但是，由于苏联共产党并没有处理好革命信仰与社会生活之间的协调关系，当社会逐步脱离大规模的群众性运动后，不断通过建立新的制度而使社会生活规范，走上常态稳定的时候，社会民众利益诉求的满足应该成为党的声誉的新的主要来源。苏联共产党恰恰就是忽视了社会发展的新要求，仍然以革命的名义要求规范民众，造成党与民众的脱离、党内高层与普通党员之间的分离，“党”成为苏联社会政治生活中一个高高在上的特殊存在。党的声誉不是通过民众的认可而持久发展，而是通过党的“施恩式”政策来自我认证，最终为人民所抛弃。“这个党（指苏共）领导国家和社会，掌控着政治、经济、文化和居民的日常生活，国家机关、经济机关和社会组织的领导者都必须是共产党员，而这些党员是委派的。这种权力结构构成了层层向上负责的权力金字塔，在体制和制度上既无外部的监督也无内部的制约，其结果是导致自身的腐败和政党领袖权力的滥用。同时在政党内部，以制度化的暴力肃清异己分子，1937—1938年苏联的大清洗开创了人类

① 《布莱克维尔政治学百科全书》，中国政法大学出版社2002年版，第347页。

历史上不曾有过的先例：一个政党将自己一半的成员逮捕，一个政权将自己多数的上层成员处决，一支军队的军官团在和平时期几乎被全部消灭，一个国家的公民看到门外有汽车停下就怀疑自己将被逮捕。大清洗完成了大换血，也实现了对党的领袖斯大林绝对正确历史地位的塑造。换血前的苏共，相信'党的一切都是对的'，换血后的苏共，相信'党的领袖的一切都是对的'。苏共大清洗后最可怕的质的变化是：党的新成员们已经习惯于告密和揭发的文化，习惯于看领导的眼色行事，习惯于通过出卖灵魂的方式获取物质和权力上的享受。这样的政党文化严重败坏了党的风气。在执政党与社会的关系方面，长期实行的干部委派制导致苏共脱离群众，在政治上逐渐蜕变成为一个特权阶层，制造了巨大的社会鸿沟，瓦解了苏共赖以生存的社会基础，严重败坏了共产党和社会主义的声誉。一个背弃人民的执政党最终为广大人民群众抛弃。"①

二、政党声誉管理：政党形象

（一）政党声誉管理的核心：政党形象

所谓政党声誉管理，即是指对舆论关注的政党主体的理念、政策和形象的统一管理。其核心内容是政党的形象管理。

政党形象是政党声誉的重要组成部分，是政党"软实力"的重要手段和必要途径。所谓政党形象是指政党的外在特征、行为表现和内在精神在社会公众心目中形成的总体印象。一般来说，政党形象既包括政党总体形象，又包括党员个体形象。所谓政党总体形象是指社会公众从总体上对政党性质、宗旨、职能、纪律等所做出的带有概括性的主观印象。政党的总体形象是由党员个体形象共同构筑的。人们对政党形象的第一反应首先是通过单个党员的外在形象来进行评判的。因此，党员个体形象的好坏关系到政党总体形象的好坏。所谓党员个体形象是指党员个体所具备或表现出来的优良的气质、严明的作风、高昂的精神，等等。政党总体形象和党员个体形象相互联系、相互依存，共同塑造了政党的形象。

（二）政党形象管理的基本功能

从政党形象管理的基本功能来看，政党形象管理是政党"软实力"建设的重要体现，具有极其重要的内外凝聚功能。就政党的内部功能而言，

① 周淑真：《政党政治学》，人民出版社2011年版，第122页。

良好的政党形象可以提升党员对政党的归属感和自豪感。一方面，从组织规范的强制性要求来看，政党作为一个纪律严明、作风严谨、令行禁止的特殊组织，个体党员在政党这一讲究一致的群体里面，其实就是一个再社会化的过程。另一方面，一个具有优良传统形象的政党往往会使单个党员的强制性规范转化成为内心的自主性规范，会自觉运用组织的规范来要求自身的行为目标。可以说，这是政党形象管理更为重要的意义，即政党的组织内化功能。就政党的外部功能而言，良好的政党形象可以促进党群关系的团结，提高社会公众对政党宗旨、性质、职能的深入认识，从而使政党对社会具有强烈的示范功能。

（三）政党形象管理的主要特征

从政党形象管理的主要特征来看，具有历史性、系统性、时代性等鲜明特征。以中国共产党的形象来看，所谓历史性，是指党从诞生之日起，在长期的革命、建设和改革时期所形成的长期的、稳定的内在精神气质。进行政党形象管理，必须深入研究政党形象发展史，梳理脉落，弄清思路，盘活历史资源。所谓系统性，一方面是指政党形象管理在政党形象管理的内容上，不仅包括政党的政治性形象，比如政党的性质、宗旨、任务等，而且也包括政党的社会性形象，比如党群关系等。另一方面是指政党形象管理在政党形象管理的机制上，不仅需要政党自身为塑造政党形象进行内部的纪律要求与道德规范，而且需要依靠社会各方面力量来共同经营管理政党形象。所谓时代性，是指政党形象管理必须根据时代的客观变化和精神要求，对政党形象的历史资源进行符合时代精神要求的内在转化，以使政党形象与社会公众的交流更加接近，从而发挥政党形象的示范效应。

第二节　身体在场：物理空间领域的政党声誉管理

对“身体”这一客观实在的物理偏爱，是传统政党进行声誉管理的重要基础。可以说，在一个具有明确身份、固化不动的社会结构中，政党的声誉管理往往能够通过强硬的组织行政手段实现有效管理。但是，信息网络技术的发展，则使政党的声誉管理发生了根本性的场阈变化，即“身体”这一客观实在在信息网络社会中，由于社会流动性的增加和社会结构开放程度的加深，而变得越来越模糊化、多重化。执政党“在互联网上的象征形象，不论是过去还是将来都很重要，但源源不断的技术创新，意味着统治者与被统治者具有更为复杂的关系，它将建立在联系的直接性、对生活方式的关注以及娱乐价值等方面”[①]。正是政党声誉管理的“人”的基础从实在逐步变成虚拟的发展趋势，对政党声誉的获取与维系提出了新的要求，即政党必须适应在“身体缺场”的网络虚拟空间构建政党声誉。

一、实在的空间：传统政党声誉管理的路径依赖

传统政党的声誉管理是建构在物理性的社会结构之上的。就中国共产党的具体实践而言，主要表现为以下三种实现方式：

（一）一元的思想领导

中国共产党实现政党声誉管理的首要条件就是保证党的对社会实现思想的一元化领导，即社会的主导性思想必须由中国共产党来规定和领导。这种政治思想逻辑之所以能够成立，主要是因为“统治阶级的思想在每一时代都是占统治地位的思想。这就是说，一个阶级是社会上占统治地位的物质力量，同时也是社会上占统治地位的精神力量。支配着物质生产资料的阶级，同时也支配着精神生产的资料，因此，那些没有精神生产资料的人的思想，一般是受统治阶级支配的。占统治地位的思想不过是占统治地位的物质关系在观念上的表现，不过是表现为思想的占统治地位的物质关系；因而，这就是那些使某一个阶级成为统治阶级的各种关系的表现，因而这也就是这个阶级的统治的思想”[②]。具体来说，主要体现在以下三个方面：

一是党的意识形态的科学性来源于党的成功实践。马列主义、毛泽东思想和中国特色社会主义理论体系作为中国共产党的理论指南，其科学性主要体现在揭示了人类社会发展的总体规律，为中国革命、建设和改革的成功实践所证明。在相当意义上讲，党的意识形态的科学性更多地来自于中国共产党成功改造中国社会的实践，而非简单的理论说教。正是因为如此，中国共产党在维护党的声誉的时候，往往是通过对中国共产党成功历史的阐释而不断唤醒人们对党的指导理论正确性的认识和理解。事实上，这种意义的建构不仅影响到普通大众的世界观、价值观，而且对社会的知识精英也有

① ［英］安德鲁·查德威克著，任孟山译：《互联网政治学：国家、公民与新传播技术》，华夏出版社2010年版，第273页。

② 马克思、恩格斯：《德意志意识形态》，《马克思恩格斯全集》第3卷，人民出版社1960年版，第52页。

着强大而深刻的改造力量。“1949 年以后，许多有自己明确的哲学观点、信仰甚至体系的著名学者和知识分子，如金岳霖、冯友兰、贺麟、汤用彤、朱光潜、郑昕等人，也都先后放弃或批判了自己的原哲学倾向，并进而接受马克思主义。尽管他们对马克思主义哲学了解的深度和准确度还可以讨论，但接受的内在忠诚性却无可怀疑。”①

二是党的意识形态的包容性来源于党的身份代表。中国共产党之所以坚持在社会主导思想层面的一元化，也是因为党的意识形态已经能够适应改革开放以来中国社会主体多元化的发展趋势。正如道格拉斯·诺斯所言，大凡成功的意识形态必须是灵活的，以便能得到新的团体的拥护，或者作为外在条件变化的结果而得到旧的团体的忠诚拥护。② 通过对传统意识形态的现代改造，中国共产党确信自己能够始终代表中国先进生产力的发展要求、始终代表中国先进文化的前进方向、始终代表中国最广大人民的根本利益。正是这种意识形态的包容性，使党在引领社会发展方面更能代表社会各方面的共识。

三是党的意识形态的价值性来源于党的社会治理。如何在中国这样一个超大型国家进行有效治理，一直是国内外各界人士关注的焦点问题。中国共产党从中国社会治理的历史和现实出发，明确提出中国共产党是解决中国问题的关键。没有一个统一严密的组织体系、没有一个科学规范的价值体系，中国社会必将重新陷入一盘散沙的无政府状态。因此，强调党的一元化思想领导，就是要使党的意识形态成为团结、凝聚中国社会各方力量的精神纽带。也正是在这个意义上，安东尼奥·葛兰西认为：“在保持整个社会集团的意识形态的统一中，意识形态起了团结统一的水泥作用。”③

可以说，中国共产党的声誉维护正是通过强化对报刊、电台和电视等媒体的直接控制而实现党的社会思想的一元化领导。

（二）严密的组织控制

除了保证思想的主导性，中国共产党维护政党声誉的另外一个途径就

① 李泽厚：《中国古代思想史论》，天津社会科学院出版社 2003 年版，第 299 页。

② ［美］道格拉斯·诺斯著，陈郁等译：《经济史中的结构变迁》，三联书店 1995 年版，第 58 页。

③ ［法］尼科斯·波朗查斯：《政治权力与社会阶级》，中国社会科学出版社 1982 年版，第 213 页。

是通过严密的政党组织来实现对社会的控制和治理。正如美国学者舒曼所言：“中国在过去的十几年里，无论伟大的人物，还是平庸之辈，都在用组织化了的政治权力达到不同的目的，演出人类的戏剧。他们在重建一个伟大的国家，约束着她的人民，改善着人民的生活，打下了增长的基础。共产党中国犹如一栋由不同砖石砌成的大楼，她被揉合在一起，站立着，而把她揉合在一起的就是意识形态和组织。”① 中国共产党主要是通过三条路径实现组织整合的。

一是党的组织系统。通过党委制和党组制、分口管理制、双重管理制等组织形式，实现对社会的全面覆盖。正如1951年刘少奇在党的第一次全国组织工作会议上指出：“我们党现在共有580万党员。……所有这些党员，在全国各方面建立了约25万个基层组织——支部。从这些情形我们可以看出：我们党不只在上层，在各方面领导着我们的国家和各种事业；而且在下层，在各种工厂中、矿山中、农村中、机关和学校中、部队的连队中密切联系着广大的人民群众……”②

二是行政组织系统。通过党和政府—单位—个人这一垂直的控制链条实现对社会乃至个体的身份控制。单位作为国家权威和党的权威的双重代表，把归附于多种组织的个人重新吸纳到新的政治体系之中，提供一种新型的政治生活，以至于“脱离了单位，中国人几乎找不到人生和工作的依托，个人的生命历程与事业开拓都与单位紧密相联。……以致于人们不是依照学历、知识、能力甚至阶层作为衡量社会差异的指标，而是以工作单位的不同作为最终的衡量指标”③。单位与家庭共同构成个人寻求安身立命的最重要的两大场所。在社会生活中，单位并不仅仅是一种体制性的产物，更是中国人感情投放与价值实现的依托。因此，“个人对权威的认同来源于对党的意识形态的供奉与对党代表人民利益这一性质的赞誉”④。

三是社会组织系统。新中国成立以来，中国共产党对旧有的社会组织进行了重新选择和整合。通过成立一系列覆盖社会各方面的群众性组织，

---

① Franz Schurmann, *Ideology and Organization in China*, Berkeley, CA: University of California Press, 1996, p. 1.

② 《建国以来重要文献选编》第9册，中央文献出版社1992年版，第104页。

③ 刘建军：《单位中国：社会调控体系重构中的个人、组织与国家》，天津人民出版社2000年版，第3页。

④ 刘建军：《单位中国：社会调控体系重构中的个人、组织与国家》，天津人民出版社2000年版，第76页。

中国共产党调整和确立了党对社会组织的领导地位，从而将组织控制进一步延伸到社会各个行业。“中国工会、中国共产主义青年团、中华全国妇女联合会、中国科学技术协会、中国文学艺术界联合会、中国作家协会、中华全国归国华侨联合会是中国共产党领导的工人阶级、先进青年、各族各界妇女、科学技术工作者、文学艺术工作者、作家、归国华侨和侨眷的群众组织，是党联系群众的桥梁和纽带，是国家政权的重要社会支柱。”①

可见，正是通过严密的组织系统，中国共产党实现了对社会的全面整合，强而有力地实现了对党的声誉的有效维护。

（三）革命的历史叙事

通过革命性的话语来重构历史，是中国共产党维护政党声誉的另一重要方式。诺曼·费尔克拉夫认为，话语不止反映和描述社会实体和社会关系，还能建构或“构成”社会实体与社会关系；不同的话语以不同的方式构建各种至关重要的实体，并以不同的方式将人们置于社会主体的地位。②革命性话语广泛运用的目的主要是通过对历史的尊崇来展示党的英明、正确的形象，从而为党巩固执政提供正当的合法性支持。革命性话语作为中国共产党重建新的社会文化标准的思想武器，是与建国以后党的组织形态与社会结构相适应的。高度集中统一的计划经济体制的建立以及习惯于大规模群众动员组织习性，要求在社会群众的日常生活中塑造一种积极向上的昂扬氛围和叙事模式，以利于调动群众的积极性。具体来说，通过革命性的历史叙事，可以达到以下三个目的：

一是塑造社会群体的集体意识。通过对党领导下的革命历史资源的重新阐发，向社会大众表明中国共产党领导革命成功的历史必然性。经过文学艺术创作等表现形式，在宣传机构的长期灌输熏陶下，培养社会群体对党的历史成就的无可争议的认可，由此形成一种普遍的社会共识，进而在庞大的组织触角中，潜移默化地润养着社会群体的集体意识。正如尼尔·波斯曼所言：“如果把意识形态界定为一套难以意识到的假设，而这些假设又促使我们努力去描摹世界的形貌，那么，我们最强大的意识形态工具就是我们的语言。语言是纯粹的意识形态。它不仅教导我们事物的名称，而且更加

---

① 《中国共产党组织史资料》附卷四：《中华人民共和国群众组织（1949.10—1997.9）》，中共党史出版社2000年版，第1页。

② ［英］诺曼·费尔克拉夫：《话语与社会变迁》，华夏出版社2003年版，第3页。

重要的是，它还教导我们什么事物可以命名。它把世界划分为主体和客体。它指明什么事件被当作过程，什么事件被当作事物。它教导我们时间、空间和数的观念，形成人与自然、人与人关系的观念。”① 在塑造集体意识的过程中，逐步形成一个与过去不同的新的社会群体。“在集体心理中，个人的才智被削弱了，从而他们的个性也被削弱了，异质性被同质性所吞没。”② 这一社会群众在新的集体意识的建构中，不断地被赋予新的身份认证，并最终变成符合新的社会标准的群体形象。

二是确定社会群体的表达方式。革命性话语作为中国共产党领导革命成功的话语权力，直接确定了社会群体在公共场合和组织内部的话语表达方式，从而牢牢地控制住了社会群体的个体思维，代之以社会群体的集体思维，即党的思维。“意识形态的表达往往具有审美性和仪式性，可以充分借助传媒的信息扩散机制以更加本能的、无意识的、扩散的方式释放出弥散性权力机制。”③ 可以说，通过革命性话语在社会生活的弥散和介入，使党的思维能够成为社会群体思维的最佳选择，以此达到使群众始终保持与党的声音的一致。“只要一听到它们，人人都会肃然起敬，俯首而立。许多人把它们当作自然的力量，甚至是超自然的力量。它们在人们心中唤起宏伟壮丽的幻象，也正是它们含糊不清，使它们有了神秘的力量。它们是藏在圣坛背后的神灵，信众只能诚惶诚恐地来到它们面前。”④ 因此，通过革命的象征表达，“淡化个人意向，抵消分歧，模糊个人目的。它使个性呆滞，同时却让团体的意向锐不可当，把该团体和有目的的行动连成一体——这是其他任何因素在危机中都做不到的。它通过凝滞个性来动员民众。象征是一种工具，能够使民众借以在短时间内摆脱自身的惰性，摆脱犹豫或盲动，在复杂局势的曲折道路上被引导着前行”⑤。

三是规范社会群体的道德要求。革命性话语作为革命型政党的政治文

---

① ［美］尼尔·波斯曼著，何道宽译：《技术垄断：文化向技术投降》，北京大学出版社 2007 年版，第 72 页。

② ［法］古斯塔夫·勒庞著，冯克利译：《乌合之众——大众心理研究》，广西师范大学出版社 2007 年版，第 49 页。

③ ［美］大卫·斯隆著，刘琛等译：《美国传媒史》，世纪出版集团、上海人民出版社 2010 年版，序言。

④ ［法］古斯塔夫·勒庞著，冯克利译：《乌合之众——大众心理研究》，广西师范大学出版社 2007 年版，第 113 页。

⑤ ［美］沃尔特·李普曼著，阎克文、江红译：《公众舆论》，世纪出版集团、上海人民出版社 2006 年版，第 176 页。

化的集中体现，本身就蕴含着极其深刻的伦理道德要求。中国共产党从诞生之日起，就始终以救国救民，实现民族独立、国家富强和人民生活幸福作为自己的根本任务，要求全体党员必须树立敢于牺牲、勇于奉献的组织要求。毛泽东在《为人民服务》中提出的“为人民服务”的理论主张，不仅是中国共产党对全体党员的政治性要求，而且成为中国共产党的组织伦理要求[①]。可以说，“为人民服务是中国共产党执政的道德律”[②]。当中国共产党取得革命胜利，建立全国政权之后，在建设社会主义的大规模群众动员中，这种组织的政治要求，既成为中国共产党的道德制高点，成为吸引群众的内在引力，也成为中国共产党树立社会主义道德新风尚的重要内容。党的组织伦理要求开始外化成为整个社会的道德要求，对社会群体提出了新的道德规范。这一新的道德规范首先强调的就是个人服从集体、下级服从上级。纪律性和服从性成为这一时期社会群体正式的规范性道德特征。可以说，通过中国共产党的积极提倡和模范人物的树立宣传，使得代表革命传统的象征或伦理习惯得以成为社会普遍遵循的内在道德要求。正如李普曼所言：“一种特定的象征如何能在特定的人们心中扎下根来呢？它是由我们公认的权威人物播种在我们心中的。如果它种得很深，以后我们就会把对着我们挥动该象征的人叫做权威人士。但首先，象征之所以合我们的意，之所以很重要，是因为把象征传达给我们的人是合我们

① 1944 年 9 月 8 日，毛泽东在悼念张思德的追悼会上做了《为人民服务》的讲话，指出：“我们的共产党和共产党所领导的八路军、新四军，是革命的队伍。我们这个队伍完全是为着解放人民的，是彻底地为人民的利益工作的。……我们为人民而死，就是死得其所。”1945 年 4 月 24 日，毛泽东在《论联合政府》中进一步阐明，“我们共产党人区别于其他任何一个政党的又一个显著的标志，就是和最广大的人民群众取得最密切的联系。全心全意为人民服务，一刻也不脱离群众；一切从人民的利益出发，而不是从个人或小集团的利益出发；向人民负责和向党的领导机关负责的一致；这些就是我们的出发点。”1945 年在延安召开的中国共产党第七次全国代表大会则正式将“全心全意为人民服务”作为“党的唯一宗旨”写进党章。可以说，从“为人民服务”作为中国共产党的唯一宗旨形成确立的过程，表明中国共产党不仅恪守政党固有的政治原则，而且在长期的革命斗争中将这些政治性原则内化为道德性原则，从而赋予了中国共产党鲜活的血肉形象，使之能够脱离僵硬的组织结构而成为具有“人”的本质的新形象。

② 王智：《当代中国政治结构变迁——以执政党为中心的政党—政府—社会》，中国社会科学出版社 2010 年版，第 32 页。

意的重要人物。”[①]

可以说，正是通过革命性话语的历史阐释，中国共产党构建起一个宏大的叙事体系。在这个体系之中，党是社会团结的核心，是社会道德的完美体现，是全体社会成员的根本利益代表。这一话语建构，强而有力地维护了党的声誉。李普曼指出：“象征常常具有很大的用处和神奇的力量，词语本身就能释放出不可思议的魔力。一想到象征，人们总会兴致勃勃地谈论它们，宛如它们有着独立的力量。而且，那些曾经令人神魂颠倒的象征，从没有完全失去对人们的影响。”[②] 总之，通过对现实物理空间中个体的身份认定和有效管理，中国共产党能够保证党的声誉不受社会外力的消极影响。

二、消失的地域：传统政党声誉管理的现实困境

不过，建构在现实物理空间结构中的政党声誉管理，在随着传统的计划经济体制的瓦解、社会的日益多元化，以及信息网络技术的迅猛发展，却面临着日益复杂的治理困境。其总体困境表现就是清晰确定的身份结构开始变得模糊不清，社会流动性的愈益增强，打破了凝滞不动的传统社会结构，使中国共产党赖以进行声誉管理的原有基础变得愈加薄弱。正如安东尼·吉登斯指出的那样：“在全球化的现代世界，时间和空间已经‘丧失根基’，不再有其事件的传统的局部境况。虽然所有的社会活动都发生在时空之中，但是时间与空间通过社会活动组织起来的方式，在现代社会和传统社会之间是有差别的。”[③] 以互联网为代表的信息网络技术的迅猛发展更加速了这种差别。由此，“消失的地域”成为中国共产党传统政党声誉管理困境的主要根源。具体来说，就是作为执政党的中国共产党出现了比较严重的执政资源流失。

（一）执政资源流失的现状

现阶段党执政资源的流失主要表现为以下五个方面：

一是党执政的理论资源的流失。理论资源的流失主要体现在两个方

---

① ［美］沃尔特·李普曼著，阎克文、江红译：《公众舆论》，世纪出版集团、上海人民出版社 2006 年版，第 165 页。

② ［美］沃尔特·李普曼著，阎克文、江红译：《公众舆论》，世纪出版集团、上海人民出版社 2006 年版，第 163 页。

③ ［英］安东尼·吉登斯著，胤宏毅译：《现代性》，新华出版社 2001 年版，第 14 页。

面：随着社会主义建设和改革的不断深入发展，党必须根据变化了的社会现实，以马克思主义实事求是、与时俱进的科学态度，对无产阶级的革命理论进行创造性的创新发展，使之能够而且应当成为转型时期当代中国社会发展的主导性指导思想和理论源泉。在这一理论的创造性发展过程中，适应于计划经济时代的党执政的某些理论资源必然会被新的理论、新的理念、新的思维所代替。这种情况下的资源流失是一种理论创新本身的内化行为，是任何一种科学理论发展过程中的自我扬弃。现阶段党执政的理论资源的流失，固然包括上述这一情况，但更为重要、更具深远意义的则是后一种情况，即在传统的执政理论资源由于无法对活生生的现实生活进行有效解释而逐步流失，新的具有阐释能力的理论又需要经过实践的不断检验、不断完善之后才能为人们所接受并运用于生活的情况下，党执政的理论资源处于暂时性的“休克状态”，这一状态存在的时间长短将直接影响到党执政的理论资源流失情况的严重与否。如果新的理论能够迅速成为社会公众对纷繁复杂的社会现实进行有效的、正面的解释的话，那么党执政的理论资源就会得到巩固性的长足发展；如果新的理论对变化了的社会现实仍然无法进行有效的说明和解释，那么党执政的理论资源就会受到其他非主流思想的影响，从而使社会公众对现实产生各种非主流的理解，且一旦形成固结不解之势，要想消除和纠正公众的这种理解，其难度是非常大的。这种情况才是现阶段党执政的理论资源面临流失的最大问题。

二是党执政的意识形态资源的流失。意识形态资源的流失主要指的就是在实际的政治生活甚至经济社会生活中，党将自身作为政党的意识形态和国家意识形态、公众意识形态混为一体，这样的结果就是以表面的一律掩盖了实质的差别，使党与公众之间在思想上的沟通被人为地设置了障碍，从而在对待公众意识形态时，往往是以简单的行政命令手段将存在于公众之中的思想斥之为异端而封杀之，从而使公众对主流意识形态产生反感疏离情绪，甚至以怀疑一切的极端心态发泄对主流意识形态的不信任。据调查，随着市场经济和改革的逐步深入，意识形态话语主体已经逐渐由前意识形态时期的党政官员向知识精英位移。在关于“对你思想行为影响最大的群体是什么?”的问卷中，“知识精英”占48.0%、“政府官员”占25.2%、“工商界精英”占17.4%、“明星”占4.6%。[1] 造成这一资源流

① 樊浩等：《中国大众意识形态报告》，中国社会科学出版社2012年版，第18页。

失的原因主要是党未能正确科学地分析党的意识形态、国家意识形态和公众意识形态三个层面的差别。所谓党的意识形态，是从现代政党的一般性而言的。意识形态作为现代政治生活的有机组成，在政治生活中发挥着极其重要的作用。政党在国家政治生活中展开活动，就必须具有自己的鲜明旗帜——意识形态。所谓国家的意识形态，是从国家的角度而言的。国家的意识形态是一个内涵丰富的概念，在当代中国，这一概念具化为社会主义国家与资本主义国家意识形态的差别。所谓公众的意识形态，是从公众的角度而言的。在现代政治生活中，由于民主程度的提升和各种通讯手段的发展，公众不再是被动地接受政党或执政党意识形态的影响，而是在一定程度上有了公众自己对政治生活的理解，并逐渐形成一种或多种思潮，从而对现代政治生活发挥着越来越大的影响。当前党执政的意识形态资源流失主要是指党意识形态与公众意识形态之间存在的问题，即党如何采取有效措施吸纳公众意识形态中的有益成分以完善自己。其实说到底这就是一个主导与引导的问题。所谓“主导”，即是指在实际的政治生活中，中国共产党作为执政党，必然要将自身的意识形态上升为国家的意识形态，从而在意识形态领域确立主导地位，这是符合现代政党政治的一般规律的。所谓“引导”，即是指随着市场经济的进一步确立和深化发展，原来计划经济时代党的意识形态统领统一一切的局面已经发生了深刻变化，在这种情况下，党应该在确立党的意识形态主导地位的同时，对公众之间的各种思想展开沟通和对话，从而使党的意识形态在与公众意识形态的良性互动之间，取长补短，完善和丰富自身内涵，进而实现对公众意识形态的正确引导。

三是党执政的政治资源的流失。政治资源流失主要指两个方面的问题：第一，关于党执政的政治形象问题。党的政治形象的问题是指，党由于长期执政，在政治权力的实际运行过程中，不可避免地会出现个别党员干部滥用权力，并造成贪污腐化、以权谋私、权钱交易现象的发生，使党的政治形象在社会公众面前受到严重损坏，从而影响到社会对党执政为民理念的公信度，并进而恶化到对党执政地位的质疑。第二，关于党执政的政治参与问题。党执政的政治参与问题包含两层意思：其一，作为执政党，如何在党内普通党员民主意识日益增强的情况下，通过建立有效的民主机制和渠道，发挥普通党员在党内事务的作用，以凝聚党心；其二，作为执政党，如何在社会各阶层日益分化并且其参政意识日益增强的情况下，逐步改变现行政治参与机制，发挥公众在国家政治生活中的作用，以凝聚民心。党执政的政治参与问题，从根本上来说，就是要求执政党正确处理好权力的执政主导性与社会共享性之间的矛盾。即，如何在保持中国共产党执政地位的前提下，通过对现存政治权力体制的渐进改革，使党、政府和社会之间达到一种和谐的权力共享，从而内聚党心，外结民心，使全党、全社会同心同德，共同为社会主义事业和中华民族的伟大复兴而努力。

四是党执政的组织资源的流失。组织资源的流失主要包含三个问题：其一，在党员的成分结构上，随着社会阶层的日益分化和新时期党的任务的提出，党在吸收社会各方面优秀人才以扩大党的社会基础的同时，使过去计划经济时代的以工人、农民、知识分子、军人和干部为主要成分的党员队伍结构发生了巨大变化。应该看到，这种结构上的变化是党组织在面对新形势下的一种自我完善，对保持党的长期执政和组织活力具有深远而积极的意义。但是，我们也应该看到，这种党员成分结构上的变化，事实上显示了工农成分党员在政治上的逐渐边缘化和弱势化，如何在吸收新鲜血液的同时，继续保持这一部分党员对党的信任就成为现在及今后一段时间必须迫切解决的问题。其二，在党员的组织管理上，一方面由于社会主义市场经济的发展和产业结构的不断调整，在党员的组织管理上已经突破了原来的单位化管理模式，如何对流动党员实施有效管理，以避免因频繁流动而带来的组织松懈问题。另一方面，在一些新型经济组织（比如外企、私企）和新的社会组织中如何建立党组织，如何开展正常的党内生活，都是对党的现存组织管理模式的严峻挑战。因此，面对这些挑战，解决的好了，党的组织资源就会更加丰富；解决的不好，党的组织就会涣散流失。其三，党内出现的个别异质分子，把党组织作为谋取自身私利的敲门砖和进身阶，腐化堕落，极大地损害了党组织的威信和党的政治形象。

五是党执政的经济资源的流失。经济资源流失主要集中体现在两个方面：其一，国有资产的流失。国有资产的流失既有改制过程中出现的不可避免的损失，更有人为利用改制中的漏洞而谋取私利所造成的资产流失。而后一种情况所造成的损失尤为严重，对党执政的危害具有双重性，即在经济上造成国有资产的流失，在政治上给党的形象造成严重伤害。其二，部门利益集团或特殊利益集团的形成对社会造成的整体利益损失。所谓部门利益集团或特殊利益集团，主要是指通过利用本部门在经济发展过程中的特殊作用而形成的利益集团。可以说，部门利益集团或特殊利益集团的形成既极大地损失了社会的整体利益，又成为当前构建和谐社会发展的绊脚石，必须及时清除。

（二）执政资源流失的原因

上述执政资源流失现象的发生，直接影响到政党的声誉，进而会损害党的执政能力。因此，必须深入分析执政资源流失的原因，以寻求解决问题的正确方法。现阶段党执政资源流失的原因，必须从中国社会转型的历史大背景下进行探讨。这里的社会转型，主要是指从计划经济时代向市场经济时代的转型。在这一转型的过程中，随着国家—社会关系的变化和公民意识的勃兴，作为执政党的中国共产党面临着深刻的角色重新定位，在探索新的执政道路的过程中，不可避免地出现了执政资源的流失。深刻分析其中的原因，主要表现为三个方面。

第一，转型时期中国社会的结构性变化，使传统的国家—社会关系发生了剧烈变动，在从统揽一切的全能型政府向权力界限显著的有限政府的转变过程中，党的执政边界日趋清晰，可资利用的传统执政资源需要重新整合，这是导致现阶段党的某些传统执政资源流失的根本原因。

社会结构的转型是一种整体的和全面的结构状态过渡，而不只是某些单项发展指标的实现。这种结构转型的整体性与系统性，使党所依赖和可资利用的传统执政资源必须进行重新整合，以积极适应正在形成中的新的社会结构的需要。从国家—社会关系的角度来看，中国社会结构的历史演进主要经历了两个阶段，而党的执政也经历了两个大的发展时期。第一个阶段是1949年建国后至1978年改革开放前，建立起以公有制和计划经济体制为主要社会结构的高度集权的“全能主义国家”，其突出特点就是国家与社会处于同构状态，国家对社会资源实施全面控制和垄断。在这一社会结构中，中国共产党作为执政党，由于其自身在中国政治生活中的特殊性和唯一性，在对国家和社会实施领导的过程中，以这种国家—社会同构的社会结构和各种具体的组织制度为媒介，党执政的权力边界极具全面性、扩张性和渗透性，整个社会呈现出过渡政治化的特征。这种状态的存在，有其历史的必然性和合理性，它是后发展国家实现初期现代化的共同现象，对于中国现代化的启动具有积极的作用。但是，随着时间的逐渐推移和实践的不断发展，这种国家与社会粿合在一起的状态已经不再适合于中国现代化进程的要求。中国的国家—社会关系开始进入第二个发展阶段。

1978年以来的改革开放使中国社会面临着深刻转型，国家—社会关系发生了深刻变化：首先，国家的社会控制幅度明显收缩，国家直接控制的社会资源的相对量和绝对量都已经大大减少。在整个国民经济体系中，全民所有制所占比重显著下降，集体、个体以及各种混合所有制成分迅速上升。其次，国家的社会控制手段渐趋多样化，改变了以往几乎完全依靠行政命令与计划指令的状况，经济、法律等其他社会控制方式的作用越来越大。再次，国家自身的权力结构也在进行相应的调整，地方、部门、企业乃至个人占有与处置社会资源的自主权不断扩大。这种社会结构转型给党执政权力带来变化的深刻性就在于，传统社会结构中党执政的权力具有无可置疑性和无限包容性，但是在市场经济条件下，由于社会经济体系对政治体系的相对独立性，社会结构组成的多样性，党的执政权力既依赖于党所拥有的历史资源的合理性，但也越来越寻求于法律和公民认同的合法性。可以说，党在转型时期要取得执政权力的合法性，一方面固然取决于执政党的执政绩效，另一方面也决定于公民普遍的政治认同，执政党的权力只有在获得了法律的承认之后才被视为一种由国家力量保护的合理能力，执政的权力边界是有限的。

但是，随着改革的深入发展，原先潜伏的各种社会矛盾和利益诉求开始浮出水面，计划经济时代铁板一块的社会结构开始碎片化，城乡差别扩大，社会阶层日益多样化，工人农民的地位全方位下降并日益边缘化，新兴阶层迅速壮大并开始谋求政治参与，社会贫富悬殊越来越大甚至在极个别的特定环境下出现两极分化等诸多结构性的不平等，已经从政治资源上构成了对我国政权体系合法性基础的潜在威胁。这样，转型时期中国社会的结构性变化，使得党的执政边界开始从以前的对国家社会领导的无限性向在法律允许的范围内活动的有限性的转变，而这一转变的过程又是与改革所凸显的各种社会矛盾和利益纠纷错综复杂地交织在一起。这种复杂的情况使得党过去所依靠的执政资源，比如意识形态教育和组织整顿等等失去了过去所具有的那种显著效果，从而在整合现有执政资源和拓展新的执政资源以解决矛盾的过程中发生断裂，造成现阶段党的某些执政资源迅速流失。当然，这里所说的资源流失，是从功效的角度而言的，并不是说党不再拥有这些资源了。

第二，从革命型政党到现代执政党的转变，中国共产党面临深刻的角色重新定位，必须在新的执政条件下，努力探索和构建一种既符合现代执政党建设的一般规律，又极具中国特色执政党建设特点的新的建党模式。从执政资源的角度来看，这就要求对党执政的革命性历史资源进行重新整合和现代转换，这就成为转型时期党的某些传统执政资源流失的内在原因。

党的十六大报告指出，“我们历经革命、建设和改革，已经从一个领导人民为夺取全国政权而奋斗的党，成为一个领导人民掌握全国政权并长期执政的党；已经从受到外部封锁和实行计划经济条件下领导国家建设的党，成为对外开放和发展社会主义市场经济条件下领导国家建设的党。”这段话指明了中国共产党在新的历史条件下努力实现从革命型政党向现代执政党转变的发展进程和任务目标。从革命型政党到现代执政党的转变，从执政资源的角度来解释，就是一个如何对党执政的革命性历史资源进行重新整合和现代转换的问题。这里所说的执政的革命性历史资源，主要是指党在“领导人民为夺取全国政权”和“外部封锁和实行计划经济条件下领导国家建设”两个时期所积累起来的历史经验和执政经验。转型时期中国共产党传统执政资源的流失，也是特定在这一时期。

那么，为什么在从革命型政党向现代执政党转变过程中，党的执政资源会流失呢？其原因就在于改革开放之前的计划经济时代，党的建党模式与中国的社会结构具有高度的一致性，党所依靠的资源可以得到充分发挥并取得显著效果。但是，随着改革开放的深入发展，中国社会的结构开始发生变化，原先那种党与社会的高度一致性开始分离，社会的自主性日益增强，党也开始回归到现代执政党的位置。这种新变化，对党自身的建设提出了新的要求，即党必须以现代执政党的模式来建设一个履行新世纪新阶段党的政治任务的先进性政党。具体来说，从革命型政党向现代执政党的转变，主要是在意识形态和组织结构两个方面发生的。

从意识形态上来看，中国共产党是一个典型的意识形态政党。作为一个革命型政党，它的意识形态关心的是理想与信念问题。即要求党员信仰的坚定性、思想的纯洁性、立场的一致性。只有这样，才能保证党员思想的高度紧张，达到对内团结，对外一致，以快速分辨敌我的目的。应该说，这种意识形态灌输下的“谁是我们的朋友，谁是我们的敌人”的二元对立思维适合于战争时期高度集中统一的需要，也适合于计划经济时代整个社会结构的单一性。在这个时期，党通过意识形态斗争来净化党和政府，以意识形态为社会主义政权提供长期的合法性支持，意识形态的功用发挥得淋漓尽致。但是，作为一个现代执政党，在面对已经呈现出碎片化、多元化的社会结构之时，执政党的意识形态就必须要照顾业已分化了的社会各阶层的思想观念和行为，而这些行为思想又主要是由利益需求的不同所引起的。这样看来，现在党所使用的意识形态资源的功效下降，可以说是作为革命型政党的意识形态本身所具有的刚性特质造成。计划经济时代的意识形态由于社会利益的一致性和社会结构的简单化，可以以一个声音、一个思想来表达和涵盖整个社会。但是在利益多元化的今天，意识形态并不能包容和满足所有社会阶层的利益诉求，也无法解决社会各主体的利益分配需求。这正是过去作为党执政的主要资源的意识形态所特有的简单迅捷有效的社会管理方式开始失去作用的真正原因，因为"'思想'一旦离开'利益'，就一定会使自己出丑"①。

从组织结构上来看，作为一个革命型政党，由于意识形态斗争涉及利益范围小，功能单一，使当时党在组织结构的设置上带有浓厚的军队组织的结构色彩，具有全能主义的特点。一方面，从组织要素上看，个人服从组织、下级服从上级的纵向集权特点，横向上集权于党委与个人，干部任命制较为普遍。这就决定了中国共产党的组织运行以集权与严格的纪律、横向权力制约缺乏、自上而下的权力流向等为特点，个人素质的高低影响党内组织运行所占比重大，这一点从中国革命和改革开放前中国现代化进程的挫折中就可看出。另一方面，革命斗争时期客观环境和手段的暴力化，也促使中国共产党在建党模式上寻求建立一个以武装斗争等为主的纪律严明、组织严密、集中统一、活动效率较高的党组织。这是中国共产党能够取得中国革命成功的关键原因，也是中国共产党建国后领导中国人民取得社会主义改造和建设伟大成就的重要原因。党的这种活动方式的成功，不可避免地成为党领导和管理国家与社会的路径依赖，从而形成了党的组织国家化、党的领导一元化的特点。但是，改革开放带给中国的深刻变化，已经使党的这种"全控式"的一元化传统领导模式远远不能适应新时期社会发展、经济增长、政治文明和社会和谐的需要。长期的党政不分，限制了政府职能的发挥，削弱了工作效率，使党的领导陷入了琐碎繁杂的事务，既不利于人民群众自主意识和创造力的发挥，也不利于党把自身建设成为一个符合现代政治文明的现代执政党。

第三，利益多元化趋向下的社会主体价值选择的多样性，使党的群众资源从计划经济时代党与群众的一体性关系开始分化剥离，产生了新的不确定流向，这是造成转型时期党执政资源流失的关键原因。

一个政党能否执政，关键在于它的执政能否被公民所认同。中国共产党之所以能够执政，关键就在于它代表了人民的根本利益，领导中国人民

---

① 马克思：《神圣家族》(1844—1845年)，《马克思恩格斯全集》第2卷，人民出版社1957年版，第103页。

取得了中国革命和建设的成功，并正在努力推进和深化社会主义改革。在这一时期，党执政依赖的政治认同更多地来源于党取得革命和建设成功的历史资源。这表现为在计划经济时代，人们的衡量标准具有同一性，利益选择具有趋同性，党与群众的关系使得党的群众资源呈现出一体性的特点。这样，计划经济时代党执政所需要群众资源流向具有单一性和确定性的特征。可以说，这一时期党的执政从认同的角度来讲更多地是具有历史的合理性。这一点，在计划经济时代，具有无可置疑性。

但是，合理性并不就等于合法性。合法性基础本质上是建立在政权体系对于公众功利性需求的满足之上的。在改革开放给中国社会带来深刻转型的历史大背景下，中国社会开始向自主化、多元化的方向发展，传统的政治、经济、社会一体的社会组织正在逐步解体，人们的生活从原先的单位组织中逐渐脱离出来，由“单位人”转向“社会人”，公民个人逐渐从国家和集体主义的意识形态教育中脱离出来，已习惯于根据自身的经常性利益来评估政治。这一趋势，既极大地提高了公民的积极性和创造性，但也给具体制度和法治规范的认同带来一定的消极影响。同时，一定时期以来形成的僵化政治体制构成了继续改革进一步深化的阻抗力量。当前，经济体制及劳动人事制度的改革，社会分配不公的客观存在，促使人们的价值观发生很大变化。加之世界经济政治格局正在发生转换，国际经济和综合国力竞争空前激烈，不确定性因素很多，而资本主义向社会主义的渗透，国际上遏制中国的诸种论调和行为也前所未有地强化。国际环境的干扰和国内的信念危机一旦相互结合，很可能就给我国的国家安全和党的执政造成严重影响。这就使党动员群众、整合社会的传统体制架构的效能开始降低，党执政的社会基础发生了变动。

所以，在利益多元化趋向下的社会主体价值选择的多样性，传统执政资源的流失就具有不可避免性，“如果政治体系能长期满足成员的需要和利益，也可赢得统治的合法性；同时，即使传统的政治体系完全拥有统治的合法性，但如其长久以来表现得昏庸无能，亦会漫漫蚀耗其合法性”[①]。解决的根本之途就是党必须尽快采取措施以整合传统执政资源，特别是群众资源和社会资源，努力开发新的历史条件下的执政资源，尽快实现党执政从历史合理性向政治认同的合法性转变。

---

① ［美］马丁·李普塞特著，聂蓉译：《政治人——政治的社会基础》，商务印书馆1993年版，第53页。

三、重置的资源：传统政党声誉管理的自我调适

立足于现实物理空间的政党声誉管理，必须进行党的自我调适，以实现对现有执政资源的重新配置，提升资源的利用效度，以使党的声誉管理能够尽快适应变化了的社会环境。具体来说，就是要以执政资源的有效配置为根本起点，从思想上澄清两种模糊认识，切实从四个方面着手预防并进一步丰富和拓展党的执政资源。

（一）澄清两种模糊认识

一是必须以科学理性、实事求是的态度分析研究转型时期党执政资源流失的现象，既不要庸人自扰，又不能熟视无睹。

对于现阶段党执政资源的流失，当前学界政界的主要观点集中表现为：(1）认为随执政时间的增加，经历战争洗礼、坚定承认中国共产党执政合法性的社会成员减少，新一代对执政合法性不断提出质疑导致了党的执政地位危机；(2）认为“党政分开”这一改革过程发生偏差以及发展民主政治，扩大人大权力而造成党的执政权力弱化，使党失去社会控制力；(3）认为经济基础的变化，多种所有制成分不断增加，夺取了很多基层党组织的阵地，使党的组织资源萎缩，使党失去政治动员力；(4）认为市场经济条件下，社会分层加剧，利益多元化，价值观念变化使政治信念缺失，使党失去社会凝聚力。上述观点对于目前党执政资源流失的现象做出了一定的合理解释。但是，仔细分析这些观点的背后，我们可以发现它们所具有的一个共同点，即是在立论分析的时候，研究者先定地认为党的执政资源具有不可流失性，认为已有的资源既然可以办好过去的事情，也能够办好当前和今后的事情，所以应该永久保持反复使用。这是一种简单化的思维方式，一是没有认清党执政环境的变化，从而将变化当成危险的挑战而不是丰富和拓展执政资源的机遇；二是没有理解执政资源在向执政能力转化的过程中必然存在一个能量的“消耗”，从而将正常的“消耗”看作是“流失”。从更宽广的角度来看，执政资源的流失，不是中国共产党所面临的独特现象，而是世界上所有长期执政的政党所面临的普遍问题。因此，预防并遏制党执政资源的流失，首先就必须从思想上澄清这一模糊认识，以一种科学理性、成熟自信的态度对待转型时期党执政资源流失的现象。从很大程度上讲，执政环境的变化虽然导致党的某些传统执政资源的流失（比如意识形态力量的使用），但绝不能因此就说它弱化了党的执政能力，而应该理性地认识到这是现代执政环境对执政党提出的客观要

求，某些传统执政资源不是“流失”，而是“转向”，回归到了正确的位置，发挥了更加恰当的作用，从而强化党的执政能力。今后我们要做的工作就是要根据执政环境的变化及对党执政提出的新要求，在丰富和拓展新的执政资源的同时，重新整合党的传统执政资源，使之在现代执政条件下发挥正确而恰当的作用。

二是必须以系统协调的态度看待改革开放以来的中国社会发展，走出“经济万能论”的认识误区，树立和谐共享的新发展观。

对于如何有效预防和遏制转型时期党执政资源流失的问题，有一种观点非常流行，有很多的鼓动者和支持者，从政府至民间都占有相当市场。什么观点呢？就是所谓的“经济万能论”。“经济万能论”的核心观点认为，只要把经济搞上去，中国社会的其他问题就可迎刃而解，党的执政地位就可安然稳固。这种认识上的误区之所以产生并且具有很深厚的土壤，主要有两个原因：

一个原因是受中国传统政治思维的影响。认为官吏是牧首，百姓是牛羊，圈哪儿放哪儿，当“以吏为师”。老百姓只要有衣穿，有饭吃，有房住，有活干，生活好了，有盼头了，就应该满足了，至于其他如政治等乃是“肉食者谋之”的奢侈品，既非老百姓生活所“必需”，也不是老百姓能够“消费”得起的。这种落后的思维方式在日常生活中就突出体现为，将人民群众打上“没有自己的思想”“没有自己的利益诉求”“事不关己，高高挂起”“遇事容忍”“得过且过”的标签。其影响所及就是“居上位者”在制定政策时不闻下情或者少闻下情，上下之间缺乏有效的沟通渠道，结果制定政策的本意是好的，但一付诸实施，常常会出现“橘生淮南则为橘，生于淮北则为枳”的“正打歪着”之事，从而滋生了人民群众对党和政府的不信任心理。

另外一个原因就是受改革开放以来中国经济高速发展、社会总体进步的经验认识的影响。这种经验性的认识由于有活生生的事实为佐证，无论是在经济生活还是在政治生活中都具有极其深厚的影响力和说服力，所以常常理直气壮，有睥睨一切、唯我独尊之概。但是，事物都是向前运动发展的，环境变了，过去走过的路不等于一定就适合今天要走的路。邓小平同志作为中国改革开放的总设计师，针对当时的中国现状，明确提出了“发展是第一要务”的思想。在改革的伟大实践中，采取了以经济改革和经济发展为重点的战略举措，在效率优先，兼顾公平的原则下，中国的改革开放取得了举世瞩目的伟大成就，中国社会得到了长足的进步，人民群众的物质文化生活有了极大丰富和提高。这是不容抹煞的事实！但是，我们也应该看到，作为一个传统深厚的国家，作为一个社会主义国家，作为一个大国，中国的改革无论从广泛性上还是深刻性上都是无与伦比的。正因为改革的这种独特性，在中国这个超大国家所进行的这场伟大尝试，在实践层面上出现各种问题是很正常的事，不能因此讳疾忌医，重拾非此即彼的简单二元思维。事实上，改革在促进中国社会飞速发展的同时，也使计划经济时代看似铁桶一块的利益分化碎裂，各种诱因使潜伏的矛盾日益凸显，在得不到有效解决的情况之下逐渐形成了结构性的不平等（比如城乡二元结构、社会发展的贫富分化等），这与改革之初小平同志所设计的改革是为了共同富裕的最终目的是有差距的，这是造成转型时期党执政资源，特别是传统的群众资源流失的根本原因。

因此，在新的历史时期，必须走出“经济万能论”的认识误区，树立系统协调的执政理念，实现从经济发展的单骑突进到政治、经济、文化与社会全面协调、整体发展的模式转变，让人民群众切切实实得到改革所带来的实惠，共享改革所带来的发展成果。

（二）丰富和拓宽党的执政资源

作为执政党，中国共产党具有一般政党所具有的政党执政的特点。但是，当党成为中国革命、建设和改革的领导者时，中国共产党与西方政党相比，其组织的功能、作用及其存在的意义就已经超出了一个政党本身所具有的能量，即中国共产党已经成为解决中国问题的关键。因此，在新的历史时期，要有效预防和遏制党的执政资源的流失，进一步丰富和拓宽党的执政资源，关键在于党。

第一，创新党的理论资源，增强理论的说服力，夯实党的意识形态基础。

在人类政治史上，一个政权的危机与其合法性基础的丧失是密切相关的，社会普遍认同的意识形态是政治合法性的理念基础。对执政党而言，价值理念的实现不仅取决于制度上的合理性，还在更深层次上依赖于人民内心在意识形态上的支持意识。事实上，无产阶级革命和建设的胜利首先就是从无产阶级政党思想的胜利开始的。社会主义制度的建立首先来自人们对共产主义的向往和信仰，即意识形态先行。简而言之，无产阶级政党意识形态的生命力在于它对生活科学准确的解释和改造。苏共亡党亡国的教训就在于它的意识形态的解释力已经远远落后于社会现实的需要，无法为剧烈变化的社会中出现的新问题新情况给予正确的回答，从而失去了人民的信仰和支持。中国特色社会主义的蓬勃发展，得益于中国共产党对马克思主义理论的大胆创新和对新情况新问题的敏锐把握与科学论证。从邓小平理论到“三个代表”重要论述，再到科学发展观，无不闪耀着中国共产党人与时俱进的智慧之光。但是，我们也应该看到，尽管党在意识形态领域取得了非凡的成绩，然而面对世界政治多极化、经济全球化、科技信息网络化、文化多元化的浪潮，面对社会转型时期国内一系列复杂深刻的结构性变化，中国共产党的意识形态仍然面临着严峻挑战，突出表现为四大主要矛盾：党的意识形态的主导性与意识形态多样化倾向之间的矛盾；党的意识形态的强势性与社会选择理性增强之间的矛盾；党的意识形态的解释力与社会受众期望差距之间的矛盾；党的意识形态的控制力与信息网络技术带来的全新思维方式之间的矛盾。而这四大主要矛盾，归根结底就是一个问题，即党如何用自己的理论来解释这个已经发生变化和正在发生变化的世界，并以此说服群众、吸引群众、领导群众来为共同的事业努力奋斗。解决这一问题的办法只有一个，那就是党必须根据变化了的客观现实，不断调整、发展和创新党的理论，丰富党的意识形态功能，夯实党的意识形态基础。在新的历史时期，中国特色社会主义理论体系的创立和发展，就是中国共产党创新发展党的执政理论的又一战略举措。

第二，巩固党的组织资源，增强党的凝聚力，强化党的社会控制能力。

列宁曾经说过：“给我们一个革命家组织，我们就能把俄国翻转过来！”[①] 可见共产党作为无产阶级的先锋队组织，其在改造社会方面表现出来的“具有力量”（列宁语）的战斗性是其他政党所不能比拟的。而产生这种“具有力量”的战斗性的根源则在于共产党自身组织的严密性和纪律性。中国共产党是按照苏俄政党模式构建起来的，它严密的组织性和强大的战斗力在改造旧中国、建设新中国的历史征程上发挥了极其重要的作用。但是，应该看到，在改革开放以前，党改造和建设社会的能力既源自于自身严密的组织，又是与计划经济时代简单化的社会结构相一致的。计划经济时代的社会结构，有利于党发挥自身的各种执政资源的作用，特别是丰富的组织资源，以暴风骤雨式的群众动员方式实现对社会的改造。但是，随着改革开放的逐步深入和社会主义市场经济的建立，中国社会发生

---

① 列宁：《怎么办？——我们运动中的迫切问题》（1901 年秋—1902 年 2 月），《列宁全集》第 6 卷，人民出版社 1961 年版，第 121 页。

了深刻变化，而其中最主要的就是阶层的分化。无论是改革中新兴阶层的出现，还是政权的坚强柱石——工人阶级和农民阶级发生的巨大变化，都使党的组织资源面临极大影响，使党对社会的控制能力日渐减弱。应该说，这种变化是客观必然的，现在我们要做的就是必须根据这种变化了的客观现实，加强和完善党的自身组织，巩固党执政的组织资源。具体来说，就要从三个方面着手：

首先，没有调查就没有发言权。工人阶级作为我国人民民主专政的主要领导阶级，它的变化具有极其重要的政治意义、理论意义和现实意义。只有对转型时期工人阶级内部的剧烈变化有了详细了解，我们才能从政治、理论和现实的三个角度来阐释这种变化，避免这种变化给党的执政带来负面影响，弱化党的组织建设和组织资源的积累。所以，在当前和今后很长的一段时期，我们必须通过各种渠道，采用各种方式，对转型时期工人阶级内部变化的情况进行详细深入的调查研究，切实评估工人阶级内部产业工人、知识分子、干部、企业经营管理者等各社会群体的经济状况、社会地位、思想观念、价值取向、精神信仰情况，以期得到真实准确的第一手数据。

其次，必须根据新的变化了的社会结构和建设社会主义和谐社会的要求，改革和完善党的组织制度，使党的组织建设与变化了的社会结构保持一致，进一步发挥党的先锋模范作用，以更好地完成党在新世纪新阶段提出的新的政治任务。具体来说就是要以提高党的执政能力为目标，按照党提出的“建立和完善党内情况通报制度、情况反映制度和重大决策征求意见制度”的要求，在党内建立健全意愿表达体系的民主选举程序，逐步在基层实现普选。同时，还应该进一步加强对党员党内生活行为、影响的全方位监督，建立定期评估制度。

最后，加强党内法制建设，树立党纪党法威严。根据中央组织部的统计，全国党员已经达到8300多万。如何管理好这支庞大的队伍，将人员的数量优势转化成为质量优势，把党建设成为具有“稳定性和继承性”（列宁语）的先进政党，只是单纯地依靠党员自身的道德自律和思想觉悟是非常不够的，必须依靠严格严密、细致细化的党纪党法才能保证组织的纯洁性、统一性和战斗性。所以，目前我们要做的工作就是要将党内关系制度化、法制化。具体来说，就是除了党章这一党内法规的宪法、母法外，还需要将党章细化，制定大量子法，以此来规范党员职权和职责，确立处理党内事务的方法和原则。其中，也是当前急务的是要加快对党内刑法的制定，以此为据，加强对党内出现的形形色色背离共产党员原则的行为做出更加严厉的惩处，避免党纪党法成为逃避国家法律的“护身符”。

第三，完善党的权力资源，密切党与群众联系，提高党的执政能力。

共产党是没有自己的利益的。作为执政党，中国共产党掌握了庞大的权力资源。这些资源的充分利用，既促进了中国社会的进步和发展，又极大地提高了党在人民群众中的威望和党自身的执政能力。但是，也应该看到，党在拥有这些执政的权力资源的同时，在实际运作过程中不可避免地出现了许多问题，比如有的党员领导干部滥用权力，以权谋私、权钱交易，等等，这些权力运作过程中表现出来的种种极不规范的行为，在特定时期特定环境下使本可能得到缓解的矛盾越积越深，既极大地伤害了人民群众的利益和感情，又损害了党在人民群众中的形象和威望，更直接威胁到社会的安定团结，不利于改革开放和建设社会主义和谐社会的大局。因此，在转型时期要预防党执政的权力资源的流失，就必须加强党与人民群众的联系，从制度上解决权力规范的问题，努力做到权为民所用，情为民所系，在解决人民群众关心的重大问题的过程中提高党的执政能力，在促进社会和谐发展的过程中提高党的执政能力。具体来说，就是要从制度建设着手，从两个方面进行：

首先，必须按照科学执政、民主执政和依法执政的要求，规范党执政的权力资源：一是要进一步深化政治体制改革，实现党政分开，把不应由党支配的权力回归市场、政府和社会等各自的主体；二是党作为执政党，必须要使党在宪法和法律的范围内运用权力资源，绝不能滥用权力为一党或个人的私利服务，采取有效措施抑制和防范“特殊利益集团”的形成；三是要积极主动地发展和更新，大胆借鉴和吸收西方政党好的制度，加大公务员制度的改革力度，引入最新理论、科技等人类文明成果，如推行电子政务制度等。

其次，必须建立科学、合理、有效的党内民主制度：一是要完善党的代表大会制度，实行党代会常任制，使党的决策更加民主化、科学化；二是要完善党的监督体制，建立监督体制新模式，恢复党的监察委员会，监察委员会与同级党委必须是平行关系（包括中央“两委”），引入“问责制”等；三是完善党内选举制度，逐步推广差额选举。

第三节　身体缺场：网络空间领域的政党声誉管理

信息网络技术的迅猛发展，催生了网络社会的生成与发展，逐步瓦解了传统政党声誉管理的物理空间结构，使政党的声誉管理既面临着现实结构消解的困境，又给政党的声誉管理提出了新的挑战。即如何在“身体缺场”的网络虚拟空间实现政党声誉的有效管理。正如安德鲁·查德威克所说：“随着以互联网为代表的新信息传播技术的全面普及，人类的传播行为几乎与真实时间和虚拟空间形成一种技术上的平行关系。一方面，如何建构社会主体间的关系取决于信息传播的行为效益，信息博弈是传播权力社会化膨胀的表征；另一方面，时空分离的流动结构同时也产生着身份重叠和身份压缩，信息传播的瞬间效益驱动人类行为的快餐化。当植根于传统的文化性习俗和宗教性理念，越来越趋于成为固守身份的唯一支撑点时，碎片化的现实不断把各种自然和人为的风险推上危机管理的前台。这不仅考验着人们的智慧，也预示着建立新精神平台的希望。”[①] 可以说，网络虚拟空间的政党声誉管理与现实政党声誉管理的最大区别在于社会个体身份的流动性与模糊性。而政党的声誉管理的核心则集中体现在网上意识形态话语权的争夺。

一、流动的时空：政党网络声誉管理的总体态势

互联网的发展以及全球化进程的不断深入，要求我们“不仅要思考距离，而且要思考空间和位置。……当我们将物理政治空间命名为‘自然的’限制之时，比如地理空间分离了国家或一个国家之内的地区，实际上也建构了对物理政治空间的人为的限制。互联网减少了这样的空间限制。在网络空间上，边界和地理虽然依然存在，但它们比现实的物理世界中对人类行为的限制弱了许多。这为具有颠覆企图的政治行动开启了新的可能性，正如强势者控制物理空间一样，网络可以重置‘地理通道’。比如，当人们移民到其他地区甚至是其他国家，他们依然可以很容易地参与和推

① ［英］安德鲁·查德威克著，任孟山译：《互联网政治学：国家、公民与新传播技术》，华夏出版社2010年版，序言，第1—2页。

动当地的政治运动”。[①] 一个区别于传统物理实在的“流动空间”开始形成，并给政党声誉管理带来了直接的意识形态冲击。近年来网上意识形态斗争的实践表明：传统意识形态斗争借助于互联网获得了全新的社会动员条件和机会，不仅使网络成为强大的舆论集散地，而且使虚拟空间领域的意识形态斗争日益表现出新特点、新趋向，对执政党的意识形态能力提出了新要求、新挑战。网上意识形态斗争的核心问题是：如何在新的网络环境中提升执政党的意识形态管控能力，以维护政党的网络声誉？从近年来网络环境中的意识形态现状来看，我们在意识形态斗争方面主要面临以下四个方面的严峻形势。

（一）在西方话语霸权下，网上意识形态斗争的态势表现为敌强我弱

这一态势主要是由两个方面的因素决定的。

一是网络的技术规则。由于互联网诞生于美国，借助于经济全球化的迅猛发展而成为当今世界信息联络的主要工具和平台。互联网虽然标榜自由、平等与开放，但是其运行的一系列根本性的技术规则无疑是由以美国为首的西方发达国家所决定的。中国虽拥有顶级域名 CN，但是这一域名分配却是由 1998 年成立的 ICANN（互联网域名和地址管理机构）来决定的。ICANN 负责全球互联网 IP 地址的分配、顶级域名系统的管理等互联网国际管理事务。虽名为非营利性机构，但却改变不了其隶属于美国商务部的强烈政府背景。作为支持互联网运行的最核心技术结构根服务器来说，目前互联网只能容纳 13 台根服务器，其中有 10 台在美国[②]，另外 3 台分别在瑞典、荷兰和日本。可以说，一旦发生突发事件，中国是无法阻止美国把“. CN”从域名系统中删除，从而把中国排除在国际主干网之外的。因此，互联网运行的这一根本性的技术规则决定了美国在意识形态传

---

① ［英］安德鲁·查德威克著，任孟山译：《互联网政治学：国家、公民与新传播技术》，华夏出版社 2010 年版，第 36 页。

② 在全球 13 台根服务器中，10 台位于美国，其中 2 台直接被美国军方控制。其一为 H 服务器，位于美国东部马里兰州的阿伯丁武器试验场，属于美国陆军实验室；其二为 G 服务器，受控于五角大楼网络信息中心。而且，管理这 13 台根服务器内容的“互联网域名和地址管理机构”（ICANN）也由美国政府掌控着。ICANN 成立于 1998 年 9 月，美国商务部原来承诺，在 2006 年 9 月与 ICANN 的合同到期时，把互联网根服务器的控制权转移给国际组织。但在 2005 年 6 月 30 日，美国商务部突然宣布，“不管 ICANN 是否满足条件，美国都将继续控制互联网根服务器”。见石海明、刘杨钺、张茜：《适应者死亡：媒体狂欢时代的全球战略博弈》，武汉出版社 2011 年版，第 89 页。

播上的优势。

二是网络的信息规则。互联网之所以能够成为全球共享的平台，其核心就在于信息的自由流动。可以说，没有信息的自由流动，就没有互联网的存在。但是，我们必须看到互联网自由流动的信息规则的潜性政治要求，即各国政府不能人为地设置障碍来阻碍信息的自由流通。这就使得占据了全球1/4IP资源的美国在信息的传播方面具有了道义与政治上的优势，表现出强势的单向度输出，使美国成为全球互联网的主要信息源。“如果自由贸易是一种经济强国用来渗透和支配经济弱国的手段，那么‘信息自由流动’原则——顺便提一下，它被指定为联合国教科文组织的目标——就是一种将生活方式和价值观强加于弱小国家的渠道。如果说人们已经充分地认识到自由贸易对于发展中国家的危害，那么，信息流动作为国际控制的要素的重要性却几乎没有引起人们的重视，甚至在美国也是如此。……传播已成为互相连接着的美国权力联合体决策制定过程中的重要因素。自40年代前无线电广播出现开始，企业已经认识到并且充分利用了大众传媒，而如今行政及军事官僚结构已经狂热地抓住了信息控制所提供的各种机会。”[①] 同时，由于互联网信息的通行用语为英语，决定了西方发达国家的信息资源能够迅速流通，并为世界使用英语的民众所接受，从而在客观上使西方发达国家在网上意识形态斗争方面具有极强的话语主导权。正如席勒所言：“英语成为世界科技语言，但这种优势并不是人们普遍认可该语言具有优越性或中立性的结果，而主要是美国军方在二战以后的巨额开支所造成的后果，即通过投资设立科研机构来扩大美国在军事、科技和金融领域的势力”，“英语的这种发展绝不代表着向参与的、共享的、公正无私的世界共同语言的发展。倘若目前民族国家内部以及国家之间存在的政治经济不平等保持不变，那么，英语就会变成一种渠道，通过这一东道渠道将霸权主义国家的模式、观点以及价值观不知不觉地传递给接受它的国家、群体和个人”[②]。

可以说，由于以美国为首的西方发达国家在全球互联网结构体系中占据顶层，主导着互联网运行的核心权力，从而使我国与西方在网络虚拟空

---

① ［美］赫伯特·席勒著，刘晓红译：《大众传播与美利坚帝国》，上海译文出版社2006年版，第8页。

② ［美］赫伯特·席勒著，刘晓红译：《二十五年来的回顾》，载于《大众传播与美利坚帝国》，上海译文出版社2006年版，第31—32页。

间领域的意识形态斗争处于敌强我弱的总体态势。

（二）在多元社会结构下，网上意识形态斗争的力量表现为多样分布

随着我国改革开放的深入进行，多元社会结构日益形成。中国社会转型的这一结构性特征使得社会阶层日益分化、利益诉求日益增强，从而使网上意识形态斗争的参与力量大大增加，表现出强烈的多样分布特征。就敌方而言，既有国际反华势力的精心策划，又有受到国际反华势力支持的一部分组织（比如“法轮功”“民运”）的兴风作浪。就我方而言，既有党和政府相关部门的主动作为，又有社会民众的自发参与。这里需要注意的是对于国内社会民众的意识形态参与行为必须做细致分析。目前来看，社会民众的意识形态行为大致可以分为两种类型：

一是独立思考型的意识形态参与者。社会的日益发展与分化，使得我国在意识形态领域逐步形成了党的指导思想的主导性与社会思想的多元性并存的现状，从而使得越来越多具有独立思考能力的社会力量开始介入意识形态领域，并因其独具个性的社会批评性而产生了相当影响。

二是就事论事型的意识形态参与者。这一类型的参与力量在网上意识形态斗争中往往只是针对某一具体事件而发表自己的观点和看法，属于被动型参与。大多数网民就属于此种类型。但是，一旦意识形态斗争趋于尖锐化，这一类型的参与力量也可能迅速由被动转为主动，从而成为意识形态斗争的主要力量。

可以说，社会发展的多元性，使得执政党通过组织上的制度管理和信息渠道上的传播控制能力大大削弱，网上意识形态斗争的力量日益多样。

（三）在媒介社会影响下，网上意识形态斗争的形式表现为复杂多样

以互联网为核心的信息通讯技术的飞速发展，使当代社会越来越呈现出媒介化的趋向，也使网上意识形态斗争的形式与内容更为复杂多样。具体来说，表现为两个方面：

一是形式载体多样复杂。网络技术的发展融合了传统媒介与网络媒介，从而使“融媒体”成为网络的主要表现形式。“直到互联网出现以前，传媒发展史一直都是一个支离破碎的故事。不同的技术沿着不同的路径向前发展，从而导致了专用工具的激增。图书和报纸可以呈现文字和图像，但是无法处理声音和视频。电影和电视之类的可视化传媒不适合展示文字，除非是数量极少的文字信息。广播、电话、留声机和录音机的作用仅限于传播声音。如果你想对数字进行运算，你可以使用计算器。如果你想探寻真相，你可以查阅百科全书或世界年鉴。企业的产品及其消费都是支离破碎的。如果一家公司想销售文字，它可以将其印在纸上。如果一家公司想出售电影，它可以将其录制在胶片上。如果一家公司想出售歌曲，它可以将其制作成唱片或录制成磁带。如果一家公司想发布电视节目，它可以通过大型天线在空中实现，也可以利用很粗的黑色同轴电缆来传输”，“一旦信息实现了数字化，媒体之间的边界就消失了。我们以通用工具取代了专用工具”①。这一特征就决定了网上意识形态斗争的形式不再仅仅局限于单薄的文字与静止的图像，而是更多地通过对音频、影像、图片、动画等形式的综合运用（比如通过 PS 等技术达到以假乱真、迷惑群众的目的），大大增强了意识形态宣传的欺骗性。

二是形式内涵涉及广泛。网上意识形态斗争所包含的内容涉及方方面面，不仅包括宏观层面上对党和政府形象的肆意歪曲，也包括微观层面上对国内社会现象的借题发挥。特别是后一趋势由于网络的开放性而表现得越来越明显，也更能迎合国内国外社会民众的心理，使网上意识形态斗争直接面向普通社会民众，从而具备了星星之火的能力，稍有不慎，就将出现燎原之势。

可以说，媒介社会的媒介化特质，使得网上意识形态斗争的形式更加复杂，谁能掌握媒介，谁就能吸引民众！

（四）在全球化的条件下，网上意识形态斗争的范围表现为无国界性

经济全球化为互联网的全球分布奠定了物质基础，使互联网真正具备了信息流动的全球性，也使意识形态斗争通过互联网而具备了无国界性的特征。具体来说，这一特征是由以下三个方面的因素决定的。

一是技术规则的开放性。网络技术的开放性规则使得网上意识形态斗争具有了国际性。因为任何一个国家都不可能通过随意关闭网络来进行意识形态的控制。“在发达国家，特别是美国，由于互联网与言论自由的宪政要素具有天然耦合性，而获得了极其宽阔的发展空间。并且，由于它后来被发觉和发掘出来的政治动员力量，在被草根人士大量使用的同时，也被政治精英作为动员手段和募捐渠道，来进行政治包装和资源聚合。”②

---

① ［美］尼古拉斯·卡尔著，刘纯毅译：《浅薄——互联网如何毒化了我们的大脑》，中信出版社 2010 年版，第 94 页。

② ［英］安德鲁·查德威克著，任孟山译：《互联网政治学：国家、公民与新传播技术》，华夏出版社 2010 年版，第 7 页。

二是信息流通的迅捷性。互联网的运行，带来了信息流通的迅捷性。而信息流通的迅捷性又使一域而为全局成为现实。“这种境况极不同于过去的‘硬件’时代，在那时，权力与知识，正如其对象一样，本质上依然是‘地方性的’，附属于地域。囿于厂区的工业、囿于营房的军队、囿于校园的教育，所有这些使权力之拥有者与权力之臣属者面对面地聚集于同一处。权力和知识、资本和信息，与劳动力、军队和民众一样，扎根于地域、依赖于空间、受制于距离，它们雇佣、管理和监督那些受其教导、训练、监督的民众。资本被牢牢束缚于重型机械与高大厚重的工厂围墙，同样，也被束缚于当地、受到严密保护的劳动力与商品市场，与工人或等待被雇佣的人一样，不能自由移动。”① 可见，信息网络的发展，使得意识形态斗争不可能再仅仅局限于一国的行政管辖范围，而具有了全球性的可能。

三是意见表达的全球性。当国内事件被互联网逐步放大的时候，就不再是一件孤立的国内事件，而会立刻成为全球瞩目的国际事件。代表各种利益的意见表达开始借助互联网平台而使国内国际势力联为一体。“我们正进入一个‘后参与’时代。资本与知识都从地方性限制中解放出来。一旦创造99%的财富的金融交易，不再囿于物质商品的流动，一旦信息之传递基本限于电脑网络空间，资本与知识拥有者的地缘位置便毫无意义。今天，经济权力与文化权力的拥有者已无需画地为牢；他们完全切断了与‘民众’的联系，而民众依然是地方性的，一如现代产业化与民族建设的繁荣时期。权力持有者占据了电脑空间，与其他人相隔离；相对于依然被牢牢控制的其他人，他们没有任何约束。精英之自我建构和自我再生产与地方毫无关系，即便某些时候与地方有某种联系，这种联系也不再是与地方毫无关系，即便某些时候与地方有某种联系，这种联系也不再是不可或缺与不可替代的了。无怪乎今天的知识分子话语中，‘人民’这一概念甚少出现；只有政治修辞才是这一概念惟一藏身之所，而政治修辞在现代权力诸中是最后一个‘地方’。”② 席卷中东诸国的“阿拉伯之春”就是一个明显的案例。可以说，在经济全球化的条件下，网上意识形态斗争越来越

---

① ［英］齐格蒙·鲍曼著，洪涛、周顺、郭台辉译：《寻找政治》，附录一“后现代世界之意识形态”，世纪出版集团、上海人民出版社2006年版，第112页。

② ［英］齐格蒙·鲍曼著，洪涛、周顺、郭台辉译：《寻找政治》，附录一“后现代世界之意识形态”，世纪出版集团、上海人民出版社2006年版，第113页。

表现出无国界性的特征。

可以说，网络虚拟空间的政党声誉管理是在一个变动不定的“流动空间”之中进行的。国内与国外、线上与线下、内部与外部，纷杂繁复，互相交织，使政党的网络声誉管理面临极大挑战。

二、隐匿的身份：政党网络声誉管理的特征规律

不过，即使政党的网络声誉管理具有结构空间的不确定性和身份的隐匿性，政党声誉管理却并非无迹可寻。意识形态作为政党网络声誉管理的核心内容和争夺焦点，仍然是由“人”来主导实施的。因此，要想有效维护政党的网络声誉，就必须突破隐匿的身份所带来的实在缺失的纠结，从意识形态的话语表达出发，掌握网络空间领域意识形态斗争的特点规律。与现实社会意识形态斗争相比，植根于网络虚拟空间的网上意识形态斗争的特点规律主要表现为以下五个方面。

（一）网上意识形态斗争的和平性与欺骗性

这是由网络的社会性特点决定的。网络虚拟社会是一个“陌生人的社会”。从社会心理学的角度来讲，网络虚拟社会的“陌生人”社会属性为人们提供了一个放松心情、释放压力、表达幻想的场阈。与现实生活相比，网络虚拟社会仿佛远离了现实的矛盾与冲突，在这样一个陌生人的虚拟环境中，每一个人都能够去掉现实中的伪装，而以自己的另一面在网络中肆意表演而不用为他人去承担相应的社会责任。由此，网络虚拟社会为人们营造了一个表面上远离争斗、繁花似锦的“桃花源”。网络的这一社会心性心理，遮蔽了意识形态斗争的敌我本质，再加上网络空间意识形态斗争在表现形式与运用手法上的多样性，也使人们在网络空间的活动易受到潜移默化的影响，从而放松警惕，成为敌对势力进行意识形态斗争的主要的不设防对象。

（二）网上意识形态斗争的隐蔽性与突发性

这是由网络的娱乐性特点决定的。网络娱乐性的实质就是眼球经济。对于任何一个组织或个人而言，网络生存的首要条件就是争夺眼球，赢取更多关注。没有网民的关注和点击，网络上的组织或个人就会真正成为孤家寡人！因此，娱乐性既是组织或个人网络生存的首要条件，又是为数众多的网民的基本网络生活方式。对于大多数网民来说，上网的目的除了必要的通讯和信息搜集外，就是满足自身的娱乐需求（比如看电影、玩游戏

等等）。而物质经济的快速发展和消费主义的大行其道，更加彰显了网络的娱乐性。意识形态斗争正是在迎合网民内在娱乐需求的条件下，借助于形式多样的网上娱乐活动（主要是游戏和电影），不知不觉中向网民灌输西方的价值标准，培养西方意识形态的信众。正如席勒所言：“美国的消费主义思想宣传在破坏前国家社会主义的全球部门的过程中发挥了重大作用，这种观点并非夸大其词。它成功地超越了美国在冷战期间信息战的武士们的疯狂梦想。”[①] 一旦网上意识形态斗争激烈时，就能在网民之中制造思想混乱，误导网民，达到斗争力量聚成的突发性。

（三）网上意识形态斗争的分散性与集中性

这是由网络的技术性特点决定的。互联网与其他媒介的最大区别就在于它是由各个独立的节点构成的。每一个节点都能够成为一个单独的信息工作源。互联网这一独立、分散的节点结构降低了主权国家或政党的意识形态管控能力，因为你不可能通过行政的强制力量封杀所有网络节点。只要仍然有若干节点存在，意识形态斗争的相关信息就会一直在网络之上流通。况且，即使封杀了政府行政管辖范围内的若干节点，但通过境外代理服务器的跳板作用，整个网络仍然能够获取外界源源不断的信息资源。除非关闭整个国家的互联网，而这一做法在现今时代又是行不通的。因此，建立在这一技术特性之上的网络结构，使得网上意识形态斗争参与力量的分散性更加明显。同时又由于信息传输的迅捷性，使得分散与集中成为瞬时可能，时间空间已经不能成为集中的障碍。由此，增强了网上意识形态斗争敌方的生存能力，降低了网上意识形态我方的管控能力。

（四）网上意识形态斗争的开放性与多元性

这是由网络的生存性特点决定的。没有开放，就没有网络的生存。这一特点决定了网上意识形态斗争不再局限于旗帜鲜明的敌我双方，而是有了更多社会力量的参与。网络信息传播的散点式分布，使得传统意识形态斗争中党和政府通过有效控制报纸、电台、电视等信息渠道的方法已经无法适应网络环境中意识形态斗争的现状。“一人一媒体”式的网络传播特点，在理论上使得每一个人都能成为信息传播的独立信息源，都有可能成为意识形态斗争的参与者。因此，网上意识形态的参与力量越来越呈现出

---

① ［美］赫伯特·席勒著，刘晓红译：《二十五年来的回顾》，载于《大众传播与美利坚帝国》，上海译文出版社 2006 年版，第 15 页。

多元性的趋势。这就要求我们必须着眼网上意识形态的这一特点规律，对传统意识形态斗争中非黑即白的敌我二元判断在网络环境中做深入细致的分析，以团结一切可以团结的积极因素，壮大自身的意识形态力量。

（五）网上意识形态斗争的虚拟性与现实性

这是由网络的融合性特点决定的。网络空间作为一个虚拟社会的存在，不仅是对现实社会的镜像反应，而且也能积极影响现实社会。可以说，以互联网为核心的信息通讯技术的社会性特征正日益显现，网络虚拟社会与现实社会的融合也日益增强。网络社会发展的这一基本趋势使得网上意识形态斗争具有了虚拟性与现实性的双重特点。网上意识形态斗争的虚拟性是就网络虚拟环境而言，网上意识形态斗争的现实性则包含两个方面的内容：一是网上意识形态斗争是来源于现实意识形态斗争的，不是凭空产生的；二是网上意识形态斗争虽然是在网络虚拟环境中进行的，但是，随着信息化社会的加速发展以及网民数量的不断增加，网上网下的衔接与转换已经成为可能。因此，网上意识形态斗争必将由虚拟空间的“坐而论”转向现实社会的“起而行”，从而影响和波及现实社会，给稳固的现实社会带来潜在的冲击。

三、喧嚣的声音：政党网络声誉管理的治理原则

网上意识形态斗争由于网络虚拟空间的开放、多元、瞬时的技术特征，使得话语的表达往往呈现出“喧嚣的声音”现状。因此，政党网络声誉的管理斗争需要遵循以下处置原则。

（一）自尊自信原则

网上意识形态斗争实质上是对现实社会的政治制度之争。因此，在网上意识形态斗争中，必须在根本上强化组织者与参与者的理想信念教育，树立自尊自信原则。具体来说，就是要做到两点：一是要有神圣的历史使命感。意识形态从根本上说是一种信仰表达。没有承担历史的使命感，就不会有走向胜利的精神力量。网上意识形态斗争，其实就是社会主义意识形态与资本主义意识形态的斗争。由于我国社会还处于社会主义初级阶段，社会生产力尚不发达，还不能完全满足人民群众的物质文化生活需求。同时，又由于我国改革开放正处于攻坚阶段，一些矛盾和问题逐渐在社会转型期间暴露出来，党和政府短时间之内还不能完全解决，这就给敌对势力以攻击我之制度的藉口。因此，网上意识形态斗争的组织者与参与

者必须从思想上正确认识当前我国社会的发展现状，不能以偏概全，不切实际地把刚刚发展起来的中国与已经发展成熟的西方发达国家相比，从而动摇甚至丧失坚持社会主义的理想信念。必须要在理论与实践上清醒地认识到社会主义道路的选择是中国近代以来社会发展的历史选择，是中华民族实现伟大复兴的必然选择，自觉树立为民族复兴而担当的神圣使命。二是要有强烈的社会责任感。意识形态斗争看似没有刀光剑影，只有纸笔飞扬。但是，国际反华势力对我国的意识形态斗争，其险恶用心就是通过否定中国社会发展的四项基本原则，使中国重新成为西方发达国家的附庸。因此，在意识形态斗争中，要有强烈的社会责任感，清醒地认识到社会主义道路是中国人民的自觉选择，中国共产党和中国共产党所主张的思想理论，是当代中国社会团结的核心和联系的纽带。否定党的领导，歪曲党的指导理论，其目的就是要制造混乱，破坏中国社会的团结，从而打断中国社会的和平发展之路，使中国人民重新回到受奴役的地步。

（二）系统集中原则

网上意识形态斗争由于力量参与的多元性与意识形态斗争的突发性，要求我们必须坚持系统集中的处置原则。具体来说，主要包含两个方面的内容：一是坚持意识形态斗争的整体规划。网上意识形态斗争必须要有战略思考，而不能见招拆招，头痛医头、脚痛医脚，要树立一盘棋的整体规划。在实践中，可以通过出台类似的意识形态管理条例等方式来实现。二是坚持意识形态斗争的力量集成。从当前网上意识形态的发展现状来看，宣传党的意识形态理论的网站很多，但是没有一个有效的组织体制将其纳入一个统一的组织体系之中。在意识形态斗争实践中，要么沉默无言，无语以对，要么单打独斗，各自为战，呈现一盘散沙的被动局面。因此，网上意识形态斗争必须树立集中使用原则，以发挥网上意识形态的集成功效。在实践中，可以通过成立相关的意识形态管理局等机构来实现。

（三）第一时间原则

意识形态斗争的一个重要原则就是不能拖延，尤其是网上意识形态斗争，由于网络传播的瞬时性，更是应该在第一时间采取果断措施进行处置，以防止事态扩大，酿成大的社会风潮甚至于社会混乱。具体来说，就是要把握三个时间节点：一是预警时间。网上意识形态斗争看似无迹无痕，但却仍然离不开人、事、物三要素。只要抓住了网上意识形态涉及的三种必要因素，就能够循迹而察，建立预警时间。具体做法可以通过建立大型数据库或监测机构来及时预警。二是介入时间。要在预警的同时，及时介入，果断出手，不能拖延。三是处理时间。网上意识形态斗争的实践说明，一旦斗争掀起，短时间内是无法迅速平息下去的。因此，当意识形态斗争成为社会瞩目的焦点之时，在处理时间节点上的作为就成为争夺社会舆论的关键。意识形态斗争的参与力量必须通力合作，积极作为。

（四）灵活处置原则

网上意识形态斗争涉及内容广泛、形式变化多样，在具体的斗争实践中，必须坚持因事制宜，灵活处置的原则。具体来说，就是要做到：一是以中心任务为根本导向。网上意识形态斗争从危机管理的角度来讲，其处置原则应该围绕中心任务的完成而采取不同的应对方法。只要是有利于完成意识形态斗争的中心任务的方法措施，就是好措施。二是以灵活机动为处置原则。要根据意识形态斗争实践中具体的事件和对象采取不同的处置方法。有的事件可以正面回应，有的事件则要旁敲侧击；有的事件可以直捣黄龙，有的事件则要迂回曲折；有的事件可以沉默以对，有的事件则要主动出手。总之，网上意识形态斗争实践千变万化，不能以包治一切的万灵药的心态来照搬照抄，而应坚持灵活处置的原则，根据斗争实践的变化而采取不同的措施。

（五）法治为先原则

网上意识形态斗争可以依托网络法规，对网络舆情进行法制化管理。从互联网管理的内在特质来看，互联网之所以能够成为迅速发展并日益显示出其作为信息时代的社会基础，就在于其技术的开放性和非垄断性。互联网通过通讯协议和域名分配，初步构成了信息时代的物理基础，并日益覆盖人类生活的方方面面。强化网络的法规治理，就要做到：一是积极倡导网络文明。要加强网上舆论阵地建设，加强正面宣传和舆论引导，大力传播社会主义核心价值体系，唱响主旋律，打好主动仗；要加快实施网络文化建设工程，推动优秀传统文化瑰宝和当代文化精品网络传播；要进一步推进文明办网、文明上网，净化网络环境，积极开展丰富多彩、富有网络特色的网络文化活动。二是努力规范网络行为。通过制定各项法律规定，不断规范网络行为。我国政府及相关部门相继制定并颁布了《互联网信息服务管理办法》《互联网站从事登载新闻业务管理暂行规定》《新闻网站电子公告服务管理暂行办法》等等。因此，网上意识形态斗争可以通过综合运用法律、行政、经济、技术、思想教育等手段，逐步形成依法监督、行业自律、社会监督、规范有序的互联网信息传播秩序，积极引导广大网民的思想和行为。

总之，从物理空间到虚拟空间的转换，是今后政党声誉管理面临的常态状况。正如互联网政治学家安德鲁·查德威克所言："由于社会背景和制度架构的独特性，中国正在形成复杂的、本土化互联网政治。这种中国特色的互联网政治，广义而言，是对既往基于父爱主义和全能政府的政治治理的拨正及调整——尽管这种变化从政治制度设计来看有不情愿和被动的意味；狭义而言，是对形形色色的境外网站、境内网站、互联网及新媒体信息流动、网民意见及网络社群的管理政策的理念更迭与多方博弈。其中，特别是越境数据流——点对点的跨越国家政治疆界的数字化电子数据传输，在过去、现在，都引出了一系列法律法规、国情政治和其他意识形态问题。"① 因此，如何协调好现实与虚拟两个场阈的关系，需要我们在加强现实社会的执政能力的基础之上，更加深入地研究和把握网络空间政党声誉管理的特点规律。这是我们开展网络党建的主要原因，也是网络党建的核心任务。

① ［英］安德鲁·查德威克著，任孟山译：《互联网政治学：国家、公民与新传播技术》，华夏出版社 2010 年版，序言，第 8 页。

第三章

网络党建的组织主体

网络党组织作为网络党建的组织主体，是政党在应对信息网络技术冲击下所做的自我调适。自近现代政治产生形成以来，政党先后形成了权贵党、群众党、干部党、媒体党等形态各异的组织结构。在大的历史视野下考察政党与技术的关系就会发现，作为现代政党的组织结构，从来都是与相应社会环境的技术（尤其体现在通讯技术）水平相适应的。[①] “大众媒介一经出现，就介入了一切重大的社会变革，包括智力革命、政治革命、工业革命，以及兴趣爱好、愿望抱负和价值观念的使命。这些革命使我们懂得了一些基本规律：由于传播是基本的社会过程，由于人首先是处理信息的动物，因此，信息状态的重大变革，以及传播在社会变革里的介入，总是和重大的社会变革相生相伴的。”[②] 印刷术的发明[③]第一次使政治真正成为社会大众的公共

---

① 曼纽尔·卡斯特一直强调的“网络社会”概念，正是源起于对信息技术与社会变革的理论思考。他认为：“只要我们相信历史性的记载，所有已知的社会都是以信息和知识为基础并将其作为权力、财富和意图的源泉。如果知识没有与信息重新结合构成某种意图的话，信息本身是没有任何意义的。当然，知识与各种文化和社会有关。所以冶金技术或者航海技术或者罗马的法律都是信息和知识的重要手段，军事力量、管理效率、资源控制以及最终的财富及其分配规则以信息和知识为基础。所以，在所有的社会中，如果信息和知识作为权力和财富的重要因素，就会误导我们将社会概念化为如下情况，即使是将通信变得更加容易的实际性的原因，我被迫接受了将我们这一历史时期定义为‘信息时代’。我们实际上是说我们的社会是以扎根于信息技术中的权力为特征的，是一种全新的科技范式的核心。”见［美］曼纽尔·卡斯特著，周凯译：《网络社会——跨文化的视角》，社会科学文献出版社2009年版，第7页。

② ［美］威尔伯·施拉姆、威廉·波特著，何道宽译：《传播学概论》，中国人民大学出版社2010年版，第16—17页。

③ 对于印刷术的社会意义，学者论述很多。罗杰斯认为，谷登堡的印刷机的出现是“一个非常重要的社会变化，所以它在欧洲的发明就成为文艺复兴开始的日子”。见［美］E. M. 罗杰斯著，殷晓蓉译：《传播学史——一种传记式的方法》，上海译文出版社2005年版，第31页。丹尼斯·麦奎尔认为：“当独立的媒介以印刷品形式出现的时候，教会和国家的当权者对潜在传播控制权的丧失已有所警觉，因为这种形式为传播新的观念以及离经叛道的主张提供了机会。16世纪中期，宗教改革运动和反宗教改革运动之间激烈的宣传战足以证明这点。这是一个特殊的历史时刻：大众传播的技术不可逆转地获得了特定的社会和文化内涵。”见［荷兰］丹尼斯·麦奎尔著，崔保国、李琨译：《麦奎尔大众传播理论》，清华大学出版社2010年版，第19页。

生活，政党开始摆脱中世纪封建时期的秘谋色彩浓厚的朋党特征，逐步走向大众政治；报纸、电台和广播在社会生活的实际运用，进一步加速了政党与大众生活的融合，通过报纸、电台和广播的广泛动员，政党能够实现政治动员从一隅走向全域的深刻转变，从而获取了强大的政治能量①；电视的出现，则使政党的领袖（或政治候选人）与民众直接产生联系成为可能，从而对依靠政党中间组织和基层组织进行大规模群众动员的职能提出了严峻挑战，迫使传统集中统一的政党结构开始发生转向。② 而以互联网为核心的信息网络技术，不仅加剧了政党的结构转向，而且更为重要的意义在于：在社会主体多样化、利益需求多元化的信息时代，信息的自由流转与表达的畅通便捷，要求政党必须适应新的社会变化，通过更新政党理念、调整政党组织，以提升政党的社会适应能力和政治治理能力。

第一节　网络党组织的概念

网络党组织作为政党开展网络党建时采取的主要组织形式，其概念主要是指政党在信息网络时代以灵活、包容、迅捷为导向，以建立扁平化的网络组织为目标的组织变革形态。不过，要真正理解网络党组织的概念内涵，必须充分考虑到政党组织结构变化的社会历史因素，尤其是

---

① 在美国，广播的政治作用在 1932 年的总统选举中体现了出来。在两个竞争者罗斯福和胡佛中，前者的声音更具“放射性”。罗斯福竞选成功后发明了“转炉叙话”这一形式，以一种亲切的语气和公众讲话，即如后来戴高乐所说“超越中间人之外”，他由此赢得了民心，确立了他的领导地位。而在第二次世界大战中，广播的作用使得政府和军队的宣传部门认为，“无线电广播可能成为某种类似于全面武器的东西。无论怎样，得以有效地利用，无线广播就会抵得上多个兵团的兵力”。见［法］让—诺埃尔·让纳内著，段慧敏译：《西方媒介史》，广西师范大学出版社 2005 年版，第 145—159 页。

② 宾柏认为，电视技术和民调引发了以政党为基础的竞选的死亡以及以候选人为中心的竞选的兴起。同时，政治进程的变化也减弱了政党对选民行为的影响力，而且党内候选人之间的竞争也变得不再那么重要。新技术取代了传统的党派服务，让候选人可以更好地进行通信和动员。从进步时代开始，政党在选举政治中渐渐隐退，同时政党的角色在政治通信中也隐退下来，一直持续到 20 世纪中叶。在美国历史上，H. 胡佛和 C. 柯立芝一起被称为“电台总统”；D. 杜鲁门被称为“电视总统”。见［美］宾柏著，刘钢等译：《信息与美国民主：技术在政治权力演化中的作用》，科学出版社 2011 年版，第 72 页。

通讯技术的变革对政党组织结构的巨大影响。“在技术世界和政治本身中，第一进展是新一代的互联网工具出现了，它迅速成为所谓的‘社会性媒体’。从2003年和2004年开始，使用互联网和移动电话有了各式各样的新方法，其首要作用就是赋予人们创造和分配他们自己的信息、图像和其他内容的能力，围绕各种社会网络组建他们的通信和分享信息的网络——他们自己的网络，在各种网络之内它们是人们自己的网络。此进展之于政治的一个关键特征有两个方面，一个是网络分层与个体市民之间的边界遭到破坏，另一个是大众传媒与政治组织的边界受到侵蚀。这一现象是全球性的，通过社会网络的各种工具，它已触及不同地方的政治。”①

一、报纸—电台时代的政党组织

在近现代政党发展史上，曾经出现过许多类型的政党组织。其中，以列宁创立的布尔什维克政党②和资本主义国家产生的资产阶级政党最具代表性，成为两大主要政党类型的集中代表。除了政治理念上的巨大差别外，布尔什维克政党与资产阶级政党的本质区别主要表现在组织结构上的不同。资产阶级政党标榜“民主”“自由”，因此其政党结构一般具有组织结构的开放性、组织成员的弱约束性等特征。而布尔什维克党则在组织结构上表现出极为强烈的纪律性、严密性、集中性与职业化。列宁指出：“如果我们党没有极严格的真正铁的纪律，如果我们党没有得到整个工人阶级全心全意的拥护，就是说，没有得到工人阶级中所有一切善于思考、正直、有自我牺牲精神、有威信并且能带领或吸引落后阶层的人的全心全意的拥护，那么布尔什维克别说把政权保持两年半，就是两个半月也保持不住”，因此“无产阶级实现无条件的集中和极严格的纪律，是战胜资产

① ［美］宾柏著，刘钢等译：《信息与美国民主：技术在政治权力演化中的作用》序言，科学出版社2011年版，第2页。

② 1903年7月召开的俄国社会民主工党第二次代表大会，以组织策略上的重大分歧为缘起，统一的俄国党开始分裂为布尔什维克和孟什维克两派。正是从这时候开始，布尔什维克党在组织上开始最大的变化，就是强调必须保持党的集中性以适应残酷的政治斗争。列宁说：“布尔什维主义作为一种政治思潮，作为一个政党而存在，是从1903年开始的。只有布尔什维主义存在的整个时期的历史，才能令人满意地说明，为什么它能够建立为无产阶级胜利所必需的铁的纪律并能在最困难的条件下坚持住这种纪律。”见列宁：《共产主义运动中的“左派”幼稚病》（1920年4—5月），《列宁全集》第39卷，人民出版社1974年版，第4—5页。

阶级的基本条件之一”[①]。

如果暂时不考虑革命斗争需要集中统一的革命政党这一点，那么，列宁之所以创立组织严密、号令一致的布尔什维克党，还有一个重要的技术因素就在于：政党的组织结构适应了当时社会环境所能提供的技术水平的需要。即以报纸等印刷媒体为代表的通讯技术可以满足列宁创建布尔什维克党的组织要求。列宁指出：“工人阶级正是政治揭露的理想听众，因为他们首先需要而且最需要全面的和生动的政治知识，因为他们最能把这种知识变成积极的斗争，哪怕这种斗争不能产生任何‘显著结果’。而能够成为全民的揭露的讲坛的，只有全俄报纸。‘没有政治机关报，在现代欧洲就不能有配称为政治运动的运动’，而俄国在这一点上无疑也是应当归入现代欧洲的。报刊在我国早已成了一种力量，否则政府就不会拿成千上万的卢布来收买它，来津贴形形色色的卡特柯夫之流和美舍尔斯基之流了。”[②]

早在1899年时，列宁就注意到社会民主党在俄国由于地域的阻隔而导致的组织涣散，在政治斗争中无法快速动员和凝聚党内外力量的致命问题。为此，列宁主张通过创办社会民主党的中央机关报来克服这一组织弱点，并以机关报为中心，改造党的组织。“必须把创办一个能正常出版而且同各地方小组有密切联系的党的机关报作为我们的当前目标。我们认为，社会民主党人应当把这个工作作为最近期间的全部活动内容。”[③] 列宁认为，建立中央机关报对于党的组织建设的意义主要有三个方面：

（一）传播党的政治信息，打破党的组织内部分隔

报纸作为近现代大众政治兴起的重要推动力量，不仅能够发挥技术本身的信息传播作用，而且更为深远的社会意义则在于将分散的、互不联系的社会个体通过信息的发送与接收联系在一起，从而塑造了一个全新的社会大众，赋予了大众社会行动能力。“自从报纸闪亮登场后——现在还应该加上无线电收音机和电视，开会或讨论的机会就逐渐减少了。它把人们

---

① 列宁：《共产主义运动中的“左派”幼稚病》（1920年4—5月），《列宁全集》第39卷，人民出版社1974年版，第4页。

② 列宁：《怎么办？——我们运动中的迫切问题》（1901年秋—1902年2月）《列宁全集》第6卷，人民出版社1961年版，第85页。

③ 列宁：《为〈工人报〉写的文章》（1899年），《列宁全集》第4卷，人民出版社1958年版，第168页。

的注意力从公众生活转移到私人生活，并且把人们从公共场所，比如咖啡馆和剧院等，驱赶到家庭这样的封闭场所。它消除了像俱乐部、社会圈和沙龙等这样的私人社团，而使大量孤立的个体等待时机融入群体，在群体中按它的意志再造自我。直到此时，报纸才把这些个体聚集在自己周围，并使自己成为个体共同的统治者。”① 而报纸对于政党的组织建设来讲，其意义也在于此。即通过报纸的发行，使党的政治信息能够被分布于全国各地的党员所接收，为党的中央机构与散落各地的基层组织之间的联系架起了无形的桥梁，从而有利于打破政党内部的组织分隔状态。列宁正是认识到了报纸的这一重要作用，才极力主张将创办机关报作为社会民主党的全部工作。他指出：“没有这样的机关报，地方工作仍然是狭隘的‘手工业方式’的。不通过一种报纸把党的正确的代表机关建立起来，党的成立在很大程度上仍然是一句空话。不通过中央机关报把经济斗争联合起来，经济斗争就不可能成为整个俄国无产阶级的阶级斗争。如果全党不在一切政治问题上发表意见，不指导各个斗争，那么政治斗争就不可能进行。不在中央机关报上讨论所有这些问题，不集体确定一定的活动方式和活动准则，不通过中央机关报来确立每个党员对全党负责的原则，要想组织革命力量，进行纪律教育，提高革命技术都是不可能的。”②

（二）塑造党的政治意识，强化党的革命斗争意志

报纸之于政党的另一个重要意义即体现在其对党员“共同意识”的建构。通过对事关党的重大事项的集体参与，可以迅速强化党员的组织介入感，使党员个体与政党集体有机融合，结成一体。列宁指出：“只有把全党机关报创办起来，才能使革命事业中‘做局部工作的人’意识到他是在‘步伐整齐的行列’里行进，他的工作直接为党所需要，他是那根一定要勒死我国专制政府，即俄国无产阶级和俄国全体人民的死敌的链条上的一环。只有严格实行这种专业化，才能节省人力：不仅可以用更少的人来完成每一项革命工作，而且可以使目前活动的若干方面合法化（即为法律所许可）。”③ 同时，通过报纸印制、分发、传递等专业化行动，也能有效培

---

① ［法］塞奇·莫斯科维奇著，许列民、薛丹云、李继红译：《群氓的时代》，江苏人民出版社 2006 年版，第 255 页。

② 列宁：《为〈工人报〉写的文章》（1899 年），《列宁全集》第 4 卷，人民出版社 1958 年版，第 168 页。

③ 列宁：《为〈工人报〉写的文章》（1899 年），《列宁全集》第 4 卷，人民出版社 1958 年版，第 173 页。

养党员的职业化水平，从而增加党的战斗能力，提高党员的革命意识。列宁说："我们深信，我们最后一定能摧毁这个警察国家，因为一切健康的和发展着的人民阶层是赞成民主和社会主义的，但是为了有条不紊地进行反政府的斗争，我们必须使革命的组织、纪律和秘密活动的技术达到最完善的地步。必须使每个党员或每个党组织在党的工作的某一方面专业化：有的翻印书报，有的从国外转运书报，有的把书报分送俄国各地，有的在各城市分送，有的安排秘密活动的处所，有的筹募经费，有的传送有关运动的通讯和一切消息，有的负责联络，如此等等。我们知道，这种专业化比起平常的小组工作来，要求我们更坚毅，更善于集中精力从事平凡的、细小的、打杂的工作，更加发挥真正的英雄气概。"①

（三）整合党的政治活动，提升党的集体行动能力

报纸之于政党的另一个重大意义在于其所扮演的组织者角色。列宁指出："报纸的作用并不只限于传播思想、进行政治教育和争取政治上的同盟者。报纸不仅是集体的宣传员和集体的鼓动员，而且是集体的组织者。就后一点来说，报纸可以比作脚手架，它搭在正在建造的建筑物周围，显示出建筑物的轮廓，便于各个建筑工人之间进行联络，帮助他们分配工作和观察有组织的劳动所获得的总成绩。依靠报纸并通过报纸自然而然会形成一个固定的组织，这个组织不仅从事地方性工作，而且从事经常的共同性工作，教育自己的成员密切注视政治事件，思考这些事件的意义及其对各个不同居民阶层的影响，拟定革命的党对这些事件施加影响的适当措施。"② 可以说，通过报纸传送的政治信息，各级党组织按照中央统一布置，有序开展政治活动，无形中就会形成一个以报纸这一信息传输渠道为中心的组织结构，从而有利于党的中央机构能够通过报纸等方式来协调、整合党的政治活动，提高党在政治斗争实践中的集体行动能力。因此，列宁反复强调："我们说必须集中党的一切力量——一切写作力量、一切组织才能、一切物资等等来创办和办好全党机关报，丝毫也没有想把其他活动，例如把地方性的鼓动、游行、抵制、追查奸细、攻击资产阶级和政府中个别的人、示威性的罢工等等推到次要地位。恰恰相

---

① 列宁：《为〈工人报〉写的文章》（1899 年），《列宁全集》第 4 卷，人民出版社 1958 年版，第 171 页。

② 列宁：《从何处着手》（1901 年），《列宁全集》第 5 卷，人民出版社 1958 年版，第 8—9 页。

反，我们深信这种种活动构成了党的活动的基础，但是，如果不通过全党机关报把它们结合起来，所有这些革命斗争的形式就会失去十分之九的意义，就不能创造党的共同经验，树立党的传统和继承性。党的机关报不但不会同这些活动对立，反而会给这种活动的扩展、加强和系统化以极大的影响。”①

正是出于对上述报纸与政党组织建设之间关系的认真思考，列宁坚持认为：“我们在取得政治自由以前，则必须用革命的报纸来代替这一切，而且正是代替这一切。没有革命报纸，我们决不可能广泛地组织整个工人运动。我们不相信密谋手段，我们拒绝用个别的革命行动去摧毁政府。”②因此，列宁坚信，在革命斗争中，“报纸可以而且应当成为党在思想上的领导者，应当对理论上的道理、策略原则、一般组织思想和全党在某个时期的共同任务加以阐发。运动直接的实际领导者，只能是专门的中央组织（姑且称之为中央委员会吧），它亲自同所有的委员会保持联系，它包括了全体俄国社会民主党人中所有优秀的革命力量，并处理一切全党性事务，如分发书刊，印发传单，调配力量，指定某些人或某些组织管理专门机构，准备全俄游行示威和起义，等等。鉴于必须严守秘密和保持运动的继承性，我们党可以而且应当有两个领导中心：中央机关报和中央委员会。前者应担负思想上的领导工作，后者则应担负直接的实际的领导工作。这两个组织的行动统一，它们之间必不可少的团结一致，不仅应由统一的党纲来保证，而且应由两个组织的组成人员（两个组织即中央机关报和中央委员会的成员之间应当完全协调一致）以及它们经常举行定期联席会议来保证。只有这样，一方面，中央机关报才可以不受俄国宪兵的破坏，保证其一贯性和继承性；而另一方面，中央委员会才可以经常在所有重大问题上同中央机关报协调一致，并且可以相当自由地直接处理运动中的一切实际问题。”③

可以说，列宁关于布尔什维克党的组织建设构想和实践，正是在这种情况下逐渐形成，并最终成为布尔什维克党的根本原则。不过，报纸以及

---

① 列宁：《为〈工人报〉写的文章》（1899 年），《列宁全集》第 4 卷，人民出版社 1958 年版，第 168—169 页。

② 列宁：《为〈工人报〉写的文章》（1899 年），《列宁全集》第 4 卷，人民出版社 1958 年版，第 170 页。

③ 列宁：《就我们的组织任务给一位同志的信》（1902 年），《列宁全集》第 7 卷，人民出版社 1959 年版，第 2 页。

随后出现的电台等通讯技术在传播信息、组织动员方面确实具有极其强大的政治能量。正如阿芒·马拉特所言："自从出现了和社会民主党联手的圣彼得堡著名大罢工以后，大众工人运动的出现需要一份工人报刊。这就是列宁主义新闻教义的开始：报纸不仅仅是一个宣传员和集体煽动者，还是一个集体组织者。这一角色落实在《火星报》上。"①

但是，由于报纸、电台等通讯技术固有的一对多、自上而下的信息传播特点，反映在政党的组织建设结构之上就是十分强调党的中央机关（特别是党的领导集团）的领导作用，而对基层组织和普通党员的积极性、创造性则被牢牢地约束在党的组织纪律之中，从而使政党的组织结构明显地表现为一种金字塔型的等级体系。而随后布尔什维克党夺取政权，一跃而为俄国唯一执政党的政治发展实践也进一步扩散了这种组织结构特征。"苏联一直追随着列宁以控制纸张供应作为革命后的控制信息的基本做法，印刷、复印、信息加工及通讯传播机器一直是受到严格监管的东西，要使用影印机就要得到安全许可：俄罗斯文的文件要两个政府部门签名，非俄罗斯文的文件则要三个部门签名。长途电话线及电传打字机在每个单位内部都受到特殊程序的控制，'个人电脑'这个想法本身在客观上就会对苏维埃官僚体系，包括科学官僚体系在内，造成颠覆。信息技术的流通，包括机器和技术在内，很难在一个信息控制对国家的合法性、人民的控制极为关键的社会中发生。传播信息技术愈是让外在世界能进入苏联公民的想像表达（再现）的世界中，在客观上这类技术让公民能接触到，就愈会有破坏性。因为大体上，由于缺乏信息以及替代的世界观，苏联人民已经由臣服的恐怖态度转为被动的千篇一律，因此苏联国家体制本身就否定信息技术在社会系统中的扩散；而缺乏扩散，信息技术就无法发展出超越国家所订定的特定功能性任务。因此使得因使用而带来的创新以及网络化互动的过程无法展开，而这点正是信息技术范式的特色。"②

党的性格塑造了国家政权的性格。"从 50 年代中期开始，苏联出现了一种党崇拜。在每一次代表大会上，中央全会上，以及每一个盛大场合，一定都要千方百计地强调'列宁主义的党'——苏联共产党——的作用。

---

① ［法］阿芒·马拉特著，陈卫星译：《世界传播与文化霸权——思想与战略的历史》，中央编译出版社 2001 年版，第 51 页。

② ［美］曼纽尔·卡斯特著，夏铸九、黄慧琦译：《千年终结》，社会科学文献出版社 2006 年版，第 29—30 页。

国家是在它的‘英明领导’下从胜利走向胜利的。党是‘智慧、荣誉和良好’的化身。”① 在列宁之后的斯大林统治时期，苏联逐步形成并确立了严格的等级制度。“它建立了一个庞大的官僚机构，而各级党组织的总书记则在其中占据着关键位置；斯大林和赫鲁晓夫就是顺着这条路爬上权力等级顶端的”②，“各级权力机关的组织就犹如一座金字塔，层层对上负责。下级机关同上级机关的关系只是一种服从关系；人民群众的监督职能，参与国家管理的权利，只不过是一种口号、标签，实际上从来没有有效地实行过。在这座权力金字塔上，处于最上层的部分自然地拥有了无限的权力。人们已经习惯于这种结构、这种政治生活气氛，尽管不是出于自愿的。这种政治体制已经形成一种惯性，依赖于这种惯性向前发展”③。

这种权力过分集中于党的上层的结构性问题，列宁早在布尔什维克党夺取政权前就已经意识到。他指出，党的上层领导“要受党的‘下层’，受全体加入党的有组织的工人的监督和领导”④。为此，列宁提出了以民主集中制作为党的组织原则。“列宁的政党旨在成为一个严密的中央集权组织，它不承认任何形式的邦联制或地方自治或其他组成单位的自治。它必须是一个准军事的组织，普通成员必须遵守严格的纪律和各种规则，各级领导人也必须受制于自上而下形成的等级权力链。政策在政党未决定之前可以由党员自由讨论，但是一旦做出决定，这个决定就必须得到无条件的接受和执行。”⑤ 但是，如何处理民主与集中之间的关系，列宁有过原则性的意见，但在实际的政治实践中却没有提出可操作性的制度安排。作为同时代的德国社会民主党领袖罗莎·卢森堡对列宁的这一组织构想提出了尖锐的批评意见。她在《俄国社会民主党的组织问题》一文中将列宁的政党建设原则称为“无情的集中主义”。在她看来，“列宁所主张的社会民主党的集中制是根据以下两个基本原则建立的：第一、使党的一切组织及其活

---

① ［俄］B. A. 利西奇金、JI. A. 谢列平著，徐昌翰等译：《第三次世界大战：信息心理战》，社会科学文献出版社 2003 年版，第 166 页。

② ［美］乔治·萨拜因著，邓正来译：《政治学说史》，上海人民出版社 2010 年版，第 549 页。

③ 李永全：《俄国政党史——权力金字塔的形成》，中央编译出版社 2006 年版，第 325 页。

④ 列宁：《社会主义政党和非党的革命性》（1905 年），《列宁全集》第 12 卷，人民出版社 1962 年版，第 130 页。

⑤ ［美］乔治·萨拜因著，邓正来译：《政治学说史》，上海人民出版社 2010 年版，第 503 页。

动，甚至在最微小的细节上，都盲目服从中央机关，这个中央机关单独地为大家思考问题，制定计划和决定事情；第二、把党的有组织的核心同它周围的革命环境严格地隔离开来。在我们看来，这就是把布朗基密谋集团的运动的组织原则机械地搬到社会民主党的工人群众运动中来"①。由此导致工人阶级成为被监管的、完全被动的、缺少独立自主精神的"中央委员会的工具"。"在最高领导层小圈子里做出的每一项决定，都被以1500万党员的名义神圣化了，而实际上做决定与普通党员没有任何关系，甚至没有以应有的方式通知他们。从赫鲁晓夫时代开始，宣传工作中就出现了一些典型的套话：'党揭露了斯大林'、'党开始了改革'。'党'这个词成了意识形态专家们从事各种活动的掩蔽手段。而在现实中，普通党员在做决定方面所起的作用甚至在地方一级党组织中也在逐渐下降。各级领导者之间存在着错综复杂的正式和非正式的关系。他们具有一种'不倒翁'的特点。一旦由于工作不力而从一个领导职位上撤下来，就转移到另一个职位上去。党的机关干部阶层就这样形成了。"② 应该承认，卢森堡的批评虽然是从西欧政治环境来思考俄国特殊的革命斗争问题，难免有理想化的色彩，但是，她所预见的布尔什维克党的集中化趋向却被后来的历史所证明。

随着列宁的逝世和斯大林的强硬统治，苏联的政治实践加剧了政党组织体系中的这一结构性矛盾，最终导致全体党员对党的上层缺乏强有力的监督，党的命运系于党的领导集团的一念之间。苏联亡党亡国的剧痛教训暴露了这种政党体制的最大弱点，即"我们的社会体制，就像事实所表明的那样，有其最致命的弱点：对政权高层人物的背叛绝对无能为力"③。与此同时，苏联的惨痛教训也表明了高度僵化集权的国家在信息主义面前的失败。"1917年俄国革命及其点燃的国际共产主义运动乃是20世纪重要的政治与意识形态现象。共产主义与苏联，曾触动整个世界，并深深地影响了整个世纪的社会与人民。然而，此巨大的帝国与其强大的神话，却在短短几年中崩溃了，成为全无预料的历史变动中的最离奇例子。我认为此过

---

① ［德］罗莎·卢森堡：《卢森堡文选》上卷，人民出版社1984年版，第504页。

② ［俄］B. A. 利西奇金、Л. A. 谢列平著，徐昌翰等译：《第三次世界大战：信息心理战》，社会科学文献出版社2003年版，第167页。

③ ［俄］弗·亚·克留奇科夫：《1941—1994：个人档案——苏联克格勃主席弗·亚·克留奇科夫狱中自述》，东方出版社2000年版，第159页。

程的根源，显示了一个历史时代的终结，表现出国家主义无能力处理向信息时代的过渡。”①

二、网络—微博时代的政党组织

信息网络技术的飞速发展引发了一系列包含经济、政治、社会与文化的不连续发展模式和深刻的社会变革，对建基于机械工业时代的线性组织提出了变革性要求。政党作为现代政治生活中的特殊社会组织，也受到了信息网络技术发展的深刻影响。由于中西主流政党所面临的执政环境、执政理念，政党历史以及政党本身结构组织的巨大差别，信息网络技术对政党建设的影响是有着很大不同的。以西方发达国家的主流政党而论，由于选举政治的开放性与民主性，其主流政党在组织理念、组织结构、组织形式等多方面都受到信息网络技术的强烈、直接的影响。这是因为，“网络不仅代表着技术和组织形态，它们也为更激进的重组政治和更普遍的社会提供了新的文化模式。在此意义上，基层的、基于网络的政治可被看作是民主实验室，产生更适应信息时代的政治节点和形态。”② 为此，各国政党纷纷改弦易辙，从工业时代强调组织自上而下的集中统一，逐步向后工业时代注重组织内部建设的民主化和发挥基层组织、普通党员在党内事务的主体性方向发展，一个偏重于扁平化的网络节点式的组织结构开始成为各国主流政党建设的发展趋势。

具体来说，信息网络技术的迅猛发展对西方发达国家主流政党建设带来的巨大冲击主要体现在政治生态环境、政治参与机会、政治需求选择和政治选举趋向等四个方面。

（一）政治生态环境的开放性

信息网络技术带来的信息的自由流转，促进了政治生态环境的开放性，突破了传统政党的信息垄断特权，使公民获取信息的能力得到提升。以互联网为核心的信息网络技术的迅猛发展，推进了信息网络社会的形成与确立，并日渐对社会产生深刻影响。与机械化大工业社会相比，信息网络社会最大的特点就是“信息”的自由流通。这是一个“比黄金、货币和

---

① ［美］曼纽尔·卡斯特著，夏铸九、黄慧琦译：《千年终结》前言，社会科学文献出版社 2006 年版，第 2 页。

② ［美］曼纽尔·卡斯特著，周凯译：《网络社会——跨文化的视角》，社会科学文献出版社 2009 年版，第 395 页。

土地更灵活的无形的财富和权力”的新基础。这个新基础“以思想、技术和通讯占优势为标志，一句话，以‘信息’为标志”[1]。可以说，信息的自由流通构成了信息网络社会的核心要素，成为信息网络社会的根本基石，促进了信息网络社会政治生态环境变得越来越开放。

信息网络社会的这一发展趋势，对于现实的政党政治提出了一系列新的挑战。首当其冲的就是政党与政治信息之间的关系发生了革命性变革，即政党从垄断政治信息开始被迫转向适应政治信息的分散流转。造成政党信息垄断权分离的原因很多，比如政治环境的日益透明、民主诉求的不断高涨、法律法规的逐渐完善，等等。“随着信息运动速度的增加，政治变化的趋向是逐渐偏离民选代表的政治，走向全民立即卷入中央决策行为的政治。相反，较慢的信息速度使选民代表政治成为强制性的决策。和选民代表政治相联系的，是代表公众利益的各种阶层的观点，这些观点提出来供其余的社会成员加工和考虑，是意料中的事情。电速引入这样的代表机构之中以后，这个快要过时的机构只有靠欺骗和权宜之计才能运转。这些欺骗和权宜之计，使观察家觉得是对既定机构原有目标和宗旨的无耻背叛。”[2] 但是，仍有两个因素应该引起注意，即社会结构日趋从封闭走向开放、信息技术日益从高耗能走向低成本。

从社会结构发展的角度来看，西方社会在经历了第二次世界大战对传统政治势力打击瓦解，特别是在20世纪六七十年代发生的一系列社会运动（比如妇女解放运动、学生运动、反战运动、反对种族歧视运动等）之后，整个社会的政治生态环境变得越来越开放，适应机械大工业时代高度集中统一的组织结构也日益向多样化、去中心的离散形态发展。正如曼纽尔·卡斯特指出的那样，“20世纪60年代和70年代的文化社会运动产生了可供人们选择的制度和价值体系。这些运动［从其第一个具有代表性的表现要追溯到1964年伯克利（美国加利福尼亚州西部城市）的“自由演讲运动”和1968年巴黎的“五月运动”］从根本上说是倾向于自由主义的。与资本主义和中央集权相对，它们是对个人自由和社会自治的文化理念的肯定，对保守的当权派和传统的左派来说都是一个挑战”[3]。政党作为传统政

① ［美］E. 拉兹洛：《决定命运的选择》，三联书店1997年版，第6页。

② ［加拿大］马歇尔·麦克卢汉著，何道宽译：《理解媒介：论人的延伸》，译林出版社2011年版，第233页。

③ ［美］曼纽尔·卡斯特著，周凯译：《网络社会——跨文化的视角》，社会科学文献出版社2009年版，第20页。

治生态的主要政治力量，在社会结构分散化的趋势下，也愈来愈难以维系其政治“独角戏”，不得不与其他社会力量通过选举竞争来获取政治权力。“由于社会越来越碎片化，各党派的社会根基正在或已经被纵横交错的社会裂痕弄得千疮百孔。结果就是不断被削弱的政党认同——选民们将政党自然而然地视为‘自己人’的延伸——造成了党员人数的下降和议题投票中的不确定性增加。选民们现在更加可能倾向于抛开党派身份，在投票时更为“理性”地去评价该党的政纲和政绩。”①

从信息技术发展的角度来看，在传统的政治生态环境中，由于政治信息的收集整理所需的成本投入远远超出常人所能承担的能力，所以此类工作通常是依靠社会组织力量来完成的。“让我们考虑一下一个公民决定到底要花多少时间研究他所在国家的政策或领导人这样的问题。该公民对这些事情所花的研究时间越多，那么投票支持理性的政策以及政治领导人的可能性就越大。然而，该公民这么做只能从有效的政策与领导上获得很小份额的收益：总的来说，该国的其他公民会得到几乎所有收益，因此，单个的公民不大会愿意去花时间发现和思考什么对其国家是最好的这样的问题。”② 政党作为社会组织力量的重要表现形式之一，政治信息的加工整理一般是由政党来负责完成。可以说，“政党作为政治机构的确定性特征就在于，它是将国家机构与公民社会联系起来的机制，是二者之间的联结纽带”③，其功能就是“把一盘散沙的选民都归整得井然有序”④。这样一来就不可避免地造成了政党对政治信息的垄断，以及为此所采取的自上而下的组织结构。

但是，自20世纪70年代以来，随着电子通讯技术，特别是以互联网为核心的信息网络技术的广泛运用，社会信息的流动不仅突破了传统的时空限制，而且速度不断加快，从而大大降低了信息采集、编码、传递的成本，使得社会民众对信息的获取变得更加快捷方便，政党再也无法独享信

---

① ［英］安德鲁·查德威克著，任孟山译：《互联网政治学：国家、公民与新传播技术》，华夏出版社2010年版，第195页。

② ［美］曼瑟·奥尔森著，苏长和、嵇飞译：《权力与繁荣》，世纪出版集团、上海人民出版社2005年版，第73页。

③ 林勋健主编：《西方政党是如何执政的》，中共中央学校出版社2001年版，第2页。

④ ［英］詹姆斯·布赖斯著，张慰慈等译：《现代民治政体》，吉林人民出版社2001年版，第120页。

息垄断所带来的政治权力。“技术正在使信息的复杂性和专业程度不断增加，同时也使得其成本不断下降，因此想获得政治信息和通信的每个人都有可能获得丰富的政治信息，只要他们有机会接触信息技术。广义地说，信息政体的模式预测到信息成本将发生如此大规模的变革，并通过对政治中介机构的属性和结构产生影响，从而引起政治变革。”[①] 政治的神秘大门开始向社会敞开！这样，“公民与政治家的关系以及代表者和被代表者之间的关系，基本上取决于这个以媒体为中心的通信空间中所发生的事情。并不是媒体支配政治和政策。但是无论是胜利还是失败，正是在这个媒体空间中爆发了不同类型的政治斗争”[②]。正是在上述两个因素的共同作用下，西方社会在向信息网络社会迈进的过程中，政治生态环境日益开放，政党、媒体与社会民众共同分享了政治权力，迫使传统的政党组织结构必须努力适应公民信息获取能力提升下的政治新环境。

（二）政治参与机会的直接性

信息网络技术带来的权力的分散分享，提升了政治参与机会的直接性，突破了传统政党的组织代议特权，使公民参政议政的渠道得到拓宽。信息网络时代政治生态环境的开放性，主要是指公民通过相应政治制度的设计和安排，就关切社会利益的重大事项进行直接的政治参与。西方社会长期以来虽然在宪法中赋予了公民参政议政的权利，但是在信息网络时代以前的传统社会中，存在着两个限制因素。

第一个限制因素是制度设计中的潜在门槛。西方社会虽然宣称公民的政治参与权利的自由，但却在政治参与的制度设计中潜在地排除了社会公民直接参与的可能。最为突出的就是在政治选举中所需的庞大资金和人力资源，使得个体公民几乎被排斥在选举之外，只能作为选举的投票者存在。由金钱的特权“代替已往的一切个人特权和世袭特权。这样，他们通过选举权和被选举权的财产资格的限制，使选举原则成为本阶级独有的财产。平等原则又由于被限制为仅仅在‘法律上的平等’而一笔勾销了，法律上的平等就是在富人和穷人不平等的前提下的平等”[③]。对于个体公民来

---

① ［美］宾柏著，刘钢等译：《信息与美国民主：技术在政治权力演化中的作用》，科学出版社 2011 年版，第 20 页。

② ［美］曼纽尔·卡斯特著，周凯译：《网络社会——跨文化的视角》，社会科学文献出版社 2009 年版，第 34 页。

③ 恩格斯：《德国状况》，《马克思恩格斯全集》第 2 卷，人民出版社 1957 年版，第 648 页。

说，要想实现自己的政治愿望，唯一可以利用的渠道就是通过政党组织的层级代议来实现。在这种政治环境中，政党就成为“唯一一种能把多数统治的理想变成事实的组织”[①]。而利益集团政治的出现，尤其是非政府组织的出现，是现代社会利益分化和民众利益诉求在组织上的体现和自然结果，则逐步改变了这一政治潜规则；虽然利益集团政治往往容易在社会优势群体中形成，并进而扩大对弱势群体的政治影响力，造成政治资源的不平衡。就像美国学者所言：“即使公民团体有所增长，但游说组织在总体上偏向于企业、劳工和专业界，而以穷人、少数民族及松散而难以组织起来的选民为代价……因此，政党的衰落及利益集团的激增均对在政治过程中已得到充分代表的那些人有利。”[②] 但是，不可否认的是，利益集团和非政府组织的出现，为公民提供了更多的政治参与机会。在选择政党之外，公民的政治意愿可以通过参与上述非政党组织而获得政治参与的渠道，实现对政策决策的影响，从而提升公民的政治参与能力。

第二个限制因素是参政议政的技术限制。以互联网为核心的信息网络技术广泛运用之前，西方社会在政治参与的技术支持上也无法实现社会公民参政议政的直接权利[③]。这是因为，机械工业时代的电台、电视和报纸等媒体在信息传播上仍然属于单向传输，即从一个中心信息源出发，向多个末端接收传递相关信息。这种信息的单向传递方式，是与机械工业时代自上而下的组织结构相适应的。政党通过对电台、电视和报纸等媒介信息载体的把持或共谋，扩大了政治中心的覆盖面，但却使无论是主动抑或被动的接收者无法有效传递反馈信息，以便通过信息的交流沟通来提升信息的使用效能。因为“层级沟通机制可能在一定抽象意义上是‘理性’的，但根据人类沟通的理论，层级沟通不符合信息成功交换的基本规则”[④]。

因此，由于上述两个限制因素的存在，使政党能够垄断代议民主的特

---

① 王长江：《政党论》，人民出版社 2009 年版，第 46—47 页。

② ［美］艾伦·D. 赫茨克著，徐以骅等译：《在华盛顿代表上帝——宗教游说在美国政体中的作用》，上海世纪出版集团 2003 年版，第 9 页。

③ 虽然公民可以通过各种集会、游行等方式来实现对政府的施压，但是由于地理空间的限制和政府对媒体的把持，公民短期的集体施压行为往往只能局限在一定范围之内，无法凝聚起更为庞大的社会舆论力量。

④ ［美］多丽斯·A. 格拉伯等著，张熹珂译：《沟通的力量——公共组织信息管理》，复旦大学出版社 2007 年版，第 93 页。

权，政党成为公民表达政治愿景的唯一渠道。而信息网络技术普遍使用所引发的信息网络社会的崛起与发展，则在当下的政治实践中为公民参政议政提供了直接的政治机会。这是因为，信息网络技术作为从工业时代向信息时代转变这一历史变迁的核心，本质上它是“信息处理与沟通的技术”①。这一技术的政治意义在于以它为核心的技术力量打破了政治实践中制度结构的层级体制，“曾经围绕民主国家、围绕资本主义和劳动的社会契约而建立起来的公民社会的制度和组织，已经基本上成了空壳，越来越无力与大多数社会中的人们的生活和价值观建立起联系”②，公民可以直接通过信息网络技术所构造出的新的政治环境实现自己的民主权利，直接民主成为可能。“直接民主被共和政体取代，只因为在过去直接民主并不实际，以现代的标准来看，过去的传播技术实在太原始了。不过最近许多观察家却认为，有史以来第一次，类似直接民主的体制已经是可行的。现在，人民就算不是每天也可以每个星期告诉他的政府，他们想要什么。事实上，网络已经允许人们这么做（投票网站 vote. com）。我们应该期待更多这方面的实验。”③ 政党不再是公民政治权利实现的唯一选择，而是成为公民进行多项选择的可替代物。“以前，公民的政治倾向要稳定得多，而且容易预测。而现在，人们的政治身份却不是那么固定了。公民需要更加灵活复杂的方式来表达他们多元化的政治观点，并且不再将政党作为唯一能够适应这种意识形态多元化的载体。”④

（三）政治需求选择的多样性

信息网络技术带来的利益的多元分化，强化了政治需求选择的多样性，突破了传统政党的教化使命特权，使公民政治理性的成熟得到展现。信息网络时代公民政治需求选择的多样性，取决于以下两个因素的成长：

第一个因素是社会分工的进一步专业化、职业化和自由化，使公民个体角色在社会发展中所发挥的作用日益凸显。在西方传统的机械工业时

---

①［美］曼纽尔·卡斯特著，夏铸九等译：《网络社会的崛起》，社会科学文献出版社 2001 年版，第 35 页。

②［美］曼纽尔·卡斯特著，曹荣湘译：《认同的力量》，社会科学文献出版社 2006 年版，第 411—412 页。

③［美］凯斯·桑斯坦著，黄维明译：《网络共和国：网络社会中的民主问题》，世纪出版集团、上海人民出版社 2003 年版，第 25 页。

④［英］安德鲁·查德威克著，任孟山译：《互联网政治学：国家、公民与新传播技术》，华夏出版社 2010 年版，第 195 页。

代，由于劳动分工高度的集约化、组织化，民众个体依附于各种类型的组织体系之中，个体角色就像工厂流水线上的批量产品一样，泯然于众而鲜有特性。个体在社会发展中的作用受到很大限制，没有相应的组织帮助，个体的力量往往是有限的。与这一经济基础相适应的思想反映就是公民个体政治理念尚未有脱离组织的冲动。而政党则肩负着引导公民参与政治的社会教化功能。“人们关于政治传统或政治角色以及与之相关的行为的知识不是与生俱有的，政治社会化就是获取这些知识的一种或多种过程。”[①] 在这种社会结构和政治环境中，特别是在19世纪末到20世纪初，大众政党在整个欧洲占主导地位。“它们曾想拥有一以贯之的意识形态、建立诸如地方分支的组织。例如，各社会民主党就曾试图通过把诸如各行工会等社团并入其组织结构，来整合自身的选民社会基础。经典的例子包括20世纪90年代之前的英国工党或瑞典以及德国的社会民主党。”[②]

但是，从20世纪六七十年代开始，西方社会逐步进入后工业社会。而信息网络技术的迅速发展，则进一步促进了经济政治的全球化。渺小的个体力量通过发达的信息网络实现了瞬时联结之后，个体的力量通过网络实现了几何倍数的增长，影响社会的能力不断得到加强。在这一由于社会分工以及信息网络技术促成的社会变动下，政党所提供的组织力量开始受到削弱，公民自身的政治选择需求得到大大提升。“从前在工人运动的互相提供社会支持的氛围中占支配地位的是个人隶属于大的集体的意识，而在已经改变的环境下这一意识让位给一种个人主义化的自我意识”，这种意识由于社会个人主义化的不断加强而日益淡薄，因此对于政党来说，“为了发动政治支持，仅仅依靠诉诸大的社会集体的利益和心态已经不够了。政策建议、交往形式和论证方式如果要想今后仍旧能起组织和动员广大群众来给予支持的作用，就必须与已经扩大的社会分化相适应”。[③]

第二个影响因素是社会环境的去政治化、去神秘化和世俗化，使政党不再成为培养公民政治理性成长的唯一渠道。在传统的政党政治中，政党的一个重要功能是对民众进行宣传教化，并以此要求民众遵从组织的集体

---

① ［美］加布里埃尔·A. 阿尔蒙德等著，曹沛霖译：《比较政治学：体系、过程和政策》，上海译文出版社1987年版，第4章。

② ［英］安德鲁·查德威克著，任孟山译：《互联网政治学：国家、公民与新传播技术》，华夏出版社2010年版，第196页。

③ ［德］托玛斯·迈尔著，殷叙彝译：《社会民主主义的转型：走向21世纪的社会民主党》，北京大学出版社2001年版，第66页。

要求，为了政党的政治目标而从事政治活动。这一功能设定的背后，隐含的价值导向就是在处理政党与民众的关系时，政党因为掌握着社会发展的真理，因而高踞于民众之上，负责教化引导；民众则由于个体政治理性尚未成熟，因而位于政党之下，通过政党内部的持续组织化以达到政党的集体智慧水平。但是，随着西方社会群众性运动的持续减弱[①]、社会经济活动的不断增强，以及政治活动规范的法律化[②]，政党的魅力与神秘已经不再成为社会民众关注的焦点，政党对公民的政治影响力持续下降。“人们本来是在这些组织中认识到团结互助是自己的一切生活领域的首要经验而且在日常生活中一再重复这一经验的，但是现在必须经过个人决定的中介的新的团结互助形式取代了旧的形式，而且恰恰在那些最广泛个人主义化的社会群体中，这种新的互助形式在人们自己选定的倡议和组织的共同行动中得到最广泛的传播。”[③] 西方社会的主流政党之所以无法坚持政党信仰引导、教化民众的宗旨，而逐渐沦为单纯选举工具的发展趋向，根本原因就在于此。

（四）政治选举趋向的个人化

信息网络技术带来的政治的媒介逻辑，凸显了政治选举趋向的个人化，突破了传统政党的集体动员特权，使公民政治归属的意识受到削弱。“媒体政治不是所有的政治，但所有的政治必须通过媒体来影响决策。如此一来，政治的内涵、组织、过程和领导权，就都被媒体系统尤其是新的电子媒体的内在逻辑所塑造。”[④]

---

① 事实上，西方社会的群众性活动都有明确的法律规定，因而能够保证社会秩序的平稳而不受到冲击。这是诞生于战争与革命时代中，群众性政党无法继续的重要社会基础。

② 目前在西方发达国家中，政党的活动都是在政党法等法律的规范条件之下进行的。学者周淑真对此做了一个初步统计，其中，欧洲有14个国家、亚洲有16个国家、非洲有13个国家、南美洲有3个国家、北美洲有1个国家，合计有47个国家制定或曾经制定过专门政党法。德国是世界上最早制定颁布政党法的国家。1949年5月23日联邦德国通过了《基本法》。《基本法》保证了政党的合法存在及政党自由，同时也规定了政党的责任。见周淑真：《政党政治学》，人民出版社2011年版，第237—239页。

③ ［德］托玛斯·迈尔著，殷叙彝译：《社会民主主义的转型：走向21世纪的社会民主党》，北京大学出版社2001年版，第67页。

④ ［美］曼纽尔·卡斯特著，曹荣湘译：《认同的力量》，社会科学文献出版社2006年版，第366—367页。

在西方传统选举政治活动中，政党扮演着关键角色，发挥着重要作用。政党候选人往往是先经过党内选举推荐，然后参加全国性政治选举。在政治竞选过程中，政党候选人的个人因素（如领导才能、外在形象、人际关系等因素）虽然也起着重要作用，但是如果没有政党组织的集体行动（如通过政党内部分布各选区的组织分支进行所在选区民众的宣传与动员），囿于信息传播的地理限制和成本支出，仅凭个人的努力是无法实现自己的选举目标的。“政党是唯一能够驾驭大批成员的团体。当选民数量剧增时，通过个人关系来指导投票决定是不可能的，而必须依靠一个组织——这个组织要建立在人们普遍认同的宗旨的基础上。”① 因此，在以互联网为核心的信息网络技术大规模应用于社会政治生活之前，政党承担着竞选活动的组织动员、集体行动的关键责任。在这一过程中，党内成员对于政党具有强烈的组织归属意识。党内精英成员的政治抱负需要依靠政党的集体动员才能实现，而党内普通成员则在政党的集体行动中不断强化着自身的组织意识。在这种情况下，西方主流政党往往能够保持自身具有严格纪律意识的组织伦理和组织机制。

但是，信息网络技术引发的一系列社会性变革的后果之一，就是社会政治生活的不断媒介化。在社会化媒介的入侵下，以往选举信息和组织动员需要举全党之力来完成的组织壁垒出现裂缝，并不可避免地使整个政党组织摇摇欲坠。“在民主政治的背景下，要入主国家机构，就必须有能力赢得多数选票。在当今社会，人们实质上是通过媒体，并且主要是通过电视，来接收信息并形成政治意见的。而且，至少在美国，电视是最可信的新闻来源渠道，且其可信度一直居高不下。因此，为了按照人们的观念和意志行事，体现在党派和候选人身上的种种相互冲突的政治主张，将会利用媒体作为它们沟通、造势和说服的工具。如此一来，只要媒体相对独立于政治权力，政治行动者们就不得不按照媒体的规则、技术与利益而行动。媒体塑造着政治。”② 西方政治实践表明，“电视无法表现政治哲学，电视的形式注定了它同政治哲学是水火不相容的。”③

---

① ［法］让·布隆代尔、［意］毛里齐奥·科塔主编：《政党政府的性质——一种比较性的欧洲视角》，北京大学出版社2006年版，第22页。

② ［美］曼纽尔·卡斯特著，曹荣湘译：《认同的力量》，社会科学文献出版社2006年版，第362页。

③ ［美］尼尔·波兹曼著，章艳、吴燕莛译：《娱乐至死》，广西师范大学出版社2009年版，第8—9页。

社会化媒介的作用与传播更加注重竞选人的媒介形象，领袖的个性魅力展示成为成功的关键因素，政党则沦为选举的辅助工具。德国社会民主党基本价值委员会副主席、弗·艾伯特基金会政治教育学院院长托马斯·迈尔教授指出："如果政权只有通过成功的媒体交往才能取得，而这一交往所遵循的规律又与论证性政治话语定式的规律不一样，那么今后一切都将取决于首要代表人物的自由，他们将在党的意志的幅度很广阔的范围内，根据自己的判断，在媒体公众面前引人注目地展示自己和自己的信息。在这些条件下，他们党内的政治交往过程与党的纲领一样，都成了一种蓄水池，如果其中含有合适的建议，他们就能加以利用，如果它有破坏形象或使媒体反响中的赞同意见减少的危险，他们就可不加理睬。这样一来，社会民主主义政党所起的作用就只是一个由讨论问题的群体和小组构成的网络，它固然进行被认为能指导行动的政治讨论并以民主方式制订出政策方案，但是归根到底是与关于政治行动替代方案的公众交往，与选举时的政治承诺的确定在很大程度上或者完全不相干的。"[①]

而美国的政党政治更是突出了专业化的社会媒介在总统竞选中的特殊作用。"专业化已经创造出一个新的政治传播家阶层，例如，民意测验专家、广告代理、新闻记者以及当下的网络顾问，这个新阶层就像商家兜售产品一样，从事着兜售候选人及其政策的买卖。这样就更增加了选民对于大选过程的犬儒主义。这些态度被新闻界的主流风格所强化，即聚焦于竞选的'游戏性'（记者们往往就是游戏的参与者），而不是实质性议题，这种现象专业术语叫做'元信息传播'。专业化也包含了长期竞选活动的理念，是指执政党及其候选人为了下一届选举，始终关注打造媒体形象与知名度，而不仅仅着眼于执政期间的政绩。对专业化的各种批评认为，政党已不再是公民能够发挥作用的组织，而是被政党精英自上而下所左右。……政党精英现在可以直接面向全体选民施展魅力；他们不再完全依赖草根活动家来传布政治信条、筹款以及在大选日动员选民投票。这种对于基层党员依赖程度的降低，不但能够使得领导者在摆脱民主控制方式上相对独立自主，还使得他们垄断了政治信息的传播。结果，出现了以媒体为导向的社会环境。在此环境下，政治精英与传播精英的对话，没有多少大众意见的参与。普通的政党活动家只能坐在那里听一听、鼓鼓掌，除此

---

① ［德］托玛斯·迈尔著，殷叙彝译：《社会民主主义的转型：走向21世纪的社会民主党》，北京大学出版社2001年版，第167页。

之外，再没有什么可干的。”①

在这一由信息网络技术发展所引起的政治规律的重新规范下，西方社会的一些主流政党往往面临着党员队伍的流失以及由此而带来的政党结构的变化，尤其体现在党内基层党员队伍与政党政治家之间的政治追求的差异。“普通党员，也就是政党的基层，多数以政策追求的逻辑为取向；而作为领导的政党政治家（主要是议会党团和政府成员）则更强烈地遵循选票和公职追求的逻辑。”② 在媒介的过度影响下，党内的分歧进一步扩大化，逐步消解了政党原有的组织机制。“这样的风险在增加：甚至社会民主主义政党的首席代表人物也是仅仅从他们是否具有最大可能的媒体魅力的角度被选出来，党的纲领也要以它们能够按照传媒规律以最佳方式得到传媒为准则而加修饰和增删。可想而知，广大党员和活跃的党的工作人员这一巨大群体会被看成只是一个负担。由于他们坚持党内的讨论和决定，他们对于必须对媒体交往领域中每天都在变化的事件做出灵活反应的领导层来说，成了阻碍和负担。”③ 正如英国政治学家唐纳德·萨松所言：“当收音机和电视的影响较小时，左派政党依靠他们自己的组织和他们自己的亚文化群体来传播他们的消息。即使在选举运动期间，相对复杂的议事日程也会从领导到追随者这样被传播下去，后者会依次把这个消息传到他们的地区和工厂，对这个消息进行改编以适应特定的观众。20 世纪 50 年代，社会主义和共产主义的领导人能够在露天广场或在大厅召开的忠实的追随者的大会上直接进行演讲，并用一种加以相对选择的语言详细阐释党的政策。现在，政治信息通过一种复杂的由高到低的通讯系统加以筛选。领导者不直接同他们的忠实的追随者讲话，而直接同人数众多但缺乏注意力的观众讲话。他们同系列幽默剧、电影和肥皂剧竞争。政治家的消息必须言简意赅——是值得赞扬的‘一针见血’，由于政治产品是相似的——繁荣、无通货膨胀、低税收、优良的公共服务，等等——政治家倾向于传播同样的消息。由于高层领导人较易获得接近媒介的机会，所以存在着一种明显的对个性的关注。相应地，通常要根据他们在电视上进行表演的能力来选

① ［英］安德鲁·查德威克著，任孟山译：《互联网政治学：国家、公民与新传播技术》，华夏出版社 2010 年版，第 196—197 页。

② ［德］麦克尔等著，童建挺译：《社会民主党的改革能力：西欧六国社会民主党执政政策比较》，重庆出版社 2009 年版，第 29 页。

③ ［德］托玛斯·迈尔著，殷叙彝译：《社会民主主义的转型：走向 21 世纪的社会民主党》，北京大学出版社 2001 年版，第 122 页。

择领导人。当必须当场表决时，成员们没有时间进行民主协商。而且对其对手的政策的反应必须迅速及时。这使得制定决议的权力极大地集中在领导者手中。现在，主要的政策是领导人在电视上宣布的，因此，实际上能够迫使他们的党接受新的路线——不论是布莱尔放弃党章的第四条，还是奥凯托改变党的名称的决定都是这样。与领导的决定不一致将会从总体上削弱党，并且会冒选举的危险。由于领导人在电视上争夺地位并从事口舌之战，所以党的政策的复杂性便化为乌有。”[①]

总之，与人类社会历史中出现过的重大技术（如印刷术等）对社会发展的影响一样，信息网络技术深刻的社会变革性，无疑在政治生活领域表现得更加明显。如果不承认信息网络技术的这一政治特性，那么政党在剧烈变化的当下社会必将承受更大的政治风险。正如托玛斯·迈尔所言，信息网络技术的发展不会像“从前关于进步的哲学观点所说的那样在原则上是中性的，也不能认为它将带来幸福还是造成不幸仅仅取决于人们对它的应用。诸如通讯领域和核能领域的新技术无论如何会影响社会结构、行为能力和社会的生活状况，在这一意义上它们决不是中性的，而是直接具有政治重要性的”[②]。以互联网为核心的信息网络技术正是对政党建设中政党结构、政治信息、组织成员这三者之间的关系带来了深远影响，从而要求西方国家主流政党必须顺应这一技术发展需要，不断调整、优化和重构政党自身的组织结构，积极探索和尝试政党建设的新的组织形式，以努力适应从工业化社会向信息网络社会的深刻变革。“新媒体的有效性意味着特定的组织可以针对特定的竞选者和选举来掌握竞选通信。这并不是说公民对竞选者的个人人格做出回应，不关注整个党的方针立场。但是作为组织存在的党派则不再在新的通信信息模式中拥有选择性优势。技术已经改变了某种重要的信息和通信形式的结构。由媒体市场所定义的大众受众，生成了一个新的结构，创造了信息管理和通信的新机会，带来了组织化的变革。”[③]

---

① 杨雪冬、薛晓源主编：《“第三条道路”与新的理论》，社会科学文献出版社2000年版，第134页。

② ［德］托玛斯·迈尔著，殷叙彝译：《社会民主主义的转型：走向21世纪的社会民主党》，北京大学出版社2001年版，第83页。

③ ［美］宾柏著，刘钢等译：《信息与美国民主：技术在政治权力演化中的作用》，科学出版社2011年版，第77页。

第二节　网络党组织的类型

如果说信息网络技术对现代政党建设的深刻影响，由于现实政治生活的复杂性而表现得较为谨慎持重，那么中外主流政党针对信息网络技术构筑起来的网络虚拟空间的党组织建设，则已开始了积极的探索与实践。其中，德国社会民主党于1994年明确提出了“网络党”建设的概念就是一个显著标志。不过，从网络虚拟空间政党建设的总体情况而论，网络党组织的探索还具有明显的实验性质。以中国共产党开展网络党建为例，其实践内容主要包括网站型、论坛型、博客型、手机型和平台型等五种类型的网络组织形式。而其组织实践的功能指向则是进行党的理论宣传与网络舆情引导。

一、网站型网络党组织

网站型网络党组织是政党在网络虚拟空间开展党的建设的首要形式。大致包括以中国共产党新闻网、共产党员网，以及各种思想政治教育网站为主要内容的党建类网站。这一类型的网络党组织主要具备以下三种功能特征。

（一）主题突出，特色鲜明

从当前党建类网站的活动情况来看，党建类网站在网站建设的指导思想和设计规划中，把宣传党的路线方针政策、开展网络思想活动作为网站建设的主要内容。具体表现为：一是开展网上宣传工作，通过开展网上党校、网上党课、网上思想教育等网上教育活动，使党的创新理论成果不断得到推广和落实；二是开展网上党的建设理论研究，通过网上调查研究、网络论坛等方面的网上活动，促进党的建设理论研究不断深入；三是通过网上党建经验的交流与合作，不断借鉴、吸收和利用各地、各单位开展党的建设的有益知识和丰富经验，实现党建信息的资源共享，促进党建理论和实践的不断创新。可以说，党建类网站与商业门户网站最大的区别就在于它是以宣传、教育、引导网络大众为根本指向，具有目标明确、任务集中的特点。

（二）力量集中，场阈控制

门户网站发挥“意见领袖”功能的关键环节就是通过网站内部的集中

管理机制来实现对网络舆情的方向引导。即通过相应的议程设置，在一定时期突出某个意见主题，引导网民进行广泛讨论，从而汇聚民情，形成舆论风潮。同时，对一些违背法律法规的不良意见则通过沉底、删帖等手段使之不能引起网民关注，以此实现对网络舆情发生源头的可控性。党建类网站作为宣传党的路线方针政策的专门网站，其意见控制的力度更是突出。这主要是因为当前思想政治教育网站绝大多数都是由党的相关组织、宣传部门创建、管理和运行的，决定了党组织对网站具有绝对控制的权力。在这种情况下，党组织可以通过网站的整体规划与总体设计，以及相应的媒介控制方式引导舆情趋向，从而实现有效的场阈控制。

（三）意见搜集，方便迅捷

门户网站之所以能够成为网络舆情发生发展的“生成器”，就在于它提供了网民进行各种信息交流的平台。正是在各种信息的交互流动中，网络舆情被击发碰撞，从而在推波助澜中迅速蔓延。因此，党建类网站要发挥其“意见领袖”功能，就必须从细节入手，通过对各类信息的归纳整理，及时发现网络舆情的发生苗头。具体来说，主要体现在两个方面：一是可以根据网站（论坛、博客等）发帖、跟帖的情况判断出当前网民关注的热焦点问题，形成舆情分析报告，并与相关部门合作展开舆情引导；二是可以通过对舆情的类别类型分析，建立大型舆情数据库，通过研究，归纳总结不同类型舆情的发生发展机制及应对策略。

不过，网站型网络党组织要想有效发挥理论宣传和舆情引导功能，就目前的情况来看，面临的最大问题就是网站的“人气”。即网民愿不愿意点击网站，并通过网站获取自己需要的信息？如果说网民的点击率较高，那么网站的受众度和可信度就比较高。反之，则表明网站不能或无法满足网民的实际需求。在党建类网站的实际运行中，还存在着不少问题，突出表现为一些网站面临着无人问津的尴尬境地。据学者李一的问卷调查显示：在回答“您在互联网上是否发现过一些思想政治教育类的网站?”这一问题时，63.3%的人选择了“是”；但在发现过这类网站的被调查者当中，被问及“是否经常访问和浏览这类网站?”的问题时，仅有18%的人给予了肯定的回答，82%的人选择了“否”。这说明被调查者即便发现过这类网站，也未必有兴趣去经常访问和浏览。在对“您对这类网站的实际作用作何评价?”这一问题的回答中，选择“作用很大”“有一定作用”“作用很小”“不起作用”“说法准”等选项者所占的比例，分别为4%、

研究分析人民网“强国论坛”的舆情引导功能的实际效用，无疑对建设论坛型网络党组织具有极强的借鉴意义。

（一）关注热点，直面现实

对热点的关注，决定了网站的生存。没有一个网站能够在对社会热点问题的规避中得到发展壮大。人民网的《人民日报》背景决定了它在传达高层意向信号和反映民意方面的独特地位。同时，这也成为吸引网民表达意见的一个显著亮点。以创办于2008年的“舆情频道”为例，在2009年的网络舆情事件中，先后介入灵宝“跨省抓捕”王帅案、石首骚乱、绿坝软件、矿难、官煤勾结与媒体封口费、番禺垃圾燃烧发电厂事件，等等。比如，在王帅案中，王帅处于取保候审状态时，于秘密地点上网，在“舆情会商室”接受了访谈。灵宝官方最后也派出政府发言人选择“舆情频道”公开道歉。可以说，正是对热点、焦点问题的及时关注，使得人民网在广大网友中的影响迅速增强。

（二）设置议程，积极面对

对热焦点问题的关注和揭示，并不等于对舆情的放任自流，而是希望在意见的交流中寻求切实的解决之道。人民网通过对相关热点问题的议程设置，引导网民意见的合理表达与有序流动。所谓议程设置，即是通过置顶、推荐阅读、整合旧帖等多种议程设置方式，将网络上分散的意见，进行归纳分级，使得一些信息和意见获得优先的传播权利，从而在一定程度上削弱了另一些非理性声音大范围传播的可能性。在这一过程中，具体是通过导帖和跟帖来实现的：一是主动导帖，即是论坛管理员通过推荐优秀的网民帖文或发表新帖作为引导，主动组织网民就某一热点话题展开讨论；二是积极跟帖，在组织讨论的过程中，对一些思想比较消极、观点不十分正确的言论或帖子，或以跟帖方式予以正面引导，或由论坛管理员根据《宪法》和《人民日报》网络版宣传报道原则对其进行警示。

（三）意见互动，理性引导

网络意见表达的“众声喧哗”决定了在理性声音表达的同时，也夹杂着非理性的杂音。对此，与其堵而激起其反弹，不如疏而用理性的声音来回应。人民网在处理类似网络舆情时，采取了意见互动的形式，以正式协商的方式，引导网民交流的理性表达。在国内人气最盛的天涯社区，人民网舆情监测室联合《人民日报》“人民时评”、《中国青年报》法制社会部和《冰点周刊》、中央电视台“新闻1+1”栏目，主动开设“主流媒体”

频道，公开发布主流媒体报道和评论，与网民互动，推动传统的主流媒体触摸和吸纳网络民意，并让主流媒体的声音为广大网民所了解。比如，石首事件后，《人民日报》首先发表评论批评石首政府对事件处理的应对失当。在理性引导的过程中，必须注意及时收帖和适时结帖，以避免有“炒作”嫌疑而影响社会整体舆论环境。

三、博客型网络党组织

博客是一种表达个人思想和网络链接、内容按时间逆序排列并且不断更新的出版方式。[①] 博客的出现成为个体实施网络影响的重要方式。“博客行为的大量涌现为人们行使民主权利提供了工具和技术，通过内部创新对政治产生了一定的影响。……它给普通用户提供了一个让个人发表意见的平台：一个灵活的、动态的、互动的网站，而且这个网站容易更新。此外，使用可扩展标记语言和其他元数据技术，博主可以很容易地把自己的博客与其他人的博客相链接，这就建起了一个虚拟的意见社区，在这个虚拟社区里大家随时能够进行对话和讨论。当然，无数的个人博客对政治内容只字不提。而且，许多博客也只是个人的宣泄工具而已。然而，许多博客的博主和读者越来越具有协作性，在这个公共空间里，业余的和专业的记者都集中在一起，对日常的新闻事件各抒己见。这种信息扩散方式就像经济规模的扩散方式一样。以前，这种信息传播现象只有在像报纸这样的大的媒体信息生活系统中才会发生。”[②] 因此，建立博客型网络党组织就是要充分利用个体化的权威评论分析实现对舆情的积极引导。

作为“媒体的开放源代码”，博客改变了传统的信息传播方式，使“一人一媒体”成为可能。“博客舍弃了传统的出版印刷设备，你通过键盘输入些文字，设置几个链接，点击一下‘发表’按钮，你的作品马上就会发表出来，全世界都能看到。你还可以得到在正式礼轻人意重中极少获得的体验：来自读者的直接回应，回应可能是以评论的形式出现，假如读者有自己的博客，也可能是以链接的形式出现。这是一种全新的体验，有一

---

① 胡泳：《众声喧哗：网络时代的个人表达与公共讨论》，广西师范大学出版社2008年版，第95页。

② ［英］安德鲁·查德威克著，任孟山译：《互联网政治学：国家、公民与新传播技术》，华夏出版社2010年版，第171页。

种自由自在、无拘无束的感觉。”[①] 对于普通的公众来说，博客成为公众发表自己意见的一个便捷平台和扩大影响的放大器。“根据经验，一个人会把他的遭遇讲给6到10个人听。而Twitter上平均每个人都拥有100名跟随者。以此为基数，假设10%的看完帖后还会转帖，那么这样的人就有10个。也就是说，有10个人直接受到了发帖人的影响。如果这10人每人也有100名跟随者，其中只有5%的人会阅读该转帖，那么就又有50个人间接受到了发帖人的影响。以此类推，这种影响力不可小视。”[②]

可以说，作为自媒体时代的代表——博客，具有很多优点：一是在信息传播的时间上具有迅捷性。汶川大地震发生时，许多网络博客在第一时间对地震消息进行了报道。新浪网在《汶川地震一月祭》总结性专题中提到了最早记录地震的博友在5月12日14点32分发出的首条地震博文：“题目：地震了。内容：摇得厉害，晕楼了……”二是在信息传播的方式上具有个性化。作为一种个人媒体，其强烈的个性化特征、极富感染力的情感表达，凸显了博客与传统媒体的别具一格。在汶川地震期间，有的博客以口述形式记录了地震发生一瞬间的情形和幸存者的逃生经过，极易引起广大网民的情感共鸣。三是在信息传播的导向上具有意见性。即博客的文章往往一经点击放大，就会对相当一部分网民产生影响，从而形成不可轻视的舆情趋向。在地震期间，博客、播客（视频分享）、论坛等互动栏目为抗震救灾营造了积极热烈的网上氛围。据统计，仅腾讯、新浪、网易、搜狐四家网站共发布博客文章233万篇，点击量23.6亿次，跟帖6132亿条；论坛发布帖文149万条，点击量2.3亿次，跟帖760万条。而四家网站发布的新闻稿件为13万条，跟帖为13万条。可见，作为WEB2.0时代的产品——博客和播客的影响已经超过了新闻、论坛。[③]

以“超级低俗屠夫”为例。可以说，再也没有比“超级低俗屠夫”更能说明网络是一个见证奇迹的地方。“屠夫”真名吴淦，1973年生，福建人。因邓玉娇案事发后以真实身份前往巴东调查，网名“超级低俗屠夫”

---

① ［美］尼古拉斯·卡尔著，刘纯毅译：《浅薄——互联网如何毒化了我们的大脑》，中信出版社2010年版，第14页。

② ［美］埃里克·奎尔曼著，刘吉熙译：《颠覆：社会化媒体改变世界》，人民邮电出版社2010年版，第32页。

③ 国务院新闻办公室网络局副局长彭波在“2008中国新媒体高峰论坛”的讲话（2008年5月22日）。

遂一夜成名，在整个邓玉娇案中发挥着重要的“意见领袖”作用。分析这一网络舆情中的“屠夫”现象，对于建构博客型网络党组织亦具有现实的启发意义。

（一）真实

个体博客力量的基本构成要素之一是真实，即博主自身信息的真实性与博主关注事件对象的真实性。从博主自身信息的真实性来看，虽然网络匿名性特征的存在可以很好地遮蔽注册用户的个人信息，但从当前博客发展情况来看，博主信息的公开性与真实性仍然是能够吸引网民关注和参与的重要因素。网络是一个陌生与熟悉矛盾统一的空间场阈。能够让“生活在别处”的网民感觉到博主的真诚，首要之途就是做到公开性。正如列宁所言：“只有开诚布公才能纠正一切莽撞的、片面的、反复无常的偏向。”[①]无论是“伍皓微博”，还是在邓玉娇案中显声扬名的“屠夫”，其个人信息的公开性，无疑是获得网民认可的首要因素。在前往巴东事发地点前，“屠夫”公布了自己接受捐款的账户。为了取得网民的信任和支持，“屠夫”把自己和女儿的身份证、护照、港澳通行证等私人信息发布在网上，让更多人参与到这起案件中去，让更多人关注，让有钱的出钱，有力的出力，没力的敲敲键盘一起投入。“屠夫”的行动赢得了网民的信任。

（二）热忱

对于博主来说，没有对社会现实问题的高度关注和热情参与，博客要么成为流水账式的个人日志、要么成为吟诗弄月的文采展示，而绝不能成为引领网络舆情的“意见领袖”。个体博客要成为网络舆情的“意见领袖”，必须对社会发展中所暴露出来的问题或网上所引发的议论保持足够的热忱。从当前网络舆情的发展现状来看，真正能够对舆情产生影响并取得一定网络声誉的博客，是与对频繁发生的网络舆情事件的关注分不开的。“屠夫”的一炮走红即是实例。在获悉巴东警方对邓玉娇案情公告之后，“没有工作又不愁吃喝”的“屠夫”和几位网友商议并决定亲自前往事发地，取得邓玉娇及其家属的信任，联系到了北京的律师，甚至见到了当时身在医院的邓玉娇，并第一时间在网上发布了探视邓玉娇的照片。

（三）权威

对网络舆情关注对象的客观、公正与权威的解释与传播，是个体博客

---

① 列宁：《给〈火星报〉编辑部的信》（1902 年），《列宁全集》第 8 卷，人民出版社 1961 年版，第 89 页。

成为“意见领袖”的根本要素，也是推动网络舆情危机得到有效解决的主要途径。从网络舆情传播发展的角度来看，“意见领袖”型博客的这种权威，实质上主要是在现实与网络、网民和当事人、网民与官方之间发挥着沟通交流的“桥梁”作用。只有这一信息沟通渠道的正常畅通，信息传播的有效快捷，才能使网络舆情与社会现实产生良性互动。在邓玉娇案中，“屠夫”扮演了网民和当事人、网民和律师、当事人和律师之间的“桥梁”的角色。正是通过“屠夫”的现场直播式的亲身参与，邓玉娇案的案情也在网民与当地政府的互动中还原了事件的真相，显现了真理的力量！

从邓玉娇案到“昆明小学生卖淫”案，“屠夫”展现的单刀直入的“杀猪式”社会参与方式，虽然生于网络，但也长于现实，预示着当前及今后的网络舆情将面临从网上议论走向网下行动的发展趋势。如何应对这一新特点，对于党和政府来说，都将是一个棘手而又需要迫切解决的现实问题。因此，网络党组织要想实现对舆情的有效引导，就必须立足于自身在网络场阈的特点和优势，通过功能的重建，从一隅走向全域，在“众声喧哗”中成为真正“站在凳子上演讲的人”！

四、手机型网络党组织

手机作为信息网络通讯的个人化终端，不仅“改变了我们每一个人的生活状态，也从根本上改造着我们人类社会的组织形式”[①] 和动员方式。“灵巧的移动抗议行动表明了移动网络技术在如何影响未来的政治运动。传统的状态是，电脑与互联网连接，由坐在角落的单个的个体使用。而移动技术与之不同，它们深深地嵌入了日常生活的背景之中。在商场、咖啡馆，甚至在街道角落，用手机谈话和发短消息已经成为日常社会生活的组成部分，而这是体积大而笨重的电脑所完成不了的。在这个意义上讲，互联网的可移动使用是一种更加突出的社会技术形式。……灵活的抗议民众几乎没有领导，组织形式也常常是暂时性的，但确实拥有自发性和实实在在的人群，还体现了一个团结的、有目标的组织的集体智慧。”[②] 这是因为，“比起有线网络的电脑，基于无线网络的手机媒体对信息的处理更加

① 田青毅、张小琴：《手机：个人移动多媒体》，清华大学出版社 2009 年版，第 1 页。

② ［英］安德鲁·查德威克著，任孟山译：《互联网政治学：国家、公民与新传播技术》，华夏出版社 2010 年版，第 170 页。

及时、迅速，互动性更强。它小巧玲珑的形体优势，使得它比笨重的电脑更易携带和装饰，从而更符合个体的需要。虽然它的受众群从时空上来讲也是广泛和分散的，但以手机号形式出现的受众比起以网址出现的电脑网民更加固定和容易确定，从而将受众与传播者的距离抹掉。它拥有两个相对独立的话语空间，一个是点对点的私人空间，另一个是连接互联网形成的点对面的公共空间，而‘一网打尽’的互联网只有一个互联网空间，里面的各种话语割据空间而立。手机媒体人性化传播的特点代表着未来新媒体的发展方向”①。据第 41 次中国互联网络发展状况统计数据显示，截至 2017 年 12 月，中国手机网民规模达 7.53 亿，通过台式电脑和笔记本电脑接入互联网的比例分别为 53.0% 和 35.8%。其中，手机上网率为 97.5%，平板电脑上网使用率为 27.1%。② 可见，随着手机的广泛普及以及手机媒体功能性的拓展，特别是手机—微博的功能复合，将使“个体得以拥有前所未有的资源调动能力和行为能力，将动员诉求进行跨越时空和地域的传播，以极小的成本将动员信息达致大众，让互不相识、互不协调的群体基于对某种事实的认识，进行协调和合作，实现‘微力量’的聚合”③。因此，注重开发手机型网络党组织，通过手机短信功能的作用发挥，在相当程度上可以弥补会场式组织教育的不足，并以日常化的表现形式提高组织教育的渗透力。

从当前实际情况来看，开发手机短信功能可以成为推进手机型网络党组织的一个切实可行的举措。短信作为一种时尚的网络文化，以其清新、高雅、活泼、奋发的形象，深受社会民众的喜爱。当前，随着我国网络建设的全面展开和飞速发展，积极开发党建短信在思想引导、信息传播、知识普及、游戏娱乐、舆论引导、阅读欣赏和问候提示等七大方面的思想政治教育功能，将短信与网络相结合，着力打造党建网络短信平台，在拓展和延伸了传统思想政治工作内涵的同时，对增强思想政治工作的针对性、时政性、知识性、趣味性，对提升思想政治工作的认知力、鉴赏力和亲和力具有极其重要的推动作用。具体来说，主要表现为七个方面。

---

① 匡文波：《手机媒体：新媒体中的新革命》，华夏出版社 2010 年版，第 26 页。

② 《第 41 次中国互联网络发展状况统计报告（2018）》，http://www.cnnic.net.cn/hlwfzyj/hlwxzbg/hlwtjbg/201801/P020180131509544165973.pdf。

③ 喻国明等：《微博：一种新传播形态的考察：影响力模型和社会性应用》，人民日报出版社 2011 年版，第 25 页。

（一）思想引导功能

党建短信是一种以短信为形式，以网络为介质，以网络互动为教育方法的网络思想政治工作表现形式。其以网络为平台的特质，决定了这一思想政治工作形式在尊重和保护受教育者的心理隐私方面能够起到传统思想政治工作所无法起到的心理暗示作用，既在客观上适应了网络时代网民所共同遵循的网络潜规则，给予深受网络影响的广大党员一种熟悉感和亲切感，从而在形式上能够被广大党员所接受和认同。而且，党建短信以“键对键”的教育形式代替了传统思想政治工作中“面对面”的教育形式，能够有效舒缓受教育者在接受教育时所带来的心理压迫感和紧张感，使思想政治工作实施者能够在整理、归类和分析受教育者情况的基础上，因人而异地制定不同的施教内容，采取不同的教育方法，从而很好地将思想政治工作中的一般教育与特殊教育、整体教育与层次教育结合起来，有效增强了思想政治工作的针对性。

（二）信息传播功能

在基层党组织中进行时政性教育既是党的思想政治工作的主要内容，又是思想政治工作的重要功能。但是，基层情况的特殊性却在实践中制约了这一功能的发挥，从而使时政性内涵不能很好地得到体现和落实。这些问题具体体现为：一是兴趣不大。基层党组织由于人员分散、资源不足，导致党员群众对时政教育兴趣不大，常常是“身在曹营心在汉”，人是到会场了，可心思却已神游八荒之外，时政教育学习往往走样成为党员群众借机休息打盹的“神仙会”。二是内容简单。基层教育资源比较缺乏，党支部书记备课时间相当紧张，往往是需要花很长时间备课的内容只能利用晚上休息时间匆匆完成，教育内容比较简单。三是形式呆板。基层党组织的时政教育往往就是一张报纸一杯茶，一人朗读众人听，不能有效激发党员群众的学习欲望。要改变思想政治工作中存在的这一现状，可以充分利用电脑、手机等通讯工具，在对网络思想政治工作进行一番探索研究之后，通过着力打造党建短信平台，充分发挥短信的信息传播功能来激发广大基层党员群众的学习兴趣，从而使传统思想政治工作中时政性教育内容与形式的不足有明显改善。首先，形式明快活泼。党建短信以其轻松、明快、便捷的信息传播特征，一改传统媒体在涉及宣传党、国家的改革、建设和发展的路线、方针、政策、理论、决策、成果等重大时政要闻时的庄重、严肃，以党员群众喜闻乐见的短信形式，采用滚动播报的传播方式，使广大基层党员群众在上网之余能够时时关注、处处查找，做到了上网娱乐与了解时政信息两不误。其次，内容丰富多彩。党建短信平台的打造，不仅在形式上赢得了党员群众的喜爱，而且在内容上提供了分门别类的时政教育资源，极大地方便了基层党支部书记的备课试教，既节省了时间，提高了授课质量，教育效果又比较明显。

（三）知识普及功能

传授科学文化知识，培养具有良好政治素养的合格党员，这是党的思想政治工作知识性的重要体现。通过打造党建短信平台，将科学理论知识、高科技知识以及政治、军事、经济、历史、天文、地理等自然科学和社会科学的知识，党章、党纪、党规等党员应知应会的内容，分门别类地进行汇集整理，建立信息库，采用学习要点的形式，用短信定期发送给党员，让他们了解掌握相关学科的知识，充实业余生活，既弥补了基层党组织资源不足的缺陷，又能够使党员群众在克服人手一张纸的阅读疲劳中，达到强化记忆、熟练掌握的目的，不断提高科学文化水平，从而使思想政治工作的知识性内涵在网络这一新的平台上得到扩容。

（四）游戏娱乐功能

如何在大众娱乐消费时代把握党员群众的思想需求，寻求施教者与受众之间的思想兴奋点，是思想政治工作趣味性内涵的时代新要求。即思想政治工作必须正确对待党员，特别是青年党员追求快乐的心理需求。青年党员大都深受消费时代各种娱乐制造的浸染，耳濡目染之下对于时下流行的大众文化多有涉足，颇为精通。在入党之后，由于组织严格的纪律约束，一方面很容易使青年党员产生巨大的心理落差，另一方面按部就班的日常工作也很容易使青年党员形成心理疲劳。在这种双重消极心理作用下，如果思想政治工作者忽视社会环境影响和个人心理需求，在追求快乐已经成为青年人生活目的之时，一味单纯地将之斥责为腐化堕落、灯红酒绿，不仅不能收到应有的教育效果，反而会使青年党员产生逆反排斥心理。因此，正确的做法应该是努力增强思想政治工作的趣味性，从兴趣中引导，从需求中满足，从快乐中体验，通过有形、有情、有趣的多样式活动，使思想政治工作春风化雨般地渗透到青年党员的思想中去，打开青年党员的精神生活天地，在体验快乐的同时，不知不觉地受到感染和熏陶。党建短信平台的开办，通过开发符合青年党员特点、适合青年党员年龄阶段的党建短信游戏，如互动猜谜、成语接龙、巧对下句、接歇后语、续写短信故事等，让青年党员在短信游戏的同时愉悦身心、陶冶情操、增长知识。另外，充分利用网络技术的成熟发展，在短信中插入图片、动画、音乐等元素，达到声、色、像俱全，平面、立体、动感结合，使基层党员群众能够在快乐的视听享受中得到精神满足，充分感受思想政治工作强劲动感的时代气息！

（五）舆论引导功能

当代社会、政治、经济、文化的迅猛发展，社会公众价值观的多元变化，使人们在价值评判上体现出了更具个性化、现实化、趋利化的特点。广大党员不是生活在真空之中，在市场经济已经成为新时期思想政治工作热难点问题的大背景之下，思想政治工作应该如何应对市场经济潜规则带来的种种不利影响，如何开展正确的舆论引导来消除灰色论调给党员思想带来的消极影响已经成为提升思想政治工作认知力的迫切需要。是授人以鱼，还是授人以渔？结论自是与其让党员群众成为享受现成教育成果的临渊羡鱼者，不如将其培养成为能够独立思考的退而结网者；与其成为他们前进的拐杖，不如擦亮他们的双眼，依靠自己，走出人生的坚实之路。因此，思想政治工作必须要把握受众的思想动态和脉搏，在多元之中有主导，在多样之中有选择，在多变之中有主见。通过搭建党建短信平台，组织专人及时调查了解、收集整理党员群众对于一个时期国内外、党内外一些重大事件的看法，针对某些偏见和误解，进行适时而准确的引导，帮助党员群众提高认识问题的能力；针对社会上的各种不负责任的传言，敌对分子制造的反动信息，以及少数别有用心者制造传播的小道消息，通过及时发布正确信息，以正视听，减少不良信息对广大党员的影响，提升广大党员明辨是非的认知力，进一步坚定正确的政治立场。

（六）阅读欣赏功能

古人云：人之初，性本善，性相近，习相远。良好的环境对于一个人的心理成长、性格塑造具有极其重要的作用。广大青年党员在入党之初具有极强的可塑性。用美好的事物培养青年党员健康的心理欲求，高尚的精神追求，是思想政治工作鉴赏力的目的所在。通过适时开发党建短信的阅读欣赏功能，选择适合青年党员阅读的社会短信图书，或通过举办征文活动，鼓励党员群众自创等方式，建立贴近时代、贴近生活、贴近工作、贴近青年的优秀党建短信小说、党员励志故事、幽默小品等党建短信文学作品库，以点播阅读的方式，发送给党员群众欣赏。配合阅读欣赏，积极开展短信文学评论活动，以网络短信的形式谈体会、话感受，增强青年党员的审美能力和欣赏水平。

（七）问候提示功能

大音希声，大象无形。思想政治工作的亲和力就是要营造一种施教者与受众之间的和谐心理氛围，使受众能够在施教者潜移默化的影响之下接受教育，并最终将其转化成为自己日常生活的行为规范。党建短信由于其内容来源于基层党员群众的日常生活，对党员群众的喜怒哀乐、兴趣爱好、所思所想等都了如指掌，具有极强的情感感染力，而以短信的方式向党员群众传递问候和祝福，又为广大基层党员所喜爱。所以，作为一种情感表达方式和心理沟通渠道，发挥党建短信的问候提示功能，对提升思想政治工作亲和力具有重要作用。比如每逢重大节日，通过祝福短信及时送上党的关怀，增进党组织和党员间的情感沟通，增强党员的组织归属感。

五、平台型网络党组织

平台型网络党组织的出现得益于大数据支撑下的网络平台的广泛运用。通过网络平台强大的“链”接功能，实现网络党组织的功能整合，促进网络党组织力量的整体提升。就当前平台型网络党组织的类型而言，主要有入驻类平台型网络党组织和自建类平台型网络党组织两种组织形式。

（一）入驻类平台型网络党组织

入驻类平台型网络党组织，主要是指入驻商业性质网络平台（如微信、微博等），借助其强大的网络辐射能力，实现党组织的网络传播和组织活动开展。应该说，这是目前平台型网络党组织的主要形式。以河北省委共产党员杂志社主办的“河北党网发布”（微信号 hebgcdy）微信平台定期发布的全国党建微信影响力排行榜为例，就可以看出各级党组织利用微信平台进行政治传播和组织的影响力。

截至 2018 年 5 月 14 日 12 时整，“河北党网发布”微信平台发布的全国党建微信影响力排行榜如下①：

---

① 数据来源：https：//mp. weixin. qq. com/s？ _ _ biz = MjM5MTAwMTc5Nw = = &mid = 2650586565&idx = 6&sn = 61156c3d1cb53973d3307f16b56ed5ea&chksm = beb4206f89c3a9795928f1b6046c3ae4bf5e01c7a36d240437179849f950b341b7a1b3a6fb18&mp-share = 1&scene = 1&srcid = 0718HFpyfPv9lDxLp4XkZu9h#rd。

#	公众号		总阅读数	头条	平均
①	共产党员	gcdyweixin	373万+	102万+	58,336
②	江西组工微讯	jxswzzb	52万+	49万+	20,045
③	党建网微平台	zxbdjw	38万+	11万+	13,655
④	陕西先锋	SXSWZZBWX	35万+	33万+	11,984
⑤	云岭先锋	YNCPC-YLXF01	41万+	20万+	7,396
⑥	安徽先锋网	ahxfwx	28万+	25万+	10,124
⑦	红色扎西	ztdangjian	19万+	80,570	7,271
⑧	江苏先锋	jsxf2013	15万+	11万+	5,506
⑨	红船领航	Hclh-jxswzzb	19万+	7,492	9,055
⑩	铜仁组工	trswzzb	13万+	11万+	4,368
⑪	学习微平台	cpcnews	14万+	64,926	5,608
⑫	张家口发布	zjkfabu	13万+	91,951	3,805
⑬	南方杂志	nanfangzazhi	11万+	73,399	1,999
⑭	党建视点	wwwscdjw	11万+	84,223	2,468
⑮	五星党建	jxycdj	10万+	73,082	5,571
⑯	当代先锋网	chinacpc	10万+	35,495	1,561
⑰	天汉先锋	hzszzb	90,916	45,111	1,894

⑱	北京长城网 bjcc_wx	81,128	54,421	2,458
⑲	巨鹿发布 julufabu6178	74,213	50,760	4,122
⑳	连云港党建云 jslygdjy	75,939	42,079	2,052
㉑	重庆党员教育 cqdyjyzx	72,090	35,671	2,883
㉒	紫光阁微平台 zggnews	67,503	31,634	2,250
㉓	闽西党旗红 mxdqh0597	62,243	30,013	2,593
㉔	博野快讯 boyekuaixun	62,958	35,589	1,701
㉕	鹿泉党员 luquandangyuan	57,865	41,187	2,314
㉖	上海基层党建 shjcdj	59,115	24,578	2,273
㉗	昆仑网 xjdjwang	51,157	18,884	1,044
㉘	伊春党建 ycdjwx	34,220	10,664	834
㉙	黑龙江党的生活 ddsh1959	34,486	19,171	1,567
㉚	统战新语 tongzhanxinyu	26,857	26,857	2,685
㉛	河南两学一做 hnlxyz	28,979	11,633	2,414
㉜	长沙党建 csdj0731	30,624	14,867	1,020
㉝	党员生活 dyshwx	25,236	19,098	1,484
㉞	大理先锋 dalixianfeng	21,528	17,143	978
㉟	漯河沙澧先锋 luoheweizugong	21,474	6,072	858

㊱	青城先锋 qcxfweixin	21,599	5,531	526
㊲	芜湖先锋 wuhuxianfeng	15,342	9,570	1,180
㊳	阳光频道 zhdyzx2014	18,490	4,119	739
㊴	石家庄党建微平台 gh_58e920a259b3	16,717	6,490	928
㊵	龙津党旗红 ljdqh3296966	13,750	10,542	1,718
㊶	黔南党建 qndjwx	16,469	8,028	658
㊷	鄂尔多斯党员教育... ordosdyjy	15,513	8,751	574
㊸	南京党建 nanjingdangjian	14,171	8,601	566
㊹	芒市先锋 zgmswzzb	14,391	7,923	625
㊺	衡水发布 hengshuifabu	13,998	6,334	538
㊻	浦东党建 pddjwx	11,712	7,126	780
㊼	红韵海州 hongyunhaizhou	12,271	5,824	533
㊽	小马先锋 xmxf_wx	12,996	4,974	419
㊾	严实莞家 dongguanzuzhi	10,212	2,204	1,134
㊿	邢台党建 xtdangjian	10,386	4,071	798
51	河北党员教育 hebeidangyuan...	9,387	7,119	426
52	南方先锋号 nanfangxianfen...	10,392	4,798	611
53	非公有制企业党建 DangJianFeiGQ	8,652	6,515	721

54	内丘发布 nqfbxcb	11,231	3,394	362
55	佳木斯市向阳区党… jmsxyqzzb	6,636	6,143	603
56	长沙县党建O2O csxdywx	9,006	1,783	375
57	梁野党旗红 liangyedqh	8,958	4,118	389
58	临沂党建 lydjweixin	7,426	4,088	1,060
59	巴彦淖尔党建 bynrdj	9,391	4,996	408
60	祁东党建 qddyjy	8,403	3,739	190
61	鸡东先锋 jdxwzzb	7,068	2,195	307
62	大方党建 dafangdj	7,765	2,759	408
63	邢台桥东宣传部 gh_15b04cf71c91	8,311	3,073	296
64	宣城先锋 xcxfweixin	6,397	4,158	399
65	当代广西 ddgxzz	6,531	5,240	343
66	漳平党旗红 zpszzb	7,784	2,596	288
67	犁城先锋 lichengxianfeng	6,415	4,329	427
68	印象张夏 yinxiangzhangxia	6,731	3,661	448
69	北京机关党建 bjjgdj2016	5,967	2,551	426
70	觅事吧 jqxianfeng	5,912	2,358	281
71	知新党教 nb89182048	5,241	3,258	476

⑫	德江微组工 djxzzb	6,161	1,982	267
⑬	江津党课众筹 gh_392e8eabdd...	4,065	4,065	1,016
⑭	巨鹿组工 juluzugong6170	5,537	3,550	212
⑮	永川党建 yongchuandan...	5,165	3,555	224
⑯	神华乌海能源党建 shwhnydjwx	4,424	3,673	316
⑰	玉溪党风廉政 yxdflz	5,092	1,285	195
⑱	益阳党建 gh_9b4f7b495e4d	3,896	2,707	389
⑲	思南微党建 Sinanweidangjian	4,474	1,911	178
⑳	顺义组工 shyzzb	3,809	1,144	423
㉑	濮阳党建 pyzgwx	3,953	716	247
㉒	生态党建微长汀 stdjwct6831320	4,233	639	176
㉓	石阡党建 sqxdjb	4,031	165	268
㉔	清风婺源 fengqingwuyuan	3,362	2,734	210
㉕	大连党建 DalianParty	2,798	2,038	699
㉖	忠县组工 zxxwzzb	3,700	1,942	160
㉗	活力海南 whhn2014	3,872	1,100	143
㉘	晋中组工 jzzzgz	3,393	1,481	169
㉙	寿光党建 Sgzzb2014	3,305	1,344	143

⑨⓪	宁津党建 ningjindangjian	2,761	1,076	276
⑨①	火红的党旗 hhd_dq	3,128	1,600	104
⑨②	宾川红e bcxwzzbweixin	2,752	1,371	229
⑨③	威海党建 weihaidangjian	2,461	895	205
⑨④	志丹党建 zdxwzzb	3,072	920	128
⑨⑤	柏乡党建 gh_a85ae4913cd9	2,739	628	152
⑨⑥	平谷组工 Pinggu_zugong	2,332	1,395	179
⑨⑦	罗江党建 gh_14e3d541d9fb	2,573	1,300	122
⑨⑧	马鞍山组工 maanshanzugo...	1,949	1,769	243
⑨⑨	苍南组工 gh_6c9e0db0c309	1,874	852	117
100	内丘党建 neiqiudangjian	2,053	282	128

（二）自建类平台型网络党组织

自建类平台型网络党组织是平台型网络党组织的另外一种组织形式。自建类平台型网络党组织主要依托自有党建大数据平台，通过邀请其省市党组织和自媒体入驻的方式，发挥全国党建网络一盘棋的整体功效。

目前来看，自建类平台型网络党组织主要有中共中央和国家机关工作委员会的“党建云平台”和中国共产党新闻网的“全国党建云平台”（“人民党建云平台”是其升级版党建平台）。

第三节　网络党组织的特征

以互联网为核心的信息网络技术的飞速发展与广泛运用，使网络虚拟空间成为政党建设的新场阈，更对传统党建的行为主客体、组织教育内容与形式以及教育方法等提出了新要求。“互联网在日常生活中的应用是给定的社会关系中网络社会的传播、形式和文化特征的理想指示器。以互联网为媒介的社会结构、社会行为和意义建构的相互影响，体现了社会变革的过程，这种变革是技术、文化和社会相互作用的结果。”[①] 网络党组织作为在网络空间实施党的活动的行为主体，其角色特征与传统组织主体的角色特征具有明显区别。可以说，网络党组织的角色是一种适应于网络环境特征的“五位一体”角色集合，表现为：政党的“代言者”、网络的“志愿者”、市场的“竞争者”、规则的“服从者”和技术的“失控者”等五种角色特征。

一、政党的“代言者”

作为现实政治生活中政党在网络环境的延伸，网络党组织的突出特点就是：网络党组织是政党在网络世界中形象展示的“代言者”。这一“代言者”的角色包含这样两层意思：

（一）政党的政策主张

与现实生活中的党组织建设相比，网络党组织建设是其在网络世界的“镜像反映”。网络党组织建设的目标、观点和内容不是由自己决定的，从根本上来说是由党在一定时期的目标任务形势所决定的。可以说，网络党组织建设不是另起炉灶，而是对现实党组织建设的有力补充，对现实党的组织功能的工具性延伸。

（二）政党的社会沟通

与网络世界中纷杂的网络声音相比，网络党组织建设又是适应于网络环境而形成的一个具有自身特点的新的领域。这个领域由于是在网络环境中生长起来的，其内在特点与规律往往会与现实政党的教育功能的发挥具有明显的差别。显著突出即表现为由于网络技术的开放平等特质所带来的教育的态度、方式和话语上的新要求。主要体现为：

从态度上看，网络自媒体的内在本质改变了传统受众和媒介的关系，完全打破了两者之间的区隔。“信息技术影响着我们的工作方式、工作方向、我们如何与他人取得联系、我们的联系对象、我们如何做出决定以及

① ［美］曼纽尔·卡斯特著，周凯译：《网络社会——跨文化的视角》，社会科学文献出版社2009年版，第256页。

我们进行决策时所依据的信息。”① 依靠新媒体技术，作为个体的受众已不仅是被动享受媒介提供传播内容的接受者，更是传媒资源和内容的提供者、制造者和传播者。这种意见主体的自由分散性，使得网络党组织必须以平等的态度作为双方对话交流的基石。

从方式上来看，网络传播的散点交流特性体现的是一种双向互动交流方式。交流各方根据议题的设定，通过共同的探讨，在思想的碰撞交锋之中达到共识，从而促进某一主张或思想的广泛传播。作为一种开放式的信息技术，互联网“允许广泛参与，该特性简称为‘多对多’。不同于传递信息的其他媒体——例如，电视和报纸，因特网允许用户对现在的信息进行反应并允许他们以廉价费用生成自己的资料信息，如果他们具备这些技能并有必要这样做的话。因特网‘多对多’特性是它关键的人文特色之一”②。在这一交流模式中，摒除了现实因素的影响，没有谁能够真正成为传播的主体。网络党组织只有牢牢遵循这一交流特点，才能在教育实施中真正把准群众的脉搏，听到群众的心声。

从话语上看，网络党组织建设的语言必须适应网络生存环境，为广大网民所接受的语言形式，必须突出语言的“精、实、平、快”等特点。具体来说，语言的“精”，即是指表达要言简意赅，直指本意；语言的“实”，即是指说话要言之有物，不要虚言粉饰；语言的“平”，即是指要大众化的“土气”，不要官僚化的“官气”；语言的“快”，即是指针对形势变化要快捷，不要犹豫迟钝丧失时机。

因此，网络党组织建设作为政党在网络虚拟空间思想领域的重要组成，只有准确把握网络党组织建设的特征，不断探索适应网络虚拟环境的新规律，才能真正使党的路线方针政策深入民心，才能使网络党组织真正成为党在网络空间的“代言者”！

二、网络的“志愿者”

网络党组织要具备“网络的志愿者”的角色特征，是由网络虚拟空间的选择自由性与身份不确定性两个内在因素决定的。

---

① ［美］曼纽尔·卡斯特著，周凯译：《网络社会——跨文化的视角》，社会科学文献出版社2009年版，第350页。

② ［美］曼纽尔·卡斯特著，周凯译：《网络社会——跨文化的视角》，社会科学文献出版社2009年版，第351页。

（一）主体选择的自由性

网络虚拟空间作为一个开放性场阈，每一个人都有选择进出的自主权利。应该说，个体选择的自由性是由网络本身的内在技术特点决定的。“互联网是一项自由的技术。它允许绕过制度上的控制来建立以自己为导向的平等交流网络。它同样允许重新获得信息以及在有目的的社会活动服务中应用技术重组。”① 作为一个新的公共领域，网络的最大特点就是开放性。英国学者诺顿指出：“开放性是互联网的核心。开放性是互联网最大的力量所在，也是其力量之源泉。它是令人惊奇的复杂系统能够得以如此之好的原因。”② 网络的开放性，决定了主体选择权的自由——用户进出网络的选择自由。只要具备一定的技术条件，只要用户愿意上网，那么他就可以成为网络的一分子；如果用户不愿意，那么，他就可以随时退出网络。网络作为党的建设的一个新领域，是有别于现实生活的。在现实生活中，中国共产党作为执政党可以依据国家法律，依托分布于全国的党组织来实现对国家和社会的意识形态领导。这种实现方式，在相当程度上表现为一种可控性和强制性。而在网络环境中，网络的开放性既决定了主体选择的自由，也决定了主体身份的平等。党组织和亿万网民一样，只是网络汪洋大海中的一分子。对于网络，你可以选择进入，也可以选择不进入。因此，开展网络党建，首先要实现身份转变，树立网络“志愿者”的角色。

（二）主体身份的不确定性

网络党组织建设的行为过程是在主客体未加确定的关系中进行的。这种由个体选择的自由性带来的个体身份的不确定性，给网络党组织建设带来的最大挑战就是组织对象的流动性与模糊性。从组织对象的流动性方面来讲，网络空间环境中个体选择的自由性，给网络党组织建设带来的一大挑战就是组织对象的流动性。在现实环境中，党组织建设的实施是在固定单位、固定组织、固定场所等范围内进行的。不管组织建设的内容形式如何，组织客体都必须以一种极其显著的“身体在场”的物理特征来展示组织的主客体关系。但是，在网络虚拟空间环境中，由于单位、组织、场所

---

① ［美］曼纽尔·卡斯特著，周凯译：《网络社会——跨文化的视角》，社会科学文献出版社 2009 年版，第 268 页。

② ［英］诺顿著，朱萍等译：《互联网：从神话到现实》，江苏人民出版社 2000 年版，第 271 页。

等现实党组织建设所要求的物理基础不复存在，使得组织对象“身体在场”的强制性物理特征逐步淡化，从而瓦解了党组织建设的主客体关系。从组织对象的模糊性来讲，由于网络空间的开放性、匿名性，以及个体选择的自由性，给网络党组织建设带来的另一大挑战就是组织对象的模糊性，从而使党组织建设的主客体关系发生了深刻变化。这种变化体现为：一是主客体关系中组织客体角色的模糊化。由于现实党组织建设是在固定的时空关系中进行的，党组织建设的客体具有明确的社会身份证明。而在网络虚拟空间，这种身份的确定性由于匿名性等网络技术特点的存在而被模糊化所代替，从而导致网络党组织建设中组织客体的不确定性成为一种常态。二是主客体关系中主体和客体角色的模糊化。由于现实党组织建设从本质上来讲是一种组织行为，带有强烈的自上而下、单向灌输的等级特点，所以组织的主体和客体的角色定位是固定的，组织主体是实施者，组织客体是被动者。但是，网络空间的开放性、平等性的技术特质，使得网络空间的党组织建设行为的主客体发生了变化。通过网络信息共享以及群体共谋，组织客体可能比组织主体掌握更多的信息资源和及时同步的智力支撑，从而在主客体关系中就可能发生话语权的转移，现实党组织建设中固定的主客体关系被打破了，取而代之的则是主客体的角色模糊化以及由此而产生的新的“网络意见领袖”。

因此，要想重新确定起一种适应网络环境的党组织主客体关系，首先就需要网络党组织树立“志愿者”的角色定位，用主动而非强制的方法来吸引网民，以达到党组织建设中主客体身份共鸣。

三、市场的“竞争者”

网络党组织要具备“市场的竞争者”的角色特征，主要取决于两个方面的原因：一是网络生存的经济性特征；二是网络声音的纷杂性特征。

（一）网络生存的经济性

从网络生存的经济性要求来看，首先应该承认的是，网络构成了信息时代的物质基础，特别是随着互联网对社会生活的影响越来越深入，其内在的经济特性也越来越凸显出来。丹·希勒认为，“‘依据一套经济原则建立起来的因特网’已开始向‘另一套经济原则转变’。在扩张性市场逻辑的影响下，因特网正在带动政治经济向所谓的数字资本主义转变”[①]。作为网络世界首要服务项目就是“商业在线服务”[②]。而“随着赛博空间功能的日益强大，其应用范围也在不断扩展，商业潜力更是日趋增长，这使得目前的市场再也无法漠视赛博空间的存在”[③]。对于网络世界来说，受众点击的数量多寡，是组织生存的关键。没有受众的广泛参与，一个组织根本无法在网络环境中生存壮大起来。以党建类网站为平台的网络思想政治教育要想在网络虚拟空间场阈中生存发展，必须学会在网络世界中的生存之道。那么，其生存之道又在哪里呢？笔者以为，在于“竞争”。从一定程度上讲，网络是一种眼球经济。争夺眼球，是网络环境中各种组织的生存之道、经济之道。只有树立竞争的意识，才能吸引更多的受众参与。那么，应该如何竞争呢？笔者以为，必须放下身段，学会“销售”。要针对销售对象的具体情况，把握其心理需求，为其量身制作合适产品。因此，网络党组织要想在竞争激烈的网络世界中生存发展，必须树立积极进取的“竞争意识”。

（二）网络声音的纷杂性

从网络声音的纷杂性特征来看，互联网时代是一个“一人一媒体”的时代，其特征就是消灭了传播中心，使传播者可以成为散点的交流。每一个人都有可能成为信息交流的主体。“网络是一个充满声音的世界，是有人情味的声音的国度。你的声音并不只是从嘴里发出的声响，它也是你通过言谈、文字、着装、肢体语言、礼仪的方式来向公众展示自己——实际上就是你的全部所作所为。网络使得沟通和发表变得如此简单，从而解放了声音。”[④] 可以说，网络虚拟空间的发展，使得网民个体的意见表达变得更加便捷、更加具有扩散性，也使得网络声音更加纷繁复杂，呈现出众声喧哗的现象。

这一现象的出现，颠覆了现实党组织建设中的潜性规则要求，即组织

---

① ［美］丹·希勒著，杨立平译：《数字资本主义》，江西人民出版社2001年版，第15—16页。

② ［美］爱德华·A. 卡瓦佐、加斐诺·莫林著，王月瑞译：《赛博空间和法律：网上生活的权利和义务》，江西教育出版社1999年版，第3页。

③ ［美］爱德华·A. 卡瓦佐、加斐诺·莫林著，王月瑞译：《赛博空间和法律：网上生活的权利和义务》，江西教育出版社1999年版，第12页。

④ ［美］里克·莱文、克里斯托弗·洛克、道克·希尔斯、戴维·温伯格著，江唐、丁康吉译：《线车宣言：互联网的95条军规》，中国青年出版社2010年版，第222页。

成员的态度、观点必须按自上而下的科层体制为依据，表明那种依靠传统媒介就可以有效控制信息源的方法来进行实施组织建设，已经无法适应网络世界的形势需要。因此，必须树立网络世界中新的权力权威的新观念。曼纽尔·卡斯特指出："网络社会的特点是：统治动态与反统治动态都依赖于网络的形成以及进攻和防守的网络战略。事实上，这与以前的社会类型所带来的历史经验是一致的，例如工业社会。工厂以及大型纵向组织的工业化公司是工业资产阶级和劳动力运动发展的物质基础。当今社会，计算机网络对于全球金融市场、跨国生产系统、触及全球的'智能'武装力量、反恐怖主义网络以及为更美好的世界而奋斗的网络社会运动，发挥着相同的功能。所有这些目的在于通过向媒体网络的决定性转变来赢得他们的支持者和目标群体。在网络社会权力得到重新定义，但是它没有消失。"①

因此，网络党组织要在具有强烈经济特质、网络意见"众声喧哗"的新形势下实现对网络舆情的话语主导权，必须树立市场意识，努力做一个积极的"竞争者"。

四、规则的"服从者"

网络党组织作为网络生存的"规则服从者"，既是由互联网的内在特质决定，又是由自身的角色定位决定的。

（一）网络管理的内在性

从互联网管理的内在特质来看，互联网的发展，"不仅对现存的尚未互联网化的制度形式产生了影响，互联网也创造出了新的规则、标准、程序和社会目标。换言之，互联网自身是制度创新的源泉，而且，它创造了属于自己的一些新制度"，这些标准和协议就被有意识地设计、采纳和完善，"这种发展在历史上对所有在某一领域和技术能力方面有所贡献者开放。一旦被采纳，这些标准和协议会在公共领域中加以公开和保持，这使得无论是公司还是国家等单一实体，很难对互联网如何使用以及为何目的使用施加决定性控制。在技术意义上讲，这就是互联网"②。因此，对于互

---

① ［美］曼纽尔·卡斯特著，周凯译：《网络社会——跨文化的视角》，社会科学文献出版社2009年版，第40页。

② ［英］安德鲁·查德威克著，任孟山译：《互联网政治学：国家、公民与新传播技术》，华夏出版社2010年版，第4—5页。

联网的发展，各国政府采取的是积极发展、积极管理的政策。比如，美国参议院于1995年6月通过了《传播净化法案》。新加坡政府则规定，新加坡的三家ISP（网络服务供应商）和拥有网址的政党、宗教团体和个人都必须在新加坡广播局注册并接受其管理。从2002年到2003年，我国政府及相关部门相继制定并颁布了《互联网信息服务管理办法》（国务院第292号令）、《互联网站从事登载新闻业务管理暂行规定》（2000年11月7日国务院新闻办、信息产业部）、《新闻网站电子公告服务管理暂行办法》（2002年6月13日国务院新闻办）。正是从这一意义上讲，网络党组织只能作为网络生存的"规则服从者"而存在，不能因为网络声音的纷繁复杂而企图借助于政府的强制行为，将人民隔绝于网络之外。

（二）网络党组织的治理角色

从网络党组织的角色来看，随着互联网对人类社会生活的深刻改变，以及手机报纸、个人博客、网络视频、网络广播、网络电视、车载电视、楼宇电视等新兴媒体的迅速崛起，人类已经在相当程度上进入数字传播时代，即以新技术和新途径为手段的互动交流时代。"因特网的附加值在于它的互动性和自治通信的能力。基于对消息的控制和对访问代表和管理机构进行看管的政治体系，不可能最大限度地利用媒体的潜力。另一方面，一种政治过程越多地依赖于市民自治，因特网作为政治运动和政治影响的媒介作用就越大。"[①] 要想以完全的技术手段实现网络控制，特别是网络舆情控制已经成为不可能。在现实生活中，政党可以通过对传统媒介的管控实现舆论的一律。但是，在"一人一媒体"的互动交流时代，每个人都可以自我为中心，通过BBS论坛、留言版或者自建站点匿名发布言论，而不会向传统媒体那样会考虑发布言论的真实性及其社会影响。网络党组织建设面临的就是这一以技术上的不可控为特征的新环境。这一新环境要求作为规则的服从者——网络党组织在维护网络秩序的作用上只能定位为倡导、示范、监督，积极配合政府的网络秩序管理。

因此，对于网络党组织而言，其角色定位应该是网络环境中规则的"服从者"、秩序维护的"志愿者"，而不是网络环境的"仲裁者"。

---

① ［美］曼纽尔·卡斯特著，周凯译：《网络社会——跨文化的视角》，社会科学文献出版社2009年版，第405页。

五、技术的“失控者”

从传播学视野来看，人类传播可以分为三个阶段：人际传播时代、大众传播时代和数字内容与权力受众的时代。随着互联网对人类社会生活的深刻改变，以及手机报纸、个人博客、网络视频、网络广播、网络电视、车载电视、楼宇电视等新兴媒体的迅速崛起，人类已经在相当程度上进入数字传播时代，即以新技术和新途径为手段的互动交流时代。

（一）网络的群体需求

不同的群体有着不同的网络需求。“官僚政治家倾向于将因特网用作单向通信的布告板。愤愤不平的人和利己主义者利用因特网嘲弄政治家，并呼吁反对派表达另外的政治价值观。相反地，一位积极的公民可能在因特网中找到少量的被大众媒体和政治机构忽略的交流信息，网络自身有它的集体自治权。因特网对政治的真实影响以及对民主质量的影响，已经通过观察确定下来，而并非想当然地凭主观决定。”① 而在事实上，“网络并未被任何单一团体所拥有、控制或组织管理，而仅仅只是一种以相互的协议为基础，由国际上相互联系的计算机运作所组成的网络。几个组织，尤其是服务提供者和电讯传播组织促成了网际网络的运作。世界上任何地方的网络都不是属于一种法律上的实体，也不属于任何一套国家的法律或者规约的控制还有国际法的管理”②。

（二）网络的规范要求

因此，要想以完全的技术手段实现网络控制，特别是网络舆情控制已经成为不可能。“控制信息就像力图控制一场谈话：一旦真正控制了谈话，谈话也就变味了。你并不是在发布信息，而是在建厨房、种地。人们徜徉于信息之中，学习在何处寻找重要的东西、虽然不正确但能给人带来启迪的东西、故意与事实不符的东西、有意思的东西、滑稽可笑的东西。”③ 正

---

① ［美］曼纽尔·卡斯特著，周凯译：《网络社会——跨文化的视角》，社会科学文献出版社2009年版，第400页。

② ［荷兰］丹尼斯·麦奎尔著，崔保国、李琨译：《麦奎尔大众传播理论》，清华大学出版社2010年版，第33页。

③ ［美］里克·莱文、克里斯托弗·洛克、道克·希尔斯、戴维·温伯格著，江唐、丁康吉译：《线车宣言：互联网的95条军规》，中国青年出版社2010年版，第215页。

是出于这一考虑，中国共产党第十六届四中全会在《关于加强党的执政能力建设的决定》中，提出了对网络的管理思路：“法律规范、行政监管、行业自律、技术保障相结合”，要求“高度重视互联网等新型传媒对社会舆论的影响，加强互联网宣传队伍建设，形成网上正面舆论的强势”。也就是说，执政党对网络舆情的治理，不得采取简单的“封杀”政策，而要认真研究网络舆情发生发展的特点规律。

因此，作为技术的“失控者”，网络党组织要想发挥自身作用，必须以新的思路，重新定位组织功能。

总之，网络党组织是适应于网络环境特点而形成的一个新组织。这个新组织由于是在网络环境中生长起来的，其组织的内在特点与规律往往会与现实政党功能的发挥具有明显的差别。因此，作为对现实政党的一个虚拟反映，网络党组织的建设必须在基于网络特点的基础上，正确处理好虚拟与现实、网上与网下的关系，才能保证组织功能的有力发挥。

第四章

网络党建的活动平台

党建网站作为网络党建的一个主要表现形式和重要活动平台，是中国共产党在网络空间的重要组织力量。它的建设和发展必须始终与网络党建的整体布局协调发展，必须始终服务服从于网络党建的根本目的——扩大党在网络空间的影响力。可以说，党建网建设的好坏与否，直接关系到网络党建功能的发挥。因此，只有准确把握党建网的基本功能，才能更好地推进网络党建的科学发展。

第一节　党建网基本运行情况的调查

本书以浦东党建网的基本情况作为主要研究案例。经过多年的探索与实践，浦东新区已经初步形成了以浦东党建网为牵引，街（镇）党建网自主实施的两级党建网运行格局。为了准确掌握浦东新区党建网建设、管理和使用的基本情况，我们设计了《浦东新区基层党建网负责人员管理情况调查》和《浦东新区基层党建网支部书记使用情况调查》[①] 两份问卷，以浦东新区所属 38 个街（镇）中有党建网站或党建网页的 32 个街（镇）的网站负责人员和基层党支部书记为调查对象。其中，《浦东新区基层党建网负责人员管理情况调查》发放问卷 32 份，回收 32 份，调查问卷的有效率达 100%；《浦东新区基层党建网支部书记使用情况调查》发放问卷 160 份，回收问卷 160 份，调查问卷的有效率达 100%。通过调查问卷分析，以党建网为主要平台的浦东网络党建，其运行模式主要包含建设、管理和使用三个部分。

一、党建网的建设情况

（一）浦东党建网已建成数量

党建网站是网络党建的主要活动平台。从 2002 年起，浦东新区根据网

① 见附录。

络技术发展给党建带来的新契机，开始着手构建适合本区党建特点的党建网站。2002 年 6 月 28 日，浦东党建网正式开通。随着“南汇区行政区域划入浦东新区”，经浦东新区区委办和组织部研究决定，按照“整合原浦东和南汇两区党建网资源，聚合信息进行统一维护和管理，形成信息规模化、运维一体化、责任一站化”的工作模式，对原新区党务公开专网（试行版）、浦东党建网和南汇党建网，通过整合改扩、建设新版浦东党建网，实现“三网合一”。新版浦东党建网于 2010 年 1 月 28 日正式上线运行。根据调查，截至 2010 年底，除由浦东区委组织主办的浦东党建网外，浦东新区所属 38 个街（镇）中，已有 32 个街（镇）建立了独立的党建网站或在同级政府的政务网中设有党建专栏，占浦东新区街（镇）总数的 84.2%。其中，有 9 家单位拥有自己的党建专网，占 32 家党建网（党建专栏）总数的 28.1%；有 23 家单位是在同级政府的政务网上开辟党建专栏，占总数的 71.9%。

（二）浦东党建网已建成时间

在上述 32 家建设网站（专栏）中，其建成时间的分布是：2002 年建成 1 个，2003 年建成 4 个，2004 年建成 2 个，2005 年建成 6 个，2006 年建成 5 个，2007 年建成 3 个，2008 年建成 4 个，2009 年建成 5 个，2010 年建成 1 个。

二、党建网的管理情况

党建网的管理包括组织、人员和信息管理三个部分。

（一）组织管理

党建网的组织管理主要包括：主管单位和运营方式。

街（镇）党建网的主管单位。从主管单位或创办单位来讲，在 32 个已建成党建网的单位中，各级党委和政府是党建网或党建专栏的主管单位和创办单位。具体来说，由各级党组织（党委、党工委等）负责管理的网站（专栏）有 18 个，占 56.3%；由各级政府（镇政府、街道办公室等）负责的有 14 个，占 43.7%（见下图）。

街（镇）党建网的运营方式。街（镇）党建网的运行方式主要包括三种：自主运营、外包运营（外包给专业的网络公司运营）和混合运营（网站内容自主管理、日常维护网络公司提供）。在已建成的 32 家党建网中，自主管理运营的 19 个，占 59.4%；外包运营的 6 个，占 18.8%；混合运

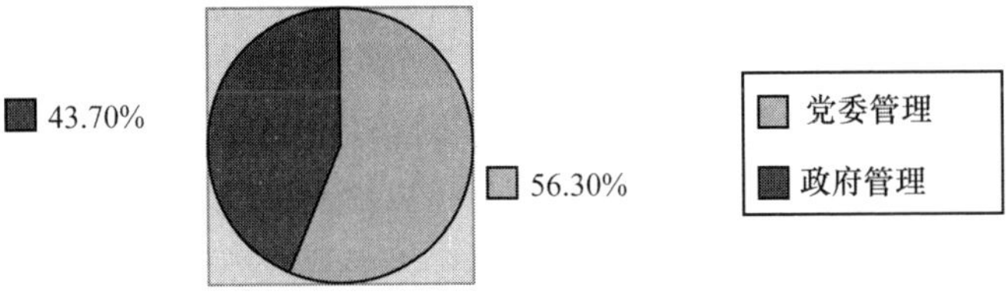

营的7个，占21.8%。不过，不管是自主运营、外包运营还是混合运营，在实际的运营过程中，网站内容主要由各级党委或政府把关负责，这是三种运营方式的一个根本的共同点。见下图：

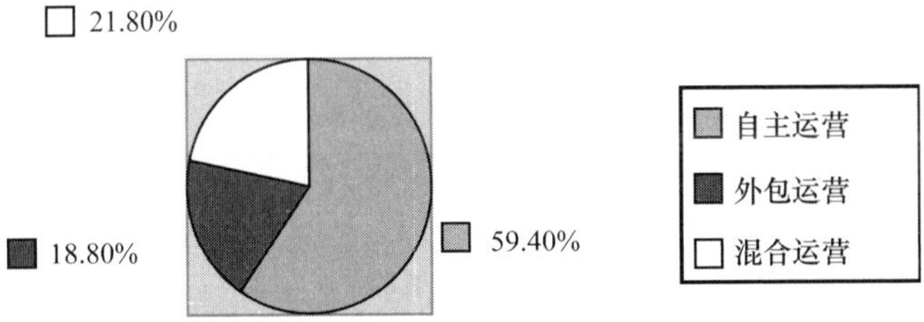

（二）人员管理

党建网的人员管理主要是指信息员队伍的管理。信息员队伍建设是保证党建网健康运营的重要人力保证。

信息员的组成方式。从32个街（镇）党建网的信息员队伍建设情况来看，信息员队伍的组成方式分为三种：临时人员担任、专职人员担任和兼职人员担任。其中，由临时人员担任的单位有1家，占3.1%；由专职人员担任的单位有5家，占15.6%；由兼职人员担任的单位有26家，占81.3%。见下图：

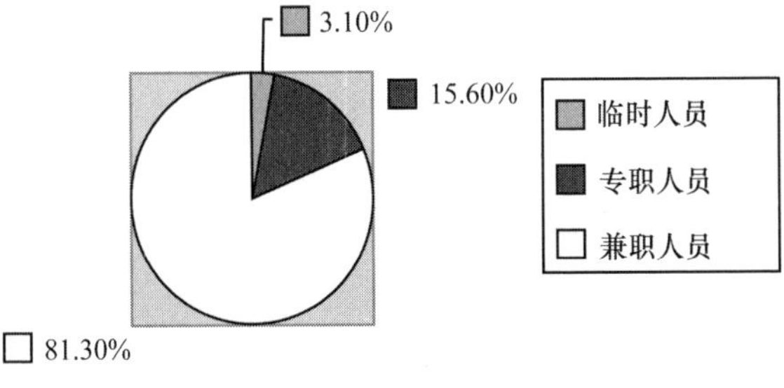

信息员的构成数量。根据调查，32个街（镇）党建网目前共有信息员1551人。其中，政务网信息员714人，占总人数的46%；党建网信息员

837 人，占总人数的 54%。见下图：

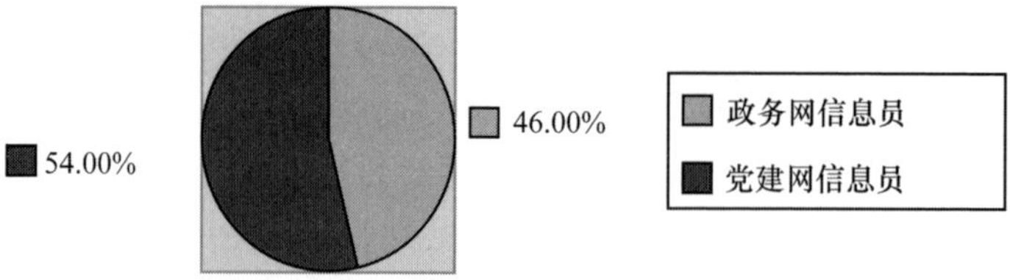

信息员的技能培训。信息员良好的专业技能，是保证党建网正常运行的技术保障。因此，对信息员进行专业技能培训，就成为一项必要的工作任务。根据调查统计，在已建成的 32 个街（镇）党建网中，有 26 家单位每年都对信息员进行专门培训，占总数的 81.3%；有 6 家单位没有对信息员进行专门的业务培训，占总数的 18.7%。见下图：

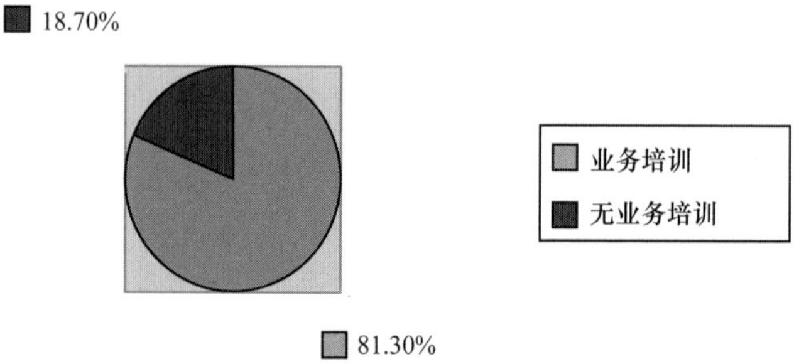

在信息员技能培训的组织方面，由信息员所在相关各部门自己培训的有 5 家，占总数的 16.7%；由街（镇）党建网统一组织培训的有 11 家，占总数的 36.7%；由专业的网络公司负责培训的有 3 家，占总数的 10%；综合前述三种方式进行培训的有 7 家，占总数的 23.3%；由宣传部门或政府办公室负责培训的有 4 家，占总数的 13.3%。见下图：

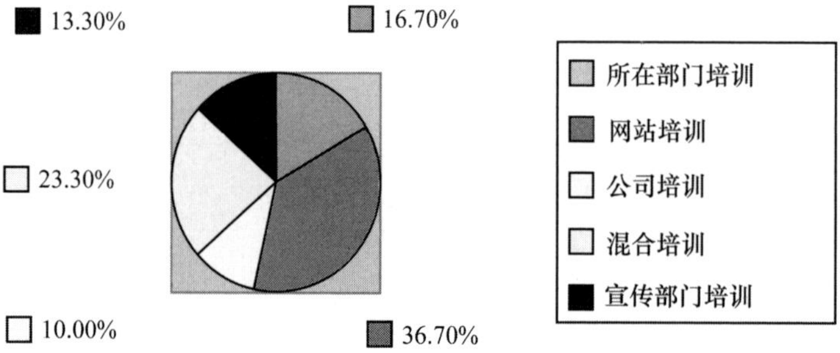

在信息员技能培训的内容方面，“相关部门工作动态的采集”是培训的重点，占培训内容的59.6%；“相关部门典型事迹的编撰”占培训的内容的23.4%；“相关部门与党建网的协调”占培训内容的10.6%，其他选项（如根据上级指示来进行信息采集等）占培训内容的6.4%。见下图：

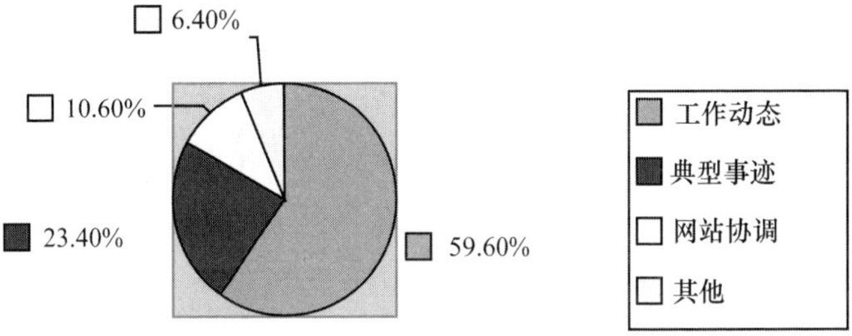

（三）信息管理

党建网的信息管理包含三个部分内容：一是信息采集；二是信息更新；三是栏目管理。

信息采集。党建网的信息有三种主要来源：一是各部门指定的信息员提供相关部门的党组织活动；二是党员个人向党建网提供新闻素材；三是转载其他党建网的信息。根据调查统计，在32家街（镇）党建网的信息来源中，有6家单位的党建网信息主要是通过上述三种信息源获取的；有17家单位的党建网信息是通过第一种信息源获取的；有7家单位的党建网信息是通过第一种和第二种信息源获取的；有2家单位的党建网信息是通过第一种和第三种信息源获取的。

信息更新。根据调查统计，32个街（镇）党建网的信息更新情况分别是：每日更新的单位有10家；每周更新的单位有15家；每月更新的单位有4家；每季度更新的有1家；每半年更新的有1家；更长时间更新的有1家。

栏目管理。根据调查统计，在32个街（镇）党建网的相关栏目设置中，排在前三位的栏目内容分别是：通知公告类（如“信息动态”“党建动态”“新闻中心”“基层动态”等栏目）、经验交流类（“先锋之窗”“社区党建”“楼组党建”“两新学习”“他山之石”等）、资料下载类（“通知下载”“党务指南”等）。

三、党建网的使用情况

浦东党建网的设计功能之一就是为了实现党务活动的信息化，以克服党员个体社会性所带来的分散性和碎片化，对党务活动进行重新整合。一般来说，党务活动的信息化主要包含三个方面的内容：一是党务信息的网络传播化，主要是指包括党建时讯、基层动态等属于消息类的信息或通告，通过网络技术的快捷性，传达给相关党务工作者，使上下通达，左右相知；二是组织信息的网络技术化，主要是指利用网络技术实现党组织信息系统的网络化；三是党务活动的网络平台化，主要是指党务工作者能够通过党建网这一网络平台所带来的跨时空性，开展相关党务活动，使部分党员能够重新回归组织生活。从调查中可以看到，在党务信息的网络化传播方面下了很大功夫，取得了很大成效；在组织信息的网络技术化方面也取得了长足进展。但是，如何使党建网成为党务活动开展的网络平台，避免党建网只是一个“传声筒”“素材库”，使党建网真正在基层党务活动中发挥平台作用，就有待进一步的努力了。为了了解党建网在基层党务活动中的真正作用，我们问卷调查了160位基层党支部书记。具体情况如下：

（一）党建网在目前基层党务活动中的主要功用

根据调查发现，基层党支部书记对党建网在现阶段的基层党务活动实践中的主要功用分别表现为：“了解党建的最新信息和指示”的占24.4%、“了解上级党组织的活动动态”的占22.2%、“获取开展党务活动的相关资料”的占21.7%、“了解其他基层党支部活动情况”的占17.6%、“寻求上级党组织的指导和帮助”的占14.1%、“其他需求”没有选择。见下图：

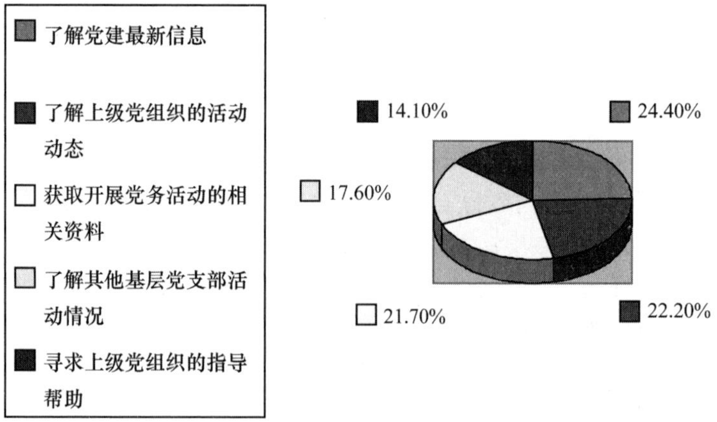

这一调查统计表明：党建网在目前的基层党务活动实践中，对党建信息的需求成为基层党支部书记开展党务活动时的主要功能诉求。这一点也能够通过基层党支部书记在下述问题选择中得到证明。基层党支部书记主要是在“党员的学习活动”（34%）、“方针政策的传达”（33.3%）和“远程教育”（32.7%）等活动时借助党建网平台开展党务活动。这三项活动主要是依托党建网的丰富资源而得以顺利实现的。

（二）党建网能够成为基层党务活动的重要平台

根据调查发现，基层党支部书记普遍支持开展网络党建，认为网络党建是“适应了党员的流动性和分散性特点，是解决组织活动困境的新尝试”的占38.5%、网络党建是“符合互联网广泛运用对党建提出的新要求，是党建发展的必然趋势”的占36.8%、“党建网是网络党建的主要体现形式”的占24.7%。这一数据说明：开展网络党建是新时期党的建设的一个新趋势、新尝试、新形式。在实际的党务活动中，是受到基层党务工作者的需求和支持的。

基层党支部书记认为，党建网是网络党建的主要体现形式，是基层党支部活动的重要平台。96.9%的支部书记对把党建网作为基层党支部活动的网上平台持赞同态度。91.9%的支部书记认为，现有的浦东党建网能够为基层党支部提供网上活动平台。不过，在保持乐观的同时，部分支部书记也提出了建设性的意见：6.9%的意见认为，由于部分党员年龄偏大等原因而不习惯于上网，把党建网作为支部活动的网上平台，在实际运用中还必须考虑到这部分党员，不能为了上网而上网，搞形式主义，需要考虑到实际情况而逐步推进。1.2%的意见认为，由于目前浦东党建网的网上党务活动平台功能尚不完善，在实际开展中用的很少。应该承认，这些意见是值得我们在开展网络党建的过程中必须注意的。

（三）党建网成为基层党务活动平台的表现形式

党建网为基层党务活动搭建平台在基层党务实践中已经成为一种需求。那么，应该采取什么样的形式呢？对于这一问题，32.5%的支部书记认为可以采用“专栏形式”、31.7%的支部书记认为可以采用“论坛形式”、17.9%的支部书记认为可以采用“博客形式”、17.9%的支部书记认为可以采用“e支部形式”。

从上述平台形式的选择多样性来看，党务工作者表现出了强烈的互动

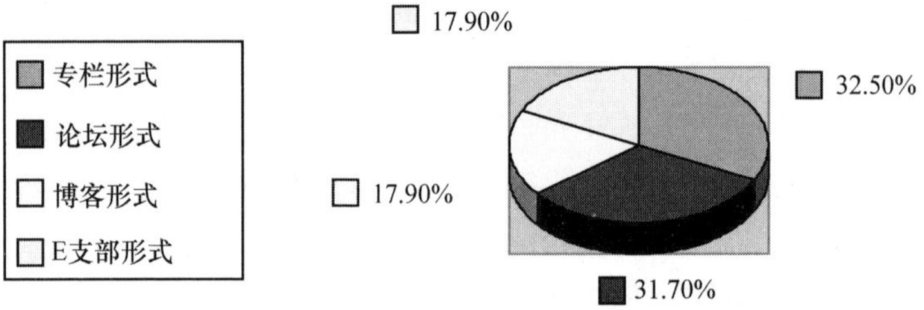

性、探讨性和个体性的形式表达需求。

从浦东党建网在基层党务实践中的运用情况来看，浦东党建网已经成为基层党务活动的一个重要工具，初步形成了以党建网为主要表现形式，以浦东党建网为牵引，以街（镇）党建网为骨干，基本覆盖浦东新区的二级党建网运行格局。这一运行格局在主体内容上涵盖了基础建设、组织管理和实践运用三个方面的内容；在层级管理上实行浦东党建网和街（镇）党建网的分级自主管理体制；在运行机制上实行浦东党建网覆盖全区、街（镇）党建网覆盖本区的二级运行机制。应该承认，目前浦东党建网的这一运行格局是在开展网络党建过程中的初步尝试，虽然在实践中取得了一定成绩，但是仍然存在不少问题。比如，组织管理上的行政壁垒、运行机制上的门户之见、资源调配上的条块分割、资金投入上的比重悬殊、人员培养上的散弱临乱，等等。这些问题都是需要在下一步的网络党建中引起重视，并着手解决的。

第二节　党建网基本功能的认知调查

党建网的功能能否取得成效，主要取决于两个方面的因素。一个因素是设计者的设计思路和设计结构；另一个因素则在于党建网功能的社会认知效果。即党建网从设计到构建再到运行，其能否达到预期效果必须由社会实践来检验。一般来说，这一效果认知度主要包括：是否了解党建网的存在？是否参与党建网的活动？是否关注党建网的发展？等等。要准确把握党建网的基本功能，必须以社会认知效果的客观评价为基础。为此，我们设计了“浦东党建网认知效果调查”[①] 的问卷，以浦东新区所属 38 个街（镇）为调查对象，共计发放问卷 800 份，实际回收问卷 794 份，调查问

① 见附录。

卷的有效率达99.3%。我们分别从基层党支部书记、普通党员和社会群众三个层面对以浦东党建网为核心的网络党建模式的实际运行效果进行了调查分析。

“浦东党建网认知效果调查”共计调查人数794人，其中，支部书记194人，普通党员406人，社会群众194人，比例分布为24.4%、51.2%和24.4%。见下图：

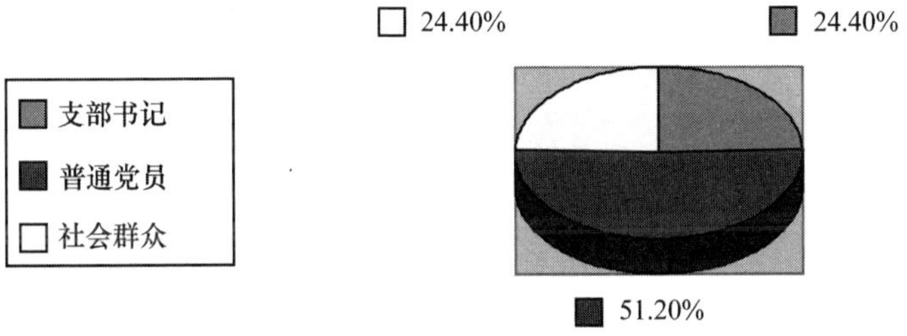

一、调查对象的性别比例分布

“浦东党建网认知效果调查”共计调查人数794人。男性363人，女性431人，男女性别比例为45.7%、54.3%。见下图：

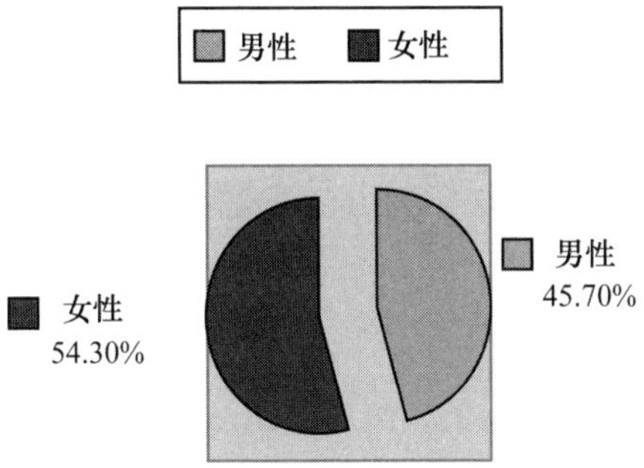

（一）支部书记性别比例分布

“浦东党建网认知效果调查”共计调查基层党支部书记194人，其中，男性105人，女性89人，男女性别比例为54.1%、45.9%。见下图：

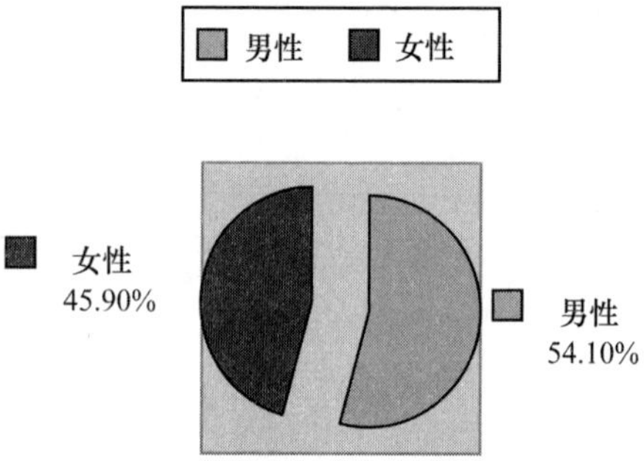

（二）普通党员性别比例分布

“浦东党建网认知效果调查”共计调查普通党员406人，其中，男性176人，女性230人，男女性别比例为43.3%、56.7%。见下图：

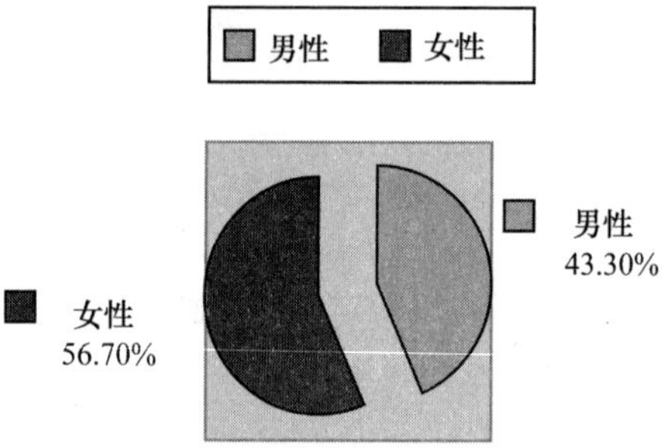

（三）社会群众性别比例分布

“浦东党建网认知效果调查”共计调查社会群众194人，其中，男性82人，女性57.7人，男女性别比例为42.3%、57.7%。见下图：

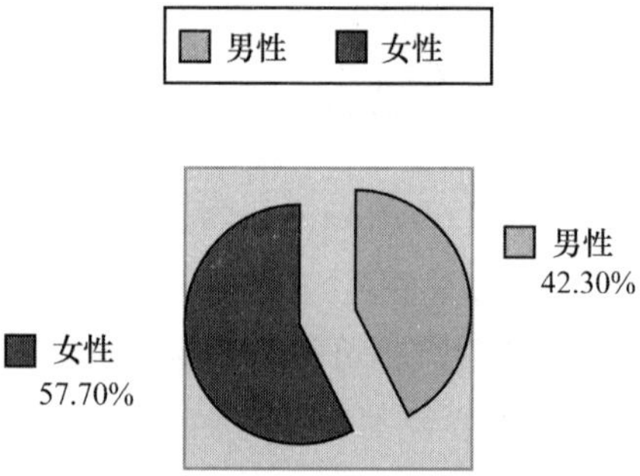

二、调查对象的年龄比例分布

（一）支部书记的年龄比例分布

“浦东党建网认知效果调查”共计调查基层党支部书记 194 人。其年龄分布如下图：

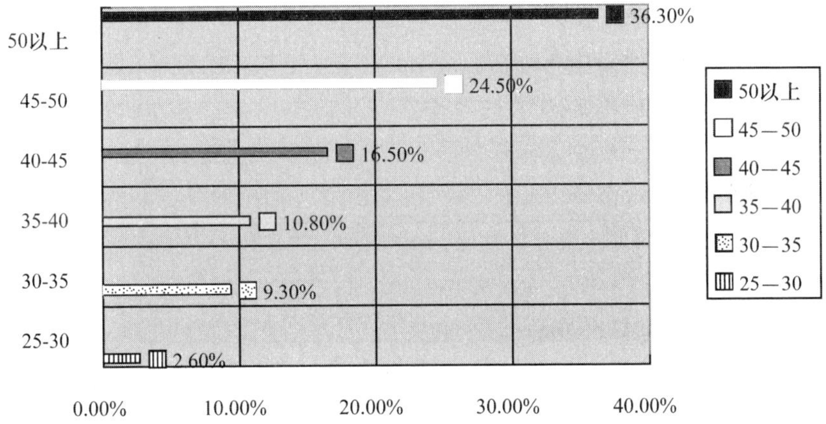

（二）普通党员的年龄比例分布

“浦东党建网认知效果调查”共计调查普通党员 406 人。其年龄分布如下图：

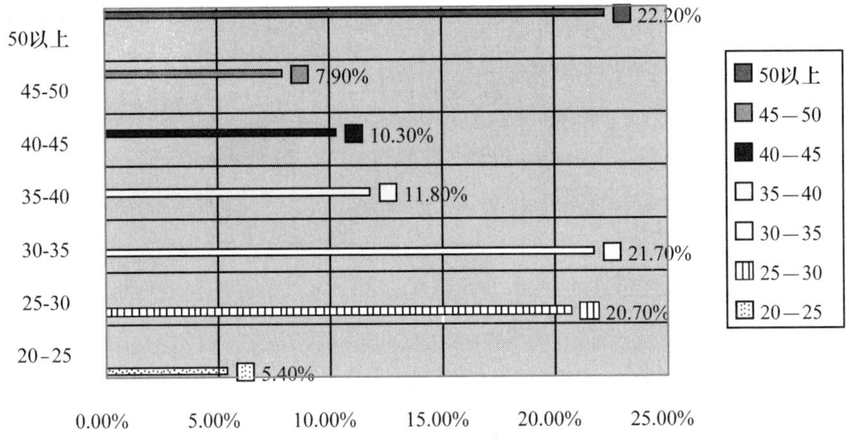

（三）社会群众的年龄比例分布

“浦东党建网认知效果调查”共计调查社会群众 194 人。其年龄分布如下图：

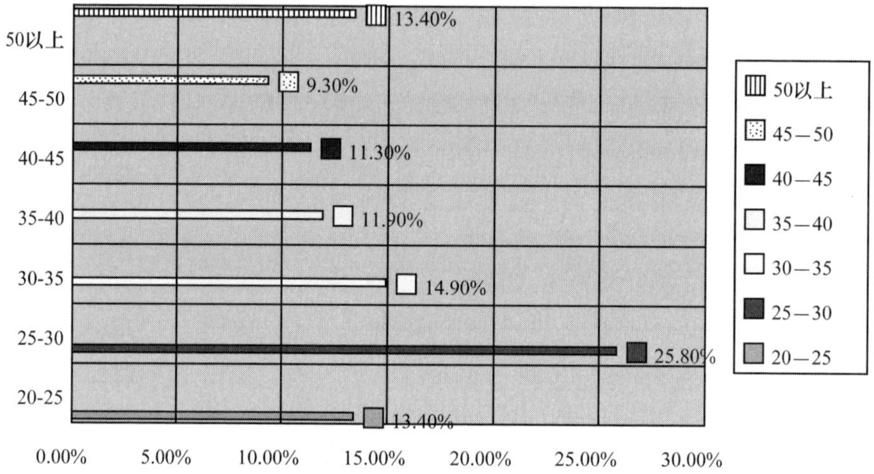

三、调查对象的文化程度比例分布

（一）支部书记的文化程度比例分布

“浦东党建网认知效果调查”共计调查基层党支部书记 194 人。其文化程度比例分布如下图：

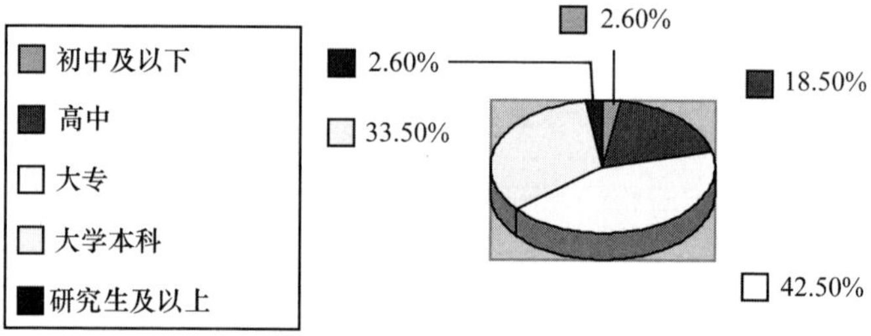

（二）普通党员的文化程度比例分布

“浦东党建网认知效果调查”共计调查普通党员 406 人。其文化程度比例分布如下图：

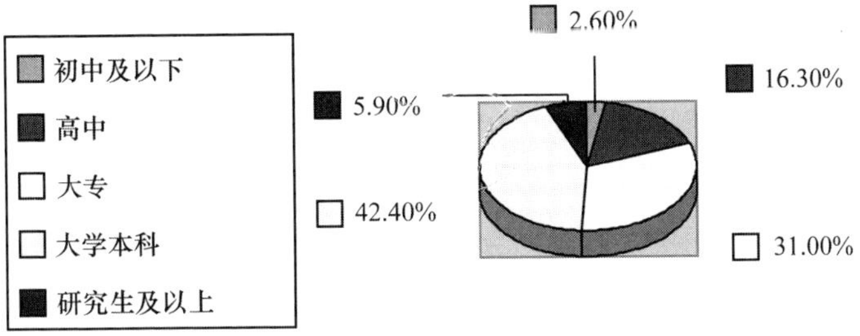

（三）社会群众的文化程度比例分布

“浦东党建网认知效果调查”共计调查社会群众 194 人。其文化程度比例分布如下图：

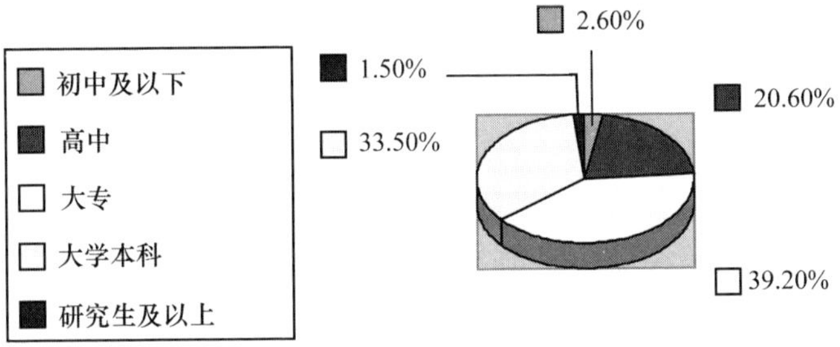

四、调查对象的职业比例分布

（一）支部书记的职业比例分布

“浦东党建网认知效果调查”共计调查基层党支部书记 194 人。其职业分布如下图：

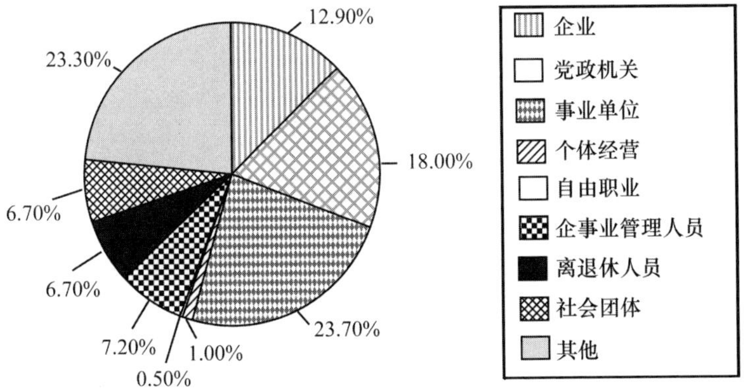

（二）普通党员的职业比例分布

“浦东党建网认知效果调查”共计调查普通党员 406 人。其职业分布如下图：

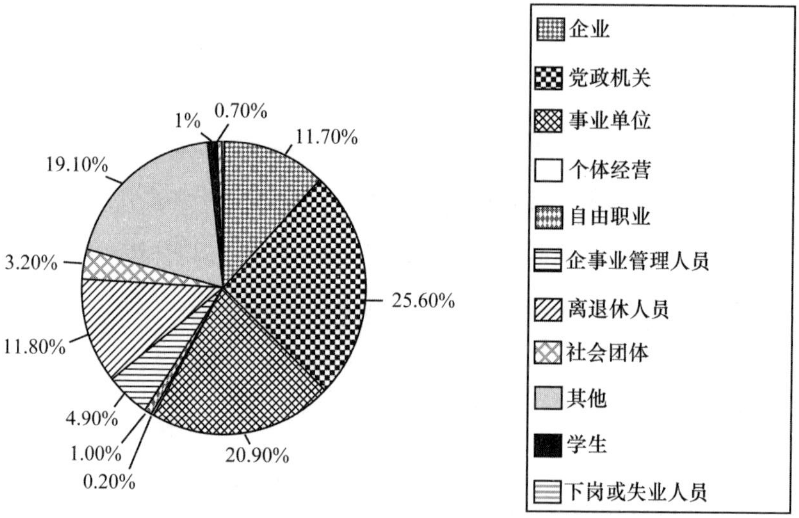

（三）社会群众的职业比例分布

“浦东党建网认知效果调查”共计调查社会群众 194 人。其职业分布如下图：

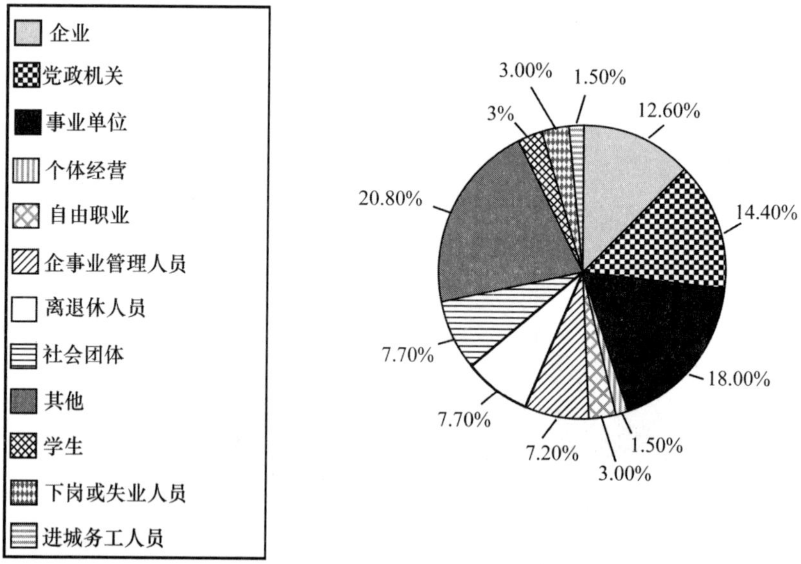

五、调查对象的党龄比例分布

（一）支部书记的党龄比例分布

“浦东党建网认知效果调查”共计调查基层党支部书记194人。其党龄分布如下图：

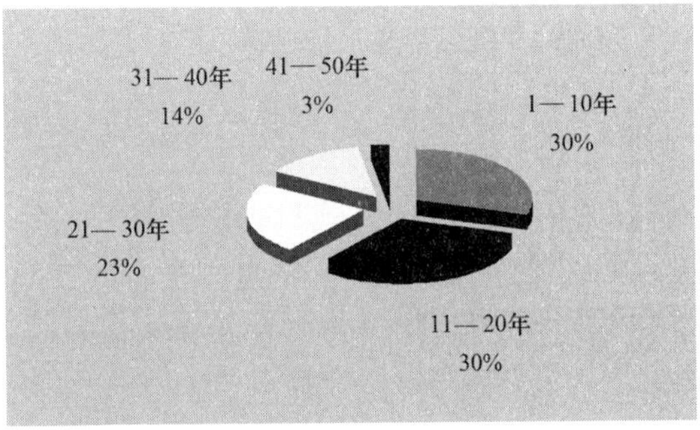

（二）普通党员的党龄比例分布

“浦东党建网认知效果调查”共计调查普通党员406人。其党龄分布如下图：

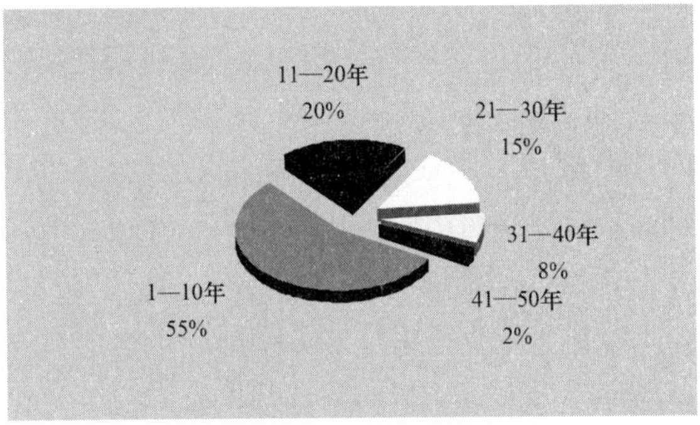

第三节 党建网基本功能的理论分析

党建网的功能是由网络党建的根本目标来确定的。中国共产党开展网络党建的主要目标就是实现和扩大党在网络虚拟空间领域的影响力。具体来说，就是要通过党建网使党的声音在网络领域“发出来”“听得到”“动起来”“看得见”。所谓“发出来”，是指党在网络要有平台，通过平台传播党的声音。所谓“听得到”，是指党的活动平台是开放性的而不是封闭性的。所谓“动起来”，是指党的活动平台是双向平等交流而不是单向灌输教育。所谓“看得见”，是指党的网络空间活动必须与现实活动相联系，有所言、有所行，才能使群众真正相信党。因此，根据上述目标，党建网应该具备以下四种功能。

一、信息发布的传递工具

（一）理论分析

党建网的信息发布功能即是指通过依托党建网站，充分发挥信息网络技术快速传播的优势，使党的路线方针政策可以及时地传递给基层党员，克服组织内部因层级制而造成的信息损耗。具体来说，理解党建网的这一功能需求，可以从工具性要求和价值性要求两个方面来分析。

从工具性要求来看，党建网作为信息发布的传递工具，其所具备的优势表现为：（1）在信息传播的速度上，体现出“快”的特点。信息网络技术具有的瞬时性传输特点，使得信息的发布可以有效克服组织内部因层级体制带来的自上而下的单向传递模式，使信息的发布可以迅捷快速地为组织内部成员所接收。（2）在信息传播的对接上，体现出“全”的特点。在传统的层级体制的组织架构中，信息传播的接收端往往由于渠道受限或人员变动的原因而无法及时地接收到相关信息。而利用党建网的信息发布功能，既可以使党建网成为信息发布的“展示大厅”，同时又可以使党建网成为信息存储的“贮藏室”，通过利用分类搜索等功能的使用，使信息的接收能够较为全面地覆盖到组织内部成员，从而有利于增强组织内部的一致与团结。（3）在信息传播的能耗上，体现出“真”的特点。在自上至下的传播体制中，上级机关或单位负责信息的解读，从而形成信息的再生产过程，其间对原始信息的能量或增或减，其再生产的结果便成为信息传播末端的最终结果。信息网络技术的快捷性与瞬时性，减少了信息传播的中间层级和信息的能量损耗，使组织成员可以“原汁原味”地接收来自组织源点的信息，从而能够有效避免信息传递过程中的曲解问题的发生。

从价值性要求来看，党建网所具备的上述信息发布的工具性特征，无疑体现了信息网络时代的信息本质：流动性与共享性。建基于机械工业时代的传统政党的信息传递渠道一般采用两种方式：从政党组织内部的信息传递来看，主要是通过内部文件的纸制印刷形式来实现信息的上传下达。

从政党组织外部的信息传递来看，主要是通过报纸等形式来实现政党对国家政治生活的政见宣示与舆论参与。无论是内部文件还是报纸，都是以印刷文字为核心的信息传递方式的具体体现。这种以印刷文字为表现形式的信息传递方式的突出特点就是强调信息流动的封闭性、可控性与单向度，是与机械工业时代的流水线式的线性特征的社会结构相吻合的。传统政党在组织内外采用报纸和文件的信息传递方式，无疑是对机械工业时代社会结构的一种组织与观念的反映。但是，在信息网络时代，信息的公开性与共享性不但是互联网技术本身的特性要求，同时也是信息社会的核心要素。可以说，信息的自由流动是信息社会的本质内核。信息若不公开，既无法流动更不可能实现共享。这一信息社会的本质要求，无疑对所有建立于此基础之上的社会组织包括政党组织提出了新的要求。在政党政治的生态环境中，政党的信息公开既是政党对国家政治的表达，同时更是政党组织内部团结，扩大外部影响的必需手段。党建网就是政党对信息社会组织要求的必然选择。可以说，党建网既是宣传党的路线方针政策的重要工具，更是增进党组织内部意志行动一致的能量“倍增器”。

（二）实践分析

党建网的首要功能是：信息发布的传递工具。根据调查统计，在所调查到的 794 个调查对象中，有 44.6% 的支部书记、59.6% 的普通党员和 61.6% 的社会群众上浦东党建网的目的就是为了“了解并获取党建的最新信息”。合计占总人数的 61.8%。而在实践中，党建网带给基层党组织最大的好处就是迅捷的信息（50.5% 的支部书记、48.7% 的普通党员）。比如，浦东党建网通过依托“党务公开”专栏，干部、纪检、宣传、编制、老干部、统战、政法等条线，已及时公布各类重大事项 130 余条。在各街（镇）、开发区层面，也积极依托各自党务、政务平台，及时公开重大事项、社会关注事项和涉及群众切身利益的重要事项。如大团镇，开设了“党务公开专网”，对区域内党委重大决策、重要人事任免、“走千听万”等重要工作推进等事项及时公开，尤其是对新区层面“走千听万”活动中收集的各类问题，及时公布责任单位、推进情况等，让党员群众监督评议，受到广泛的欢迎和好评。通过依托信息网络技术，新区党务公开工作正逐步由结果公开向过程公开、由单向公开向双向互动转变，在落实党员的知情权、参与权、选择权和监督权，加快领导方式科学化、民主化进程方面发挥了重要作用。可以说，党建网是宣传党的路线方针政策的重要工具。

二、党务开展的活动平台

（一）理论分析

党建网作为推动网络党建的一个重要举措，一个重要目的就是为了充分利用信息网络技术实现党务的信息化。具体来说，以党建网为活动平台的网络党务主要包括以下内容：

一是党员党组织信息管理系统的建立。这一管理系统主要具有信息采集、动态管理和实时监管等功能。即通过该信息系统以实现组织系统内部组织关系的网上接转，并对基层党支部党员转正、党费收缴、组织生活、换届选举等工作进行即时管理和监督。

二是党员党组织联系、动员系统。即建立“党员党组织联系动员系统”和“两新互动平台短信群发系统”。通过定期向基层党组织发送“党建实务、宣传教育、通知通告、征求意见、节日祝福、温馨提示”等六大类短信，充分发挥“短信政治”的政治功能，实现对基层党组织的经常性教育和服务。同时，通过“支部网站”“网上组织生活”等网络党组织的建立，网络党务活动突破了传统单位管理的局限，实现了跨时空的联动，一定程度上避免党员在党务活动中的“身体缺场”，找到了在流动性、分散性日益加剧的趋势下对党员实现“再组织化”的有效载体，创新了基层党建工作的模式，也增强了党内活动的生命力。

三是各类在线学习、交流互动等服务平台。通过借助网络技术跨时空的优势，依托“党员干部远程教育系统”“干部在线学习城”等平台，基层党组织和党员能随时随地点击网上课件，做到了广覆盖、强动员，党员教育内容的丰富性、拓展性、多样性和便捷性得到有效增强，也有效解决了部分党员和入党积极分子工学矛盾、难以集中等困难，使党的教育活动得到了有力保障。

四是党内事务公开。通过党建网平台，可以逐步实现党务公开工作由结果公开向过程公开、由单向公开向双向互动转变，切实落实党员的知情权、参与权、选择权和监督权，加快领导方式的科学化、民主化。

可以说，党建网作为政党网络党务的重要平台，是对信息社会政党发展要求的新适应。

（二）实践分析

党建网的第二个重要功能就是：党务开展的活动平台。具体来说，主要体现在以下三个方面：

一是党建网可以成为网络党建的主要形式。以党建网为主要形式开展网络党建是一个新事物、新课题。对这一形式的认可不认可，必须由党务实践来决定。据统计，94.5%的支部书记和93.3%的党员赞同使用党建网来开展支部活动。79.5%的支部书记和83.2%的党员认为浦东党建网在基层党务活动中是“有效的平台，可以和其他基层党组织方便联系”。这种平台搭建，一方面是依赖于自身的平台建设，另一方面则是通过与其他平台的联合而实现的。比如，通过依托市里的“远程教育”“在线学习城”两个平台，为新区各层面党员干部队伍提供在线学习、交流互动等服务项目。目前，新区已建成远程教育站点终端1465个，覆盖村、居、阳光驿站、“两新”组织、机关事业单位、委办局等不同层面。依托该系统，新区已先后组织3226名入党积极分子、2528名新党员，以集中或分散的形式，通过“直播课堂”，点播收看了入党培训讲座。学实活动期间，新区还自己制作了一批贴近实际、贴近生活、贴近党员群众的党员教育电教片，包括36集1122分钟的专题片、教学片、讲座、论坛等课件，全部上传至远程教育网站，有效地配合了新区第二批学实活动的扎实推进，进一步丰富了学习内容，增强了学习效果。同时，依托市“两新”组织“一台一网”，新区“两新”组织党组织积极开展“网上支部”“网上咨询”“网上调查”“征求意见”等活动，并引导党员群众利用电子邮件、QQ、BBS、博客等形式参与交流互动。目前，新区共有290个“两新”组织党组织已在市“两新”互动网上开设“支部网站”，注册党员24814名，累计召开“网上组织生活”900余次，实现了网上活动与网下活动的有机结合，创新了基层组织设置、活动模式。如上海综合保税区党委，指导下属80个党支部在“两新”互动网上建立起支部网站，深入开展“网上组织生活会”、党务公开、党内关怀等活动，先后举办了两期入党积极分子培训班，近70名入党积极分子在“网上党校”完成学习培训。

二是党建网能够基本反映基层党组织活动。据调查，80.3%的支部书记和75.5%的党员认为，浦东党建网能够全面反映基层党组织的活动。应该说，广大党务工作者对采用党建网的形式来开展党务活动是认同的。通过借助网络技术跨时空的优势，基层党组织和党员能随时随地点击网上课件，做到了广覆盖、强动员，党员教育内容的丰富性、拓展性、多样性和便捷性得到有效增强，也有效解决了部分党员和入党积极分子工学矛盾、难以集中等困难。同时，“支部网站”“网上组织生活”的建立，突破了传统单位管理的局限，实现了跨时空的联动，找到了在流动性、分散性日益加剧的趋势下对党员实现“再组织化”的有效载体，创新了基层党建工作的模式，也增强了党内活动的生命力。不过，仍然有19.7%的支部书记和24.5%的党员认为目前的浦东党建网还不能全面反映基层党组织活动。其原因在于党建网本身还有待进一步的优化和完善。

三是党建网必须不断调整和完善版面设计。形式反映内容。从目前浦东党建网的版面设计与党务工作者的实际需求来看，还需要不断进行磨合、调整和完善。据统计，78.4%的支部书记、65.4%的普通党员和80.1%的社会群众认为，浦东党建网的版面设计是合理的。而21.6%的支部书记、34.6%的普通党员和19.9%的社会群众则认为是不合理的。当然，这三者之间评价上出现的差异，主要是由于三者各自关心的问题不一而引起的。从支部书记的角度来讲，参与浦东党建网相关版面的顺序分别是：“学习交流”（22.7%）、“党务公开”（18.2%）、“党建传真”（14.5%）、“党建专题”（13.9%）、“三服务”（9.5%）、“党内民主”（8.2%）、“热土风采”（7.1%）、“前沿探索”（6.5%）。从普通党员的角度来讲，参与浦东党建网相关版面的顺序分别是：“党务公开”（20.4%）、“党建专题”（16.2%）、“党建传真”（14.7%）、“学习交流”（12.9%）、“热土风采”（10.5%）、“党内民主”（9.5%）、“三服务”（8.5%）、“前沿探索”（7.3%）。从社会群众的角度来讲，参与浦东党建网相关版面的顺序分别是：“党务公开”（23.6%）、“学习交流”（18.9%）、“三服务”（10.1%）、“热土风采”（10.1%）、“党建专题”（9.9%）、“党建传真”（9.3%）、“前沿探索”（9.3%）、“党内民主”（8.8%）。不过，虽然由于关心的问题主旨不一，但在对浦东党建网的版面设计的意见上却有着相同的建议。44.6%的支部书记、43%的普通党员和44.1%的社会群众认为，浦东党建网的版面设计完善首先应该“增强互动性，加强与个体的交流”；35.1%的支部书记、31.5%的普通党员和30.9%的社会群众认为应该“扩大信息量，扩充网络信息容量”；20.3%的支部书记、25.5%的普通党员和25%的社会群众认为应该“改变雷同性，突出网站的个性特征”。

三、党群互动的沟通渠道

（一）理论分析

通过党建网来实现政党与群众的互动沟通，这是政党加强党群关系，适应信息社会发展的必然要求。

从传统党群沟通的渠道和特点来分析，党群沟通的渠道主要表现为两个方面：一是在组织内部，党群沟通主要是指党组织的各级领导与普通党员群众的联系。这种联系主要是通过党的层级机制实现上下沟通。这种沟通方式受制于严格的科层等级制约，在实际的党内事务活动中，一般不提倡普通党员以个体的名义向党的组织提出意见或要求，更不允许党员越过本级组织进行意见表达。因此这一党群沟通方式表现出强烈的信息流动的可控制性与封闭性特征。二是在组织外部，党群沟通主要是指政党组织与社会群众之间的联系。在党成为执政党的条件下，党是依据国家宪法和相关法律的规定，经由政府实现对国家和社会的领导。党同社会各方面的联系，特别是同人民群众的联系，主要是经过党内相关职能部门如组织部、宣传部和统战部等，以及基层党组织的活动而实现的。不过，这一联系渠道囿于成本和技术的制约、组织功能的弱化，以及党的任务重心的转移，往往在与社会的沟通和信息的采集方面不能够收到令人满意的效果。比如，有些基层党组织由于组织涣散导致功能弱化，无法履行上级党组织赋予的任务：在宣传党的路线方针政策方面，由于自身对理论理解不透而无法直面群众提出的社会现实问题；在吸收搜集群众意见方面，由于责任心的弱化而导致积极性、主动性的不足，从而使群众在与党组织的接触中日渐隔膜。因此，加强党内外社会关系的联系，需要进一步明确、细化各级党组织的职责和任务，使党组织的活动具有可操作性，避免囿于原则性的规定而陷入空谈。

与传统党群沟通的渠道与特征相比，信息社会党群沟通在继承了传统沟通的方式的基础上，又适应了信息社会的发展要求。这主要表现为通过党建网站相关互动栏目的设置，比如开设“党代表网上提议”“阳光信箱”“党务咨询”“党建论坛”等窗口栏目，拓宽党员、群众意见建议表达的渠道，及时收集、汇总、分析、研判网络舆情，并在实践中探索实现网上问题的现实反馈、解决落实机制，以达到知民情、聚民智、促民生的目的。不过，信息社会党群沟通最具有变革性的地方在于群众意见表达的平等性与纷杂性。这一党群沟通的主客体之间的深刻变革，使政党作为群众获取信息的唯一渠道的作用大大降低，民众可以通过网络媒体直接表达。党建网的建立无疑是政党对这一客观趋势的必然反应。

（二）实践分析

党建网的第三个重要功能是：党群互动的沟通渠道。从以下两个方面的调查可以发现：

一是从党员群众的目标需求来看，支部书记和普通党员保持了相对一致的需求。在上浦东党建网的目标上，排在目标需求前两位的分别是：44.6%的支部书记和59.6%的普通党员选择了“了解并获取党建的最新信息”[①]、44.6%的支部书记和22.1%的普通党员选择了“更好地开展支部活动”，分别占据了支部书记总数的89.2%、普通党员总数的81.7%。对于社会群众而言，排在前两位的目标需求分别是：“了解并获取党建的最新信息”[②] 的占61.6%、“想寻求党组织的帮助”占17%。从上述目标需求的异同可以看出，党务工作的同质性决定了支部书记和普通党员目标需求的一致性。社会群众的目标选择则反映了两个问题：其一是希望了解党的相关信息，包括入党要求等；其二是希望党组织能够对关系个体利益的问题给予帮助。从中可以看出，社会群众上党建网的一个重要目的就是为了寻求党组织的帮助。可以说，党建网在一定程度上已经成为群众表达诉求的重要渠道。

二是从党群互动的沟通方式来看，主要表现为两种方式：一种是通过开辟专栏，吸引党员提出意见。比如，浦东党建网在一级栏目开设了“党代表网上提议”“阳光信箱”“党务咨询”等窗口，注重及时收集、汇总、分析、研判网络舆情，并在实践中探索实现网上问题的现实反馈、解决落实机制。在街（镇）层面，塘桥街道在实践中，探索建立了网上“党员先锋论坛”，通过党员在线共商共议，开设了“专题讨论”“社区广角”“互动释疑”等五个主题板块，让党员足不出户就能投身于社区建设。目前，已有注册党员1016名，交流发言142条，跟帖984条，浏览量近万人次。另一种是通过群众提出问题、党建网回答问题的模式进行。据统计，目前在浦东党建网上反映的问题类型主要有四种：工作、思想、生活和心理。从支部书记和党员的角度来看，在党建网上反映的问题类型主要是工作（支部书记：49.2%；党员：38.5%）和思想（支部书记：28.6%；党员：34%）。对社会群众来讲，在党建网上反映的问卷类型则主要是思想（38%）、工作（27.8%）和生活（20.2%）。这一差异表明：支部书记和党员作为党务工作者或活动参与者，其反映的问题多是基层党务活动中涉

---

① 注：从调查中发现，在了解党建信息方面，主要包含以下内容：党建指南、基层动态、上级要求、活动信息、经验做法、先进事迹等。

② 注：从调查中发现，在了解党建信息方面，社会群众关注的主要是：发展党员的相关工作、自己所在街（镇）的党建情况、党的最新政策等。

及的问题。对于这一类型问题，党建网的答复获得了较多的好评。据统计，58.4%的支部书记和41.6%的党员认为党建网对工作上的问题解决得最好，其次则是思想上的问题（支部书记：29.4%；党员：35.6%）。而对于社会群众提出的问题，党建网的答复主要是放在解决群众的思想问题上。有34.3%的群众认为，党建网在解决群众思想困惑上是比较好的。虽然这一互动沟通模式还比较简单，但却是畅通党群关系的重要渠道。据统计，97.4%的支部书记、96.8%的普通党员和93.5%的社会群众是愿意在浦东党建网上反映情况的。可以说，信息网络技术的充分运用，拓宽了党员、群众意见建议表达的渠道，在知民情、聚民智、促民生等方面起到了很好的作用，也使党内基层民主建设的推进增加了新的渠道。

四、主流声音的“聚集地”

（一）理论分析

党建网作为党在网络空间领域的重要活动平台，一方面是党的声音在网络空间的“根据地”，另一方面党的声音在网络空间的汇聚，也使党建网成为思想的“大熔炉”和主流声音的“聚集地”。

党建网的这一功能要求从根本上取决于中国共产党推进网络党建的根本目的。网络党建的根本目的就是要提高党对网络舆情的引导和管理。可以说，网络党建是中国共产党顺应网络技术发展给党的建设带来的重大影响而做出的重要决定，是党建发展的新领域、新课题。这一“新”的特点，主要表现为两个方面：

一是技术变革的深度性与广泛性。具有深刻变革性质的技术，其影响从来都不是仅仅局限于技术层面，而是在更深层面上对社会产生强大的解构和重构的能力。作为重要的现代社会组织，政党的建设是与技术的发展密切相联的。从报纸、广播、无线电等传统的媒介技术到以微博、BBS为代表的网络新媒体技术，都对政党的意识形态、组织结构、功能拓展带来了重大而深刻的影响。尽管这一影响目前还没有充分显露出来，但是，网络的普及及其在大众生活中影响的不断扩大，已经使这一趋向初见端倪。只有深刻地认识和把握这一先机，党的建设才能在新的情况下从容应对挑战，并在挑战中不断创新发展。

二是社会变革的深刻性与碎片化。从计划经济走向市场经济，不仅是经济体制上的深刻转型，更重要的是社会结构的深刻转型。国家—社会从计划经济下的全能主义政治开始走向国家—社会的分离，社会的力量借助于经济力量的提升而逐渐扩大其话语权力，板结的社会结构在经济的消蚀下呈现出碎片化的结构特征。政党内部之间以及政党与社会之间的传统组带开始出现新的变化。尤其是社会组织结构的碎片化带来的党员流动性，使政党的传统组织无法适应。而在新兴的网络空间，政党的“缺席”又使这一虚拟空间成为党群联系的一块“飞地”。可以说，网络党建正是在这两种新情况下的必然结果。

党建网要想真正成为网络虚拟空间中高举党的旗帜、发出党的声音的“聚集地”，必须适应信息网络社会的要求，努力做到：首先，在旗帜问题上要鲜明。对于党建网来说，必须更多地从政治上来考虑网站的发展，要高举党的鲜明旗帜，在网络空间发出党的“声音”。其次，在态度问题上要平等。党组织在传统的意识形态宣传中，主要采用的是自上而下的层级灌输方式。这种意识形态宣传模式，往往在一开始就把受众放在需要被先进思想改造的被动位置，忽视了受众的主体意愿和个体认知，从而使宣传呈现出一种单一灌输的“海报张贴式”特点。而网络传播的散点交流特性体现的是一种双向互动交流方式。交流各方根据议题的设定，通过共同的探讨，在思想的碰撞交锋之中达到共识，从而促进某一主张或思想的广泛传播。在这一交流模式中，摒除了现实因素的影响，没有谁能够真正成为传播的主体。因此，网络党组织应该树立平等、开放、包容的态度。最后，解决问题要有效。通过党建网实现对网络的引导和管理，关键在于要正确解决网络舆情中的利益问题。

（二）实践分析

党建网的第四个功能是：主流声音的“聚集地”。党建网作为党在网络空间领域的重要活动平台，一方面成为党的声音在网络空间的“根据地”，另一方面党的声音在网络空间的聚集，也使党建网成为思想的“大熔炉”，对网民个体行为和党务活动都产生了重要影响。

一是从党建网的价值需求来看，党建网只有在社会实践中被广泛接受才有其自身存在的社会价值。党的声音要发出来，这是一个根本基础。因此，浦东党建网的价值需求首先表现为：知道不知道浦东党建网？根据调查统计，在回收的794份有效问卷中，96.4%的基层党支部书记、93.6%的普通党员和77.3%的社会群众知道浦东党建网。而3.6%的基层党支部书记、6.4%的普通党员和22.7%的社会群众不知道浦东党建网。这一数据的比例分布说明：浦东党建网的存在首先是为了满足党务工作者和群众中的积极分子。所以，党建网在支部书记和普通党员中的覆盖比例很大，而在社会群众中则有相当一部分人是不知道党建网的。

二是从对个体行为的影响来看，党建网的存在相当程度上填补了党组织在网络空间领域的“飞地”现象，给党员群众以情感上的依托。据统计，94%的支部书记、84.7%的普通党员和80%的社会群众认为，上浦东党建网“很亲切，有一种找到组织的感觉”。可以说，党建网的存在与发展，既适应了网络技术发展带来的党建新趋势的物质要求，也适应了网络空间相当部分“网民”的情感需求。

从党建网与个体行为的关系来讲，党建网对个体的上网行为确实发生了影响。据调查统计分析，从基层党支部书记的角度来看，认为“没有变化，放得开，敢讲真话”的占51.6%、“有变化，有点拘束，不敢讲”的占22.1%，还有26.3%则选择了“说不清楚”。从普通党员的角度来看，认为“没有变化，放得开，敢讲真话”的占44.4%、“有变化，有点拘束，不敢讲”的占19%，还有36.6%则选择了“说不清楚”。从社会群众的角度来看，“没有变化，放得开，敢讲真话”的占48.3%、“有变化，有点拘束，不敢讲”的占19.2%，还有32.5%则选择了“说不清楚”。在分析导致自己个体行为发生变化的原因时，79.4%的支部书记、75.4%的普通党员和79.2%的社会群众认为，党组织就在身边，所以可以畅所欲言，讲真话。而对于个体行为发生变化，有点拘束不敢讲的支部书记和普通党员来说，变化的原因就在于党员身份的束缚。据统计，14.8%的支部书记和21%的普通党员是“感觉党员的身份束缚，不能放开讲”。上述分析表明：党建网作为党群互动一个重要的平台，绝大多数的党员群众是相信党建网，并且能够因为自身的党员身份而对自己的网上言行进行约束。

三是从对党务活动的影响来看，党建网在党务工作者开展活动的实践中已经逐步受到重视。从党务工作者利用党建网开展党务活动的情况来看，74.9%的支部书记和63.8%的普通党员在开展党务工作实践时用过党建网。对其效果的评价则是：57.3%的支部书记和61%的普通党员认为利用党建网开展党务活动的效果比较好。这一调查数据显示，超过半数的党务工作者是接受并赞同利用党建网来开展党务活动的。

上述调查结果表明：党建网作为网络党建的一个重要载体，在党务实践活动中正逐渐发挥着越来越重要的作用，对基层党组织活动也将产生越来越大的影响。我们可以初步确定，以党建网作为主要表现形式的网络党建，其功能定位基本上可以表述为：信息发布的传递工具、党务开展的活动平台、党群互动的沟通渠道、主流声音的“聚集地”。

第四节 党建网功能发挥的效用困境

从上述调查可以发现，党建网能够成为网络党建的重要表现形式和主要平台。下一步应该以优化党建网结构功能为突破口，着力提升党建网的功效，不断推进网络党建的新发展。这就需要正确认识以下四种关系：

一、科学定位与组织管理的关系

准确定位，是网络党建能否健康良性发展的关键。从网络党建的总体定位来讲，应着力体现“科学、统一、协调、共享、特色、有效”。所谓“科学”，是指应该在把握党建发展新特点、新趋势、新内涵的情况下，准确认识网络党建是传统党建在信息传播、工作方式和工作领域等角度的拓展、延伸和创新，是基于信息网络平台之上的党建新模式。所谓“统一”，是指就网络党建的发展格局而言，必须强化统一领导、统一规划、统一调配、统一标准，以实现网络党建的有序发展。所谓“协调”，是指在组织管理、资源调配和人员培养等方面，通过建立有效的协作机制，充分发挥不同层面平台载体的积极性，从而形成合力，提高各方工作效能。所谓“共享”，是指通过网络党建资源的合作共享，发挥党建资源的规模集成效应，推进党建网运行的高效持续。所谓“特色”，是指网络党建的功能定位、项目设计等方面要充分体现出各级党组织的需求和特点，避免“千人一面”的雷同现象。所谓“有效”，是指网络党建要在党建工作中真正落到实处，能被广大党员和基层党务工作者真正利用起来，从而切实提高党建工作的水平和实效。

同时，网络党建作为网络时代党的建设的新模式，不能简单地以传统党建的组织管理模式来笼统对待，而应按照网络党建在“网络虚拟世界”中运行的特点和规律，不断探索出适应这一新环境的组织管理模式。就网络党建的实际而言，网络党建作为一个新生事物，还处于探索阶段，不可能一下就拿出完整成熟的组织管理方案。但是，这并不是说就可以无所作为，随波逐流。相反，以信息化网络技术加强党建工作的实践表明，网络党建的物质技术结构的要素组成就是围绕“人—机—信息”这一核心进行的。因此，可以在网络党建的技术层面先进行统一管理。就网络党建发展的现状而言，无论是网络党建的功能设计还是资源整合，无论是党建网站的建设还是社会网站的引领，都需要明确责任主体，落实工作责任。建议成立网络党建工作领导机构，明确相关各方的职能和责任，并结合《全国党委系统信息化建设规划（2010—2012）》和大组工网建设，从硬件到软件，从建设到管理，从活动到制度，制定阶段性网络党建规划或行动计划，定期研究问题，协调整合，指导服务，确保网络党建健康、可持续发展。

二、搭建平台与平等空间的关系

网络党建的目的是要扩大党在网络空间的影响力。具体来说，就是要使党的声音在网络领域“发出来”“听得到”“动起来”“看得见”。就目前党建网的发展情况来看，党的声音要“发出来”“听得到”“动起来”“看得见”的效果并不理想。据调查统计，造成支部书记、普通党员和社会群众对浦东党建网需求认知较大差异的重要原因，就是获取信息渠道的不同。

从获知浦东党建网的信息渠道来看，74%的支部书记、64.5%的普通党员是通过所在党组织介绍而获取的。社会群众获知浦东党建网的信息渠道则主要有三种方式：所在党组织介绍占37%、周围同学或朋友提供信息占27.9%、自己在网上寻找占24.2%。

从获知信息的渠道的差异来看，浦东党建网由于目标设定主要是为党务工作者服务，所以，身处党务系统的基层党支部书记和普通党员的信息来源表现出强烈的组织化特征。而社会群众中超过半数的人是通过自己搜寻来获知的，其信息来源表现出较强的个体化特点。这种信息来源的差异化所造成的直接影响就是上网情况的差别。根据数据统计分析，50%的支部书记和44.6%的普通党员是经常上网的，37.2%的支部书记和43.5%的普通党员是较少上网的。而社会群众中只有28.4%是经常上网、44.5%的人是较少上网，更有23.2%的人是极少上网。三者的上网情况虽然略有不同，但是，在每天平均上网的时间上，则表现出近乎相似的比例。据统计，72.2%的支部书记、74.3%的普通党员和74.8%的社会群众，每天平均上浦东党建网的时间都是在1小时以内；26.7%的支部书记、22.9%的普通党员和24.5%的社会群众，每天平均上浦东党建网的时间是在1—3小时以内。

上述调查结果表明：无论是支部书记、普通党员还是社会群众，浏览党建网的时间相对较短。这就带来一个问题：除了必要的工作时间外，党建网如何才能增加人气留住人？如果人都留不住，党的声音就变成“自说自话”了。

三、优化结构与完善功能的关系

网络党建的目标赋予了网络党建应该具备的功能。网络党建的目标应该包括：提高党建工作的成效、扩大党的组织基础、团结密切与群众的联系、打造坚实的意识形态阵地，等等。网络党建的功能应该围绕上述目标来设计。因此，网络党建的功能定位可以概括为：基于技术的基础管理功能、基于党建专门网站的服务整合功能，以及基于网络的社会价值引领功能。

从基于技术的基础管理功能看，在党员党组织信息管理系统方面，存在着与其他党建和行政系统的数据共享还不够。可以通过加强与其他相关职能部门的沟通、联动的主动性，协助建设新旧衔接、逐步完善、受众喜爱的硬件设施、软件数据。在党员组织动员系统方面，可以与电信等单位合作，开通短信手机报系统，建立并完善覆盖基层党务工作，党员骨干，特别是“两新”组织党组织的党员组织动员系统。

从基于党建专门网站的服务整合功能看，在发挥信息发布的传递工具方面，目前浦东党建网在实际运行中的状况是较好的，但是有一个信息更新的问题一直困扰着浦东党建网，尤其是街（镇）党建网这一问题更显突出。因此，在下一步的整改措施中，强化信息管理的有效性应该引起关注。在发挥党务开展的活动平台方面，目前的浦东党建网虽然为基层党务活动的开展搭建了平台，但这一平台是不充分、不完善的，在实践运用中还不能满足基层党务活动的需求。因此，在下一步的整改措施中，可以尝试党建专栏、党建博客、党建论坛、e—党支部等平台建设。在发挥党群互动的沟通渠道方面，目前正在运行的只是一种简单的一问一答的互动模式，不仅方式简单，而且时效性差。因此，在下一步的整改措施中，应该积极探索切实可行的党群互动模式，扩大沟通渠道，密切党群关系。而对把浦东党建网打造成主流声音的“聚集地”的功能设定，取决于三个方面的因素：一是前三个功能的正常发挥；二是党建网栏目管理的进一步调整充实；三是平台系统的有机融合。

从基于网络的社会价值引领功能看，要明确区委相关职能部门，加强引导和服务，加强业务指导，注重培育和宣传先进典型，提高基层党组织开展价值引领和群众工作的能力。

四、资源整合与人才培养的关系

资源整合上的渠道不畅，是影响当前网络党建良性发展的一个重要因素。资源不能得到适度整合的原因无外乎职能机构缺位、行政壁垒和信息不对称，解决这一问题，就是要达到网络党建上的上下通气、左右联通和各方面的互联互补互动。

从职能机构缺位看，主要是指组织上的顶层设计。在网络党建主管职能机构明确了以后，还有一个与其他相关部门沟通、协调的任务，主要做到上下通气。从行政壁垒角度看，网络党建的相关各单位、各部门各自为阵、各自为战，除了部分网站的硬件基础存在的物理隔绝，更多的是缺少一盘棋的意识；同时，也缺少整合资源的沟通、协调机制。打通行政壁垒，主要是做到左右联通。从信息不对称角度来看，网络提供了克服信息不对称问题的最好路径，但是前提仍然是要建立顺畅的沟通、协调机制。比如，浦东党建网的实际运行格局实质上是二级运行机制。即浦东党建网作为“上海·浦东”门户网站下属的重要二级站点，实行的是由区委统一领导、新区党员服务中心具体指导、相关各部门分头负责的管理机制。而街（镇）党建网作为浦东党建网运行格局中的第二层级的网络党建支撑力量，则是由街（镇）各级党委或政府（办事处）实施管理。两级管理体制虽然能够解决本层级可能出现的政出多门、职能重叠而带来的资源浪费问题，但是从整个浦东党建网运行格局来看，这种实际运行中的二级管理机制由于协调上的不一致，带来了更大的资源重复利用与无序发展。所以，要从加强整体规划设计和顺畅协调的源头入手，从技术、信息、资金、人才等各方面加强整体安排，克服信息不对称和重复建设的问题，做到互联互补互动。

与此同时，网络党建的发展离不开一支讲政治、懂理论、技术熟的稳定而又专业的人才队伍。有了这支稳定而专业的人才队伍，才能避免建网络不用网络、用网络而不维护网络、维护网络而不引领网络的尴尬。重点应该从以下三个方面入手：一是要“有”。全区各级党组织都必须明确一名专兼职网络党建信息员，形成全区一级抓一级、一级管一级的网络党建信息员的管理格局。二是要“稳”。就是要相对稳定，把网络党建信息员岗位作为培养、锻炼年青同志的重要平台，要有一定的时间段，最好能稳定2—3年，不要随意轮换岗位。三是要“能”。就是要提高综合素质，适应网络党建工作的实际需求。提高综合素质的途径，也要采取适应网络党建特点的方式，比如网络视频培训、网络论坛主题交流讨论等，努力贴近网络党建实际，提高效果。

第五章

网络党建的基本功能

信息网络技术的深入发展表明，“信息时代的公民自己选择所学的知识一般不如由社会精英和组织者所引导他们学习的重要。同样，这也表明社会精英和组织在很大程度上是由他们所拥有的信息来界定和组成群体的，并且他们有能力掌握这些信息。至少在这些方面，信息的传播是政治结构和政治行为的中心。信息不仅是政治家在战略和心理意义方面使用的工具和资源，而且其特点和属性也界定了政治因素本身。这也是为什么由技术发展引发的信息变化能够如此直接地影响政治结构。”①网络党建只有具备相应的组织功能，才能迅速适应和承担起这种由信息变革所带来的目标任务的剧烈变化。因此，任务引领功能。维护政党的网络声誉是网络党建的目标任务。这一目标任务直接决定了网络党建的基本功能，即要以组织信息化为基础，实现党务活动的网络化，以此扩大党组织在网络空间的影响和对网络领域的全覆盖，切实发挥党组织在网络舆情治理中的思想引导作用。

第一节　组织的信息化：建立党员党组织信息管理系统

党员党组织的信息化是推进网络党建发展的物质基础，也是发挥网络基本功能的根本基石。建立党员党组织信息管理系统，已经成为各级党委组织部门进行组织信息化的主要目标。具体来说，党员党组织信息管理系统主要包括三大组成部分：党员党组织信息管理系统、基层党建工作手机信息系统和党员干部现代远程教育系统。例如，湖南省长沙市委组织部就着手建立了以长沙党建网站为主体，包括党员信息管理系统、党员远程教育管理系统、党员在线互动交流系统、党员服务办公系统、党员志愿者注册系统和基层干部短信群发系统在内的“1+6”基层党建信息管理系统，

① ［美］宾柏著，刘钢等译：《信息与美国民主：技术在政治权力演化中的作用》，科学出版社2011年版，第221页。

形成了覆盖全市各级党组织、辐射全体党员的党建信息网络体系。如下图①：

长沙基层党建“1+6”信息管理系统

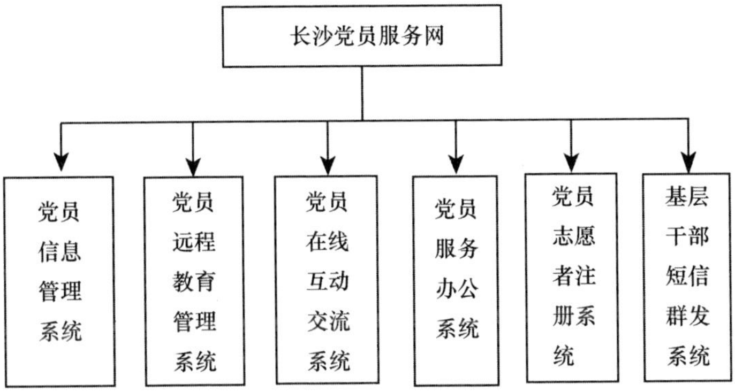

一、党员党组织信息管理系统

党员党组织信息管理系统主要是指通过对党员和组织信息的数字化，实现党员党组织的信息管理。这一信息管理系统主要是通过党员管理统计系统和党员身份认证系统完成的。

（一）党员统计管理系统

主要是指对各级党组织所属党员的实体登记进行数字化处理，是党员党组织信息管理系统的重要组成。

（二）党员身份认证系统

主要是指结合党员的个人身份证系统，对各级党组织所属党员和所属区域流动党员进行电子认证，实现党员身份信息的数字化、网络化。党员身份认证系统是构建党员党组织信息管理系统的主要基石。各地党委组织部门进行认真研究，根据所处地域环境和党员队伍的具体情况，进行了形式多样、内容丰富的积极探索。

① 连玉明、武建忠主编：《中国舆情报告（2011）》，中国时代经济出版社 2011 年版，第 9 页。

以上海①为例。上海市委组织部充分利用上海市党委网（公务网）、上海市市民社保卡工程等相关网络（载体）及信息资源，通过专用的 POS 机进行党员电子身份认证。专用 POS 机配置在有接转党员组织关系的各级党组织及各社区（街道）、乡镇党员服务中心。各级党组织按照组织培训的要求分期、分批地组织党员进行党员政治身份的认证工作。居民区党组织及“两新”组织党组织可组织党员分期、分批地到指定的社区（街道）、乡镇党员服务中心集中进行刷卡认证。到 2010 年底，上海基本完成包括全市各级党组织构成和党员情况的党员信息库，能够实现全市党员组织关系转移的网上操作和党员流动情况的实进动态管理。通过该系统，可以把握全市党员在各种不同体制内的分布情况和流动趋向，为健全党的基层组织建设提供辅助决策依据，为各级党组织提供了若干日常管理的应用模块。

以湖南长沙为例②。长沙市于 2007 年 10 月研发出了以流动党员为管理主体的网络版党员信息管理系统。2007 年以来，全市通过网上接转组织关系 12213 人次，登记流动党员 3800 人、入党积极分子 13000 人。截至 2010 年，全市 11291 个党组织、324136 名党员的姓名、身份证号码、入党时

① 高骥、虞志灏：《基层党建 e 时代》，上海人民出版社 2012 年版，第 68 页。

② 连玉明、武建忠主编：《中国舆情报告（2011）》，中国时代经济出版社 2011 年版，第 8—9 页。

间、从业情况、参加党组织活动等基本信息也全部进入了全市统一的数据库。全市城乡的党员和入党积极分子都实现了在线动态管理，32 万多名党员都有了一个网络身份证，也都有一个网络档案，流动到哪档案关系跟到哪，一个都没“丢”，改变了“一个黄皮袋子加个铁柜子”的传统管理模式。如下图：

长沙市党员信息管理图

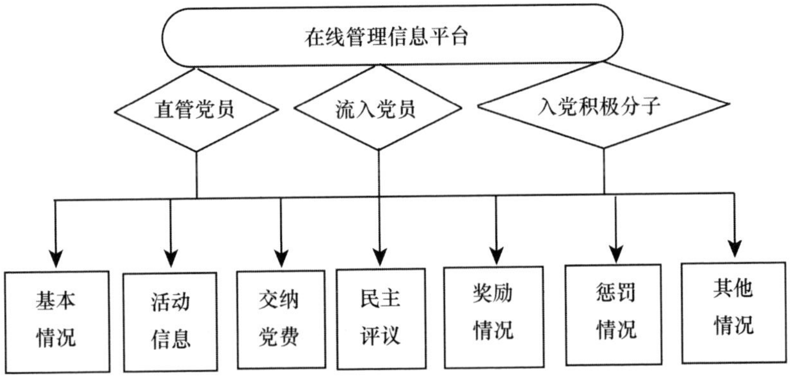

二、基层党建工作手机信息系统

基层党建工作手机信息系统是充分发挥信息传递的瞬时性、信息接收的直接性、信息覆盖的全面性等特征，强化组织内部沟通联系的重要系统。

从中央层面来讲，2009 年 9 月，由中央组织部和中国移动通信集团公司联合建设的全国基层党建工作手机信息系统建成并投入运行。该系统收集汇总了全国 100 万名基层党组织书记、大学生“村官”及省、市、县党委组织部长的手机号码，通过手机短信互动，实现了中央组织部、省区市党委组织部与基层党组织书记、大学生“村官”之间快捷、及时、双向、安全的联系沟通，是运用现代化手段加强党的建设的一项创新举措。2010 年 1 月 5 日，全国基层党建工作手机信息系统正式开通，中共中央政治局常委、中央书记处书记、国家副主席习近平出席开通仪式。建设全国基层党建工作手机信息系统，“拓宽了党委组织部门与基层的沟通联系渠道，丰富了党员教育、党建宣传的形式和手段，是基层党建工作中一件新事、一件好事、一件大事，对于推进基层党组织工作信息化，畅通党内信息上下互通渠道，促进党内基层民主建设，扩大党的工作的影响力和覆盖面，具有十分重要的意义”①。

从地方层面来讲，上海市自2006年以来，已经收集汇总了上海8万多名基层党组织书记的手机号码，并与专用电子邮箱捆绑。通过手机短信互动，加强了上级党组织与基层党组织之间的沟通联系。同时，上海市静安区委组织部在2010年9月15日正式开通“党务通·静安共同行动手机报”。到2011年2月，已成功发送“共同行动 静安党务通手机报”46期，专题报道6期，发送党员学习教育以及生活服务类信息1000余次，受教育党员达到40余万人次，为区域内15000名党员搭建起集教育、管理、服务为一体的“拇指平台”，使党建知识和信息更加快捷方便、党建工作更加丰富生动。②

三、党员干部现代远程教育系统

党员干部现代远程教育系统，是一种基于信息化技术的党员教育形式。其主要目的在于通过远程教育系统平台，加强对党员干部，特别是农村边远地区党员干部的教育管理，以此提高党员干部的党务素质，更好地履行组织赋予的任务。

从2003年4月至2006年底，按照中央的统一部署，在12个省（自治区）分两批开展了农村党员干部现代远程教育试点工作。经过努力，在试点地区基本完成了建设一批终端站点、开发一批教学资源、建成一个教学平台、建立一支骨干队伍、建立一套工作机制的工作任务。在此试点的基础上，从2007年开始，党员干部现代远程教育在全国范围开始了建设和推广。2007年7月4日，中共中央办公厅发出《关于在全国农村开展党员干部现代远程教育工作的意见》，决定在试点的基础上，在全国农村普遍开展党员干部现代远程教育工作。要求用三至四年的时间，力争到2010年底，在全国基本建成农村党员干部现代远程教育网络体系。经过不懈努力，到2010年底，按照《意见》的指示，全国已基本建成农村党员干部现代远程教育网络体系。

按照《中共中央办公厅关于在全国农村开展党员干部现代远程教育工作的意见》的要求，经上海市委同意，中共上海市委办公厅于2008年1月

---

① 高骥、虞志灏：《基层党建e时代》，上海人民出版社2012年版，第74页。

② 高骥、虞志灏：《基层党建e时代》，上海人民出版社2012年版，第34页。

6日发出《关于本市开展党员干部现代远程教育工作的实施意见》，就上海市开展党员干部现代远程教育工作提出具体要求。意见指出，要建立健全党员干部现代远程教育网络体系，大规模培训基层党员干部和群众，大幅度提高基层党员干部和群众的素质，为构建社会主义和谐社会、建设社会主义新农村提供坚实的思想政治保证、人才保证和智力支持。上海市要从2007年下半年开始到2009年底前，通过两年左右时间，基本实现党员作用充分发挥、干部能力不断增强、群众整体素质不断提高、基层组织得到加强的建设目标要求。具体来说，上海市远程教育应该完成的主要任务包括：建设党员干部现代远程教育教学平台、建设党员干部现代远程教育基层终端站点、开发党员干部现代远程教育多种媒体教学资源、建立党员干部现代远程教育骨干队伍和建立科学规范的党员干部现代远程教育工作机制等五项内容。在整个上海党员干部现代远程教育体系中，最核心的内容是“一个平台，三个通道”，即一个现代远程继续教育平台，分别通过IPTV、数字互动电视和互联网三个通道，都统一于党员干部现代远程教育之一个品牌之下，统筹协调、全面推进，内容、布局基本保持一致。

截至2010年6月底，上海市建成了“党员干部现代远程教育”市级播放平台、市级教育资源库和各类远教终端站点11736个，其中乡镇站点167个，街道站点154个，村级站点1677个，居民区站点3223个，其他党组织站点6515个；有线模式2771个，电信模式8965个，其中乡镇村站点有线模式563个，电信模式1281个，基本实现了对街、镇、村、居的全覆盖，以及机关、国有企业、高校、中小学、医院、“两新”组织、园区、楼宇等总支以上单位的覆盖。[①] 从2011年起，上海市委组织开始推动“远教入户”工作，只要家里安装了设备，再免费加装党员教育机顶盒，全市党员干部远程教育平台就可以直达党员家里，更便于党员的自主学习。

第二节　党务的网络化：实现党的工作对社会的全覆盖

党务的网络化,即是指通过网络平台，实现党的活动的网络化。这是在信息网络条件下党的组织创新的一个新形式，其目的是为了实现党的工作对社会的全覆盖，使广大党员群众能够团结在各级党组织身边。具

① 高骥、虞志灏：《基层党建e时代》，上海人民出版社2012年版，第66页。

体来说，党务的网络化，主要包括四个方面的内容：党建信息发布的网络化、基层党务活动的网络化、党员学习教育的网络化、党员组织管理的网络化。

一、党建信息发布的网络化

党建信息发布的网络化，主要是指通过以党建网站为主要平台的信息系统，及时发布党建的相关信息，方便基层党组织和广大党员群众了解党建新情况。党建信息发布的网络化，可以打破地域的时空限制、降低信息的层级损耗，真正做到信息发布的全员、全组织的覆盖。据学者高骥调查[①]，传统党员教育中自上而下的党员教育内容到达基层支部平均需要10多天；文件、通知等文字内容需要15天左右；党员教育电视版有的需要20天左右。地域广和层级多造成党员教育的有效性和及时性受到损耗与延误，往往使基层党员无法及时了解上级的要求。因此，通过党建网实现信息发布的网络化，能提升信息传递的速度和传播的范围。

以上海基层党建网为例。上海基层党建网是上海市委组织部于2004年4月，在“上海市党员教育和服务信息网”的基础上改版而成的。目前已经成为上海基层党建信息发布、党务公开、党内参与、教育学习、经验交流、形象展示的主平台。据统计，2009年网站的总访问量为511万人次，2010年为560万人次，2011年1—11月的总访问量为1360万，来访网民遍布全国34个省（区）、市及92个国家和地区。[②]

二、基层党务活动的网络化

基层党务活动的网络化，主要是指通过网上党务活动的开展，达到两个目的：一是提高党员群众参与基层党组织活动的积极性，提升普通党员的民主参与能力；二是加强基层党组织与“两新”组织党员的联系，有效克服党员组织生活的“缺位”。

---

① 高骥、虞志灏：《基层党建e时代》，上海人民出版社2012年版，第11页。
② 高骥、虞志灏：《基层党建e时代》，上海人民出版社2012年版，第62页。

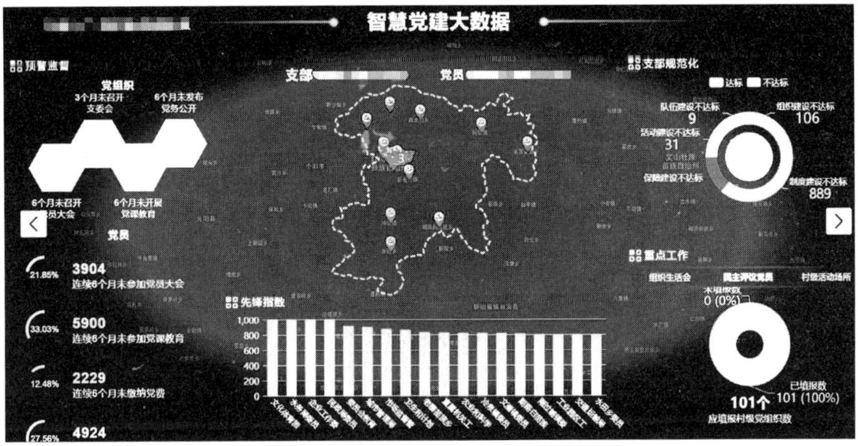

云南“云岭先锋”智慧党建大数据

（一）通过党务活动的网络化，有效提升党员的民主参政能力

上海基层党建网通过“设限平台”，加强了党委组织部门与基层党组织、普通党员的沟通能力。通过实名注册，党员可以在设限平台选择“党员”“书记”“市党代表”等不同入口登录设限平台。截至 2011 年 11 月底，已经有 53 万党员实名注册，设限平台发布了数十件党内文件、简报等非涉密的材料；开展了数次专题讨论活动，特别是在“我为上海‘十二五’发展献计献策”专题讨论中，得到了党员的广泛响应，共上传近 4000 条帖子，提出的建议意见分七次在网上连载，并经网站管理人员梳理后转报市委有关部门。在设限平台中，党员还可以给市委常委等领导留言，提出意见建议，目前，已分数批转报市委领导，并经市委领导批示转有关区县部门处理。2011 年，设限平台开设了“先锋 E 家——党内互助平台”，只要是党组织书记，就可以在这个平台上发布自己的工作需求，党员都可以提供帮助，基层党组织还可以报名成为这个平台的后援平台。设限平台是上海基层党建网改版的重要内容，它以上海市党员信息系统简要数据为后台，实现了党员实名登录、分权享有，依托网络进一步保障和实现党员的参与、知情、监督和选择权，是党内民主建设的重要载体。[①]

以山东临朐县为例[②]。自 2009 年以来，山东省临朐县创建了“网上 e

① 高骥、虞志灏：《基层党建 e 时代》，上海人民出版社 2012 年版，第 78—79 页。

② 连玉明、武建忠主编：《中国舆情报告（2011）》，中国时代经济出版社 2011 年版，第 9—10 页。

支部”。在实践中，“网上 e 支部”包含两层意思：一是基层支部虚拟化，打破时空界限和身份壁垒，把行业相近或有共同追求的党员聚到一起；二是实体支部网络化，凡“网民党员”达到 50% 以上的党支部，逐步实现党员在网上活动，支部在网上办公。临朐县“网上 e 支部”设置了网上接转组织关系、网上缴纳党费等 10 多个子栏目，全县有 269 名党员通过网络支部接转组织关系，5200 名流动党员在网上缴纳党费 31946. 9 元。在“网上 e 支部”的“网上党校”上，定期发布党课资料、专题讲座，入党积极分子可随时收看党课专题片，每年学分达到 40 分，才有资格进入考察环节。而党员则每周必须登录 1 次，每次在线时间不少于 15 分钟，在线累计不少于 1 小时；每两周在论坛发帖 1 篇，每月至少提交 1 个讨论主题。

（二）通过党务活动的网络化，有效克服党员组织生活的缺位

“两新”组织党员和流动党员由于小型、分散以及组织关系与工作单位脱离的特点，已经成为市场经济深化发展条件下党员管理的一个热点难点问题。信息网络技术的迅速发展，为解决和克服这一困境提供了强而有力的技术支持。通过组织生活的网络化，可以有效克服“两新”组织党员和流动党员参加组织生活的“缺位”问题。比如，上海市社会工作党委针对“两新”党组织“小型、分散”等特点，依托上海“两新”互动网已开设 2218 个“支部网站”、注册党员 30343 名，累计召开“网上组织生活会”1637 次。[①] 而上海普陀区桃浦镇李子园村新经济组织联合党支部[②]的“网上组织生活”也提供了积极有益的探索。该党支部共有 22 位党员分布在 12 家单位。联合党支部运用市社会工作党委提供的“两新”互动网平台，开展“网上组织生活”、网上审批党员转正，在“两新”组织党建信息化方面做出初步尝试。三年多来，进行了十次网上组织生活。时间均安排在周五晚上，每次两小时左右，受到党员们的欢迎。“网上组织生活”结束后，内容一般保留三天。因事缺席的党员在保留期内可以随时上网浏览“网上组织生活”会议记录，并可补充发言。等保留期终止后，党支部书记将会议记录打印归档。利用“网上组织生活”功能，党支部安排了学习党内文件、春节团拜、支部汇报工作、党支部和党员双评、讨论党日活动、缴纳特殊党费等内容。另外，经上级党委同意，党支部也尝试利用网上组织生活的功能，审批预备党员转正。由于事先准备比较充分，

---

① 高骥、虞志灏：《基层党建 e 时代》，上海人民出版社 2012 年版，第 64 页。

② 高骥、虞志灏：《基层党建 e 时代》，上海人民出版社 2012 年版，第 64 页。

在审批两名预备党员的转正中，党员的发言和表决都比较顺利，网上审批获得了成功。通过把网上活动与网下活动结合起来，实现了党务活动的网络化。

总之，“支部网站”“网上组织生活”的建立，突破了传统单位管理的局限，实现了跨时空的联动，找到了在流动性、分散性日益加剧的趋势下对党员实现“再组织化”的有效载体，创新了基层党党建工作的模式，也增强了党内活动的生命力。

三、党员学习教育的网络化

党员学习教育的网络化，主要是指依托党员干部现代远程教育系统、党建网站等平台实现对党员学习教育的统一实施。应该说，党员学习教育的网络化，由于在学习教育的内容、形式、载体等方面与传统的组织教育有着较大区别，因此在一定程度上可以提高党员学习教育的主动性与积极性。据学者高骥调查①显示，在支部生活中，90% 以上的党员反感读报形式；50% 以上的党员对讲解形式所传达的要点有不同程度的不理解；30% 左右的党员认为党员教育电视片教育内容不及时。通过党员学习教育的网络化，既可以通过新颖的形式吸引党员，又可以通过统一的教育内容统一党员的思想认识。以上海市浦东新区为例。党员干部现代远程教育平台已实现社区（街道）、镇、村（居）广覆盖及机关、国有企事业总支以上单位的全覆盖。世博期间，市委组织部利用这一平台，对全市 215 个乡镇、街道、园区的党（工）委班子，5000 多个居（村）党组织书记及班子成员进行直播培训，并开展了 100 多万党员的全员集中培训。

同时，借助网络技术跨时空的优势，基层党组织特别是郊区的党组织和党员能随时随地点击网上课件，做到了广覆盖、强动员，党员教育内容的丰富性、拓展性、多样性和便捷性得到有效增强，也有效解决了部分党员和部分入党积极分子工学矛盾、难以集中等困难。网上学习已成为推进学习型党组织建设的重要载体。

四、党员组织管理的网络化

党员组织管理的网络化，主要是为破解党员队伍中的两个情况的管理困境而摸索实践出来的新的组织形式。这两个管理困境主要指两个方面：

---

①　高骥、虞志灏：《基层党建 e 时代》，上海人民出版社 2012 年版，第 12 页。

一是流动党员的管理；二是“两新”组织中的党员管理。

（一）流动党员的管理

在流动党员的管理方面，党员组织管理的网络化可以实现党员组织关系的实时对接，从而能够确保党员组织管理的连续性。我国社会的飞速发展，使得社会经济结构和组织方式日益多元化，原来以单位部门为主开展党员教育的组织结构有了较大变化，大量下岗、离岗、转岗党员的出现，以及党员从业的流动性、多样性、分散性的趋势，使传统的党组织出现了覆盖盲区。据2000年底统计显示，全国有流动党员128.3万名，约占全国党员总数的2%。[①]而随着改革开放的日益加深，社会流动性愈益增强，流动党员人数也在不断攀升。2011年6月24日，在中央外宣办举行的新闻发布会上，中组部副部长王秦丰向中外记者介绍中国共产党组织建设情况时说，截至2010年底，中国共产党党员总数为8026.9万名。基层组织总数为389.2万个，其中基层党委18.7万个、总支部24.2万个、支部346.3万个。其中，农民工流动党员人数达300多万。[②] 流动党员人数的增多，往往造成由于组织机制上的不完善而使党员的组织关系转接难、党员去向掌握难、党员身份明确难、组织生活参加难等问题。大量的流动党员游离在党组织之外，成为“隐形党员”“口袋党员”。因此，各级党委组织部门对其进行了积极探索。

以上海市徐汇区凌云社区（街道）的流动党员管理实践为例。凌云社区（街道）通过创办“凌云‘两新’党建网站”，初步尝试了对流动党员的教育管理。2006年7月24日，19岁的小厉在网站论坛里发出了“关于信仰”的帖子。这位年轻的党员马上要去香港读书了，他担心自己到境外念书，理想信念会发生改变，于是求助于党组织，希望“帮助海外共产党员接受党的教育”，称这是“‘两新’组织的一个重要职能”。小厉的发帖引起了网上的激烈讨论。率先上网和小厉谈信仰的是66岁的党员谢伟健。他鼓励小厉，到境外读书时，要在复杂的社会环境中，有意识地磨炼自己、接受考验。他相信，新的社会环境更有利于年轻人对复杂世界的认知，有利于世界观的改造。小厉马上发帖表示赞同。更多的党员参与了信仰的讨论，不断给小厉以面对新环境、新挑战的信心勇气。凌云论坛负责

---

① 《全国党员教育管理工作取得明显成效》，《人民日报》，2001年6月29日。

② 《全国党员总数8026.9万》，搜狐网，http：//roll.sohu.com/20110625/n311608218.shtml，2011年6月25日。

人王雅琴说：请小厉放心，只要你主动与党组织保持联系，我们一定及时把学习、教育的内容传递到你手里。[①] 凌云论坛对流动党员的探索，虽然还处于初步摸索阶段，但却提示我们：可以通过网络的跨地域性，保持与党员通讯联系，实现对流动党员的组织管理。

以长沙为例。长沙市通过依托党员信息数据库，实现了对流动党员组织关系的转接和组织管理。如下图[②]：

长沙市流动党员管理图

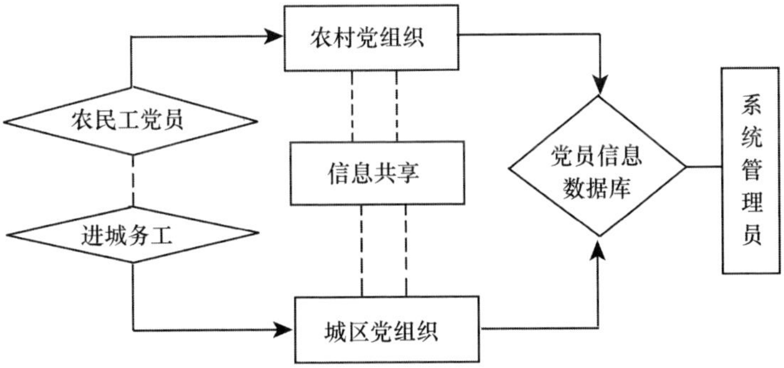

（二）“两新”组织的党员管理

在“两新”组织的党员管理方面，党员组织管理的网络化可以通过基层党组织的网络化，实现对“两新”组织党员的统一管理。市场经济的深入发展，使得新经济组织、新社会组织（简称“两新”组织）大量涌现，成为经济社会发展的重要推动力量。以上海为例，截至 2007 年，上海全市有“两新”组织 68 万家，从业人员 586 万名，占全市从业人员的 58%。[③] 而“两新”组织的非公有性，使得党组织在“两新”组织中无法实现强而有力的组织覆盖，党员也由于分散性而往往无法参加正常的组织生活。为此，各地通过建立“网上党支部”的形式尝试解决这一问题。

---

① 高骥、虞志灏：《基层党建 e 时代》，上海人民出版社 2012 年版，第 41—42 页。

② 连玉明、武建忠主编：《中国舆情报告（2011）》，中国时代经济出版社 2011 年版，第 9 页。

③ 许德明：《凝聚·覆盖·活力——上海“两新”组织党建工作方式方法创新案例图文集·序》，文汇出版社 2007 年版，第 1 页。

中共上海市社会工作委员会[①]以建立支部网站为推手，对“两新”组织的党员管理工作进行了积极的探索。通过支部网站的准确定位，实现技术、功能和价值三个层面的展开。具体来说，就是将支部网站定位为：传播核心价值观的前沿阵地；创新基层党建方式的实践平台；推进党务公开、展示党员形象的基层窗口；服务党员群众的网上家园。

在技术层面上，扩大支部网站覆盖面，实现支部网站对“两新”组织党组织、党员的全覆盖，使支部网站成为联系群众、动员群众的有效网络。具体来说，主要包括四项内容：扩大建站比例、完善信息库建设、延伸服务领域和整合有效信息。

在功能层面上，通过完善支部网站服务内容，对接“两新”组织党建工作重点，推进党建日常工作的信息化与网络化，使支部网站成为推进“两新”组织党建工作的有效手段和载体。具体来说，就是要做好三项工作：改善服务模式，注重把推动支部网站建设与为党员提供一门式服务结合起来；丰富活动形式，注重把推动支部网站建设与方便基层党组织活动结合起来；推进党务公开，注重把推动支部网站建设与推进党务公开、接受党员群众监督结合起来。

在价值层面上，通过提供卓有成效的活动与服务，增强支部网站在“两新”组织中的影响力，发挥对“两新”组织群体和广大社会成员的引领作用，使支部网站成为宣传、凝聚、服务、引领党员群众的前沿阵地。具体来说，就是要努力做到：改善沟通模式、扩大沟通范围、加强沟通力度和团结意见领袖。

总之，上海市社会工作委员会通过支部网站系统建设，基本形成整体布局合理、功能操作简便、活动经常有效、凝聚党员群众的上海“两新”支部网站运行格局。

以外资企业中的党员管理为例。上海市对外服务公司（简称“上海外服公司”）[②] 通过网络化管理实现了对外企党员的组织管理。如何管理好外企党员，是新时期党建工作面临的一个新问题。上海外服公司党委认为，要解决好这一问题，首先必须准确掌握外企党员的真实情况。经过调研发

---

① 施南昌：《“两新”组织党建信息化工作的思考》，《党建通讯》，上海市党的建设研究会主办，2011 年第 5 期。

② 上海市对外服务公司成立于 1984 年，是一家主要为外资企业、外商驻沪代表机构提供人力资源服务，以及商务代理、人力资源咨询等延伸服务的国有企业。

现：外企党员年纪轻、学历高，但由于党龄短，缺乏严格的组织生活锻炼，进入外企后，基本与党的生活“绝缘”，就像进入“另一个世界”，党员意识淡薄，普遍存在对党组织“欲近又远”的心态。针对外企党员存在的上述实际情况，公司党委经过多年探索，认为可以通过网络等现代化通讯手段实现对外企党员的组织管理。在2003年，公司党委正式开通了网上信息服务平台——“外资企业党员之家”。通过这一平台，公司党委可以将组织活动的相关信息群发到党员信箱；党员只要登录这一平台，便能获知组织最新讯息。当党员出差在外无法赶回时，党支部还能通过网上平台开展组织生活。为了加强“外资企业党员之家”管理平台的使用效率，公司党委要求各党支部，对每一位新加入外资企业的党员做到“六个一”，即见一次面、谈一次话、留一个联系方式、给一份党员联系手册、告知一个“外资企业党员之家”网址、送上一套党员日常管理办法。通过网上网下的共同努力，在如何管理外企党员方面进行了有益探索。①

第三节　网络舆情治理：发挥网络党组织思想引导作用

中国共产党第十七届四中全会指出：“实现党组织和党的工作全社会覆盖，做到哪里有群众哪里就有党的工作、哪里有党员哪里就有党组织、哪里有党组织哪里就有健全的组织生活和党组织作用的充分发挥”，并特别指出要“注重分析网络舆情”②。在网络已经成为当代中国社会政治生活的重要组成部分的形势下，如何在网络环境中健全党组织的组织生活和发挥党组织的作用，是党组织创新发展必须面对和解决的一个重要问题。从党组织建设的未来发展趋势来看，哪里思想最激荡，党组织就应该延伸到哪里；哪里集聚的人气最旺，党组织就应该影响到哪里；哪里矛盾最复杂，党组织就应该发挥作用到哪里。网络党组织作为党组织在网络环境中组织形态的新载体、新形式，在如何应对和疏导网络舆情时，有着自己独特的角色功能。因此，从网络党组织功能拓展的角度而言，在治理以“网络群体性事件”为代表的网络舆情危机中，网络党组织是前景广阔，大有作为。

---

① 高骥、虞志灏：《基层党建e时代》，上海人民出版社2012年版，第40页。

② 《中国共产党十七届四中全会公报》，2009年9月18日。

一、"大众麦克风"时代的"网络群体性事件"

无论从传播技术的迅猛发展来看，还是从公民社会日益成长的角度而言，自2009年以来各种网络舆情危机特别是"网络群体性事件"的频频发生表明：当前中国社会转型期间暴露出来的一些现实问题和矛盾，借助于网络舆论获得全新的社会动员条件和机会，不仅使网络成为"民间舆论"的强大集散地，而且能够通过网络舆论的影响力在一定程度上影响社会现实问题的解决。可以说，在人自为媒体的"大众麦克风"时代，公民的意见表达变得更为便捷、更为有效，由此而引发的网络舆情危机也更难以防范和控制。

（一）"网络群体性事件"的提出与当下状态

2009年6月1日的《瞭望新闻周刊》[①] 发表文章认为：群体性事件不仅发生在现实世界中，在网络上同样发生。而其中的一些负面"网络群体性事件"，可以在很短时间内损害百万群众心中的党政机关形象。对此，许多地方党政干部还缺乏足够明确的认识，对网民回应不足、不及时、不充分的现象普遍存在。

"网络群体性事件"一词作为一种描述当前网络舆情现状的专用术语开始引起网上网下的热议[②]。且不论这一术语是否能够全面客观地反映网络舆情的真实情况，仅是大范围网络舆情危机事件的频繁发生，就必须引起我们的足够重视。在短短的时间里，"南京天价烟房产局长事件""温州赴美公款考察团事件""云南躲猫猫事件""河南王帅事件""杭州飙车案""巴东邓玉娇案""绿坝事件""质疑29岁市长事件""官员公示财产呼吁""杨达才的微笑门"等等，都在网上引起轩然大波，短时间内点击量上百万，跟帖数万计，并使传统媒体介入，使上述事件迅速演变成全国瞩目的公共事件，呈现出"一呼百万应"的现象。

---

① 代群、郭奔胜、季明、黄豁：《应对"网上群体性事件"新题》，《瞭望新闻周刊》，2009年6月。

② 有相当一部分学者和网民认为，用"网上群体性事件"来描述网络舆情，是一种带有歧视性的意见倾向，是对"社会群体性事件"的生搬硬套，不仅混淆了二者之间的区别，掩盖了网络舆情的内在本质，而且极易引发对网络舆情采取行政干涉和控制的冲动，从而在事实上加深了网络舆情的危机程度。笔者在研究中采用了"网络群体性事件"的术语，并不是有意混淆"网上群体性事件"与"社会群体性事件"，而是"网络群体性事件"在对网络舆情危机的描述上能够满足对此类事件的客观表述。

（二）“网络群体性事件”的内涵与特征

什么是“网络群体性事件”呢？按照《瞭望新闻周刊》文章的解释，即是指通过对社会热点焦点问题和现实矛盾等的关注和揭露，借助网络这一表达渠道，形成具有规模大、影响广、舆论强的网上事件。

笔者以为，所谓“网络群体性事件”就其实质而言就是网络舆情。“网络群体性事件”不过是网络舆情的一种特殊类型或是特殊的表现形式而已。只不过在规模、影响、强度等方面使网络舆情表现出危机状态，迫切需要进行及时有效的危机管理。因此，“网络群体性事件”即是指民众以网络为平台，借助网络论坛（BBS）、网络聊天（Chatting）、博客（Blog）、维客（Wiki）、电子邮件（E－mail）及网络新闻组（Usenet）等网络工具，以即将发生或已经发生的社会热点焦点问题为关注对象，通过发布信息以表达自己的意见倾向，并在各方意见争执中形成强大的舆论场，从而促使关注对象的相关方采取有效措施来缓和舆论，平息事态，解决问题。应该说，从这一意义上讲，“网络群体性事件”的发生具有积极的建设性意义，在一定程度上代表和反映了民意。

那么，“网络群体性事件”具有哪些特征呢？任何一种群体事件的发生，都有其发生发展的条件。“网络群体性事件”既是网络舆情的一种表现形式，在心理和行为上也具有集群行为的特点。所谓集群行为，是指人们的行为一般说来大都处在既定的社会规范的制约之下，但在一些特殊的情境中，会产生一些不受通常行为规范所指导的、自发的、无组织的、无结构的，同时也是难以预测的群体行为方式。美国社会学家尼尔·斯梅尔塞认为，集群行为的发生有六个必要且充分的基本条件：（1）环境条件；（2）结构性紧张；（3）普遍情绪的产生和共同信念的形成；（4）诱发因素；（5）参与者的行动动员；（6）社会控制。只有当这六个特定条件在特定情况下结合起来或相互作用才能导致集群行为的产生。“网络群体性事件”之所以能够演变成为一种网络集群行为，就在于网络提供了其发生发展所需的空间、条件、资源以及情感需求。一个重量级新闻事件的报道，立刻会引起蛰伏在网海深处的网络游民的群情激愤，四方云集，百万呼应，网络集群行为由此产生。从当前发生的“网络群体性事件”来看，这种网络集群行为的特征主要表现为五个方面：

一是行为的随意性。“网络群体性事件”的发生，往往具有突发性和偶然性。而这种特性之所以形成，则是由于“网络群体性事件”发起者行为的随意性。这种行为的随意性主要包括两层意思：一是指目标的无选择性。比如“南京天价烟事件”就是因为网友无意中看到事件的主角——南京市江宁区房产管理局局长周久耕——所抽的“天价烟”而引起的。在强大的“人肉搜索”下，周久耕浮出水面，并最终撤职获刑。可以说，网友的这种行为具有极大的随意性，周久耕成为无意识选择的替代品。二是指表达的无约束性。网络空间的隐匿性，使在现实中受到各种条条框框限制的民众，能够在遵循网络规则的前提下表达自己对某一事件的看法，而不必担心来自现实权力的约束。比如“云南躲猫猫事件”，针对云南省晋宁县公安机关给出的“李乔明与同监室的狱友在看守所天井里玩躲猫猫游戏时遭到狱友踢打，并不小心撞上墙壁而导致死亡”的解释，引起了网上热议，继而成为舆论争议的焦点，不少人认为玩躲猫猫致死的说法太站不住脚，更有网友调侃道：“珍爱生命，不躲猫猫。”

二是目标的具体性。“网络群体性事件”虽然也具有集群行为的特征，但与现实社会的集群行为相比，“网络群体性事件”的集群行为具有目标设定的具体性。当前中国社会所发生的一些社会群体性事件，就其发生发展的过程来看，其集群行为具有鲜明的过渡性特征，并非一开始就具有明确的目标指向。比如吉林通钢事件，部分职工因不满企业重组而在通钢厂区内聚集上访，只是想获得相应的权利，而没有想到会发生总经理陈国军被殴打致死的悲剧。“网络群体性事件”中的网民集群行为则具有明确而具体的目标指向性。无论是“杭州飙车案”还是“巴东邓玉娇案”，网民的这种集群行为都表现出对关注对象的高度集中。

三是表达的结构性。“网络群体性事件”作为网络舆情的一种表现形式，其意见表达呈现出鲜明的结构性特征。(1)“意见领袖”的跟进与领导。在整个意见表达结构中，“意见领袖”就是一面旗帜，踞于金字塔尖，起着指引前进方向的作用。(2)普通网民的声讨与支援。“网络群体性事件”之所以能够成为网络热点，就在于其参与人数的众多及由此所引起的广泛影响。广大网民源源不断的加入，厚实了网络舆情的群众基础，提升了意见领袖的魅力指数，从而使金字塔型的表达结构更加稳固有力。(3)网上网下的衔接与转换。当前“网络群体性事件”的一个显著特征就是网民不再满足于“坐而论”，而是转向“起而行”。“人肉搜索”的强大及其暴露个人隐私所引发的各方争议，无疑都在证明网络空间和现实空间的衔接与转换不仅具有可能性，而且已经成为“网络群体性事件”向现实生活延伸的桥梁。正是这两个空间的衔接与转换，使得网上网下形成舆论与行动的互动，增强了“网络群体性事件”的处置难度。

四是意见的从众性。“网络群体性事件”的意见从众性特征，首先是指“意见领袖”在网络舆情传播过程中的主导作用。一般说来，“意见领袖”由于其强大的网络号召力和影响力，其对某件事的看法和态度就具有了现实生活的“名人效应”。对于在网络生态环境中娱乐游戏的普通网民而言，其对某件事所投入的时间和精力都无法与“意见领袖”这一网络职业人相比。因此，在“名人效应”的影响下，往往在表达自己意见的时候，就会自觉不自觉地受到“意见领袖”的左右。其次指个体在集群行为中的盲从。在“网络群体性事件”中，参与其中的网民个体由于受到集群压力等因素的影响而存在知觉、判断、信仰或行为上与多数人趋于一致的现象，从而表现出盲从的公众心理。盲从是指不问是非地附和别人，在群体性事件中是一种普遍存在的心理现象，是公众在群体事件影响下的一种非理性的心理反应。由于群体事件中各种信息真假掺杂，公众无法做出正确判断，容易受群体行为和情绪的影响，往往会不假思索就盲目跟从附和多数人的意见。

五是言语的激烈性。基于网络交流所特有的“没有人知道你是条狗”的隐匿性特征，网民可以尽情地释放隐含于每个人内心深处的抗拒性情感，在虚拟的行侠仗义中透彻地宣泄情绪以获得某种心理快感。然而，词锋尖锐与言语激烈并不能等同。在考察“网络群体性事件”时，可以发现言语上的激烈性，甚至带有人身侮辱的语言处处可见。从社会心理学角度来看，一方面，部分网民言语上的激烈性只是想宣泄自身对他人或社会的不满。它其实是一种挫折攻击行为的表现，即如果人们无法适应社会发展带来的新变化，无法接受新事物，无法与变化了的社会环境相协调时，就会产生挫折感，甚至产生恐惧感和破坏欲。网络环境的相对宽松，无疑为这一心理提供了释放的渠道。另一方面，法不责众的心态使得个体网民在“网络群体性事件”中有一种放纵本能的渴望。例如，2009 年 7 月 24 日，吉林通化钢铁公司由于股权调整引发职工不满，民营企业派驻的总经理被活活打死。新闻跟帖几乎一边倒地赞扬通钢“工人阶级了不起”，幸灾乐祸于“打死个把资本家有什么了不起”。正如法国社会心理学家古斯塔夫·勒庞在《乌合之众》中指出，在群体之下，个人“会感觉到一种势不可挡的力量，这使他敢于发泄出自本能的欲望……他很难约束自己不产生这样的念头：群体是个无名氏，因此也不必承担责任。这样一来，总是约束着个人的责任感便彻底消失了”，“当他加入一个不负责任的群体时，因为很清楚不会受到惩罚，他便会彻底放纵这种本能”。[①]

（三）“网络群体性事件”的发生机制

从传播学的角度来看，按照正常的传播规律，一个热点话题在网上传播的高峰正常为三天，在三到五天后，如果突然再次出现传播的高峰，而又没有特殊原因，这样的传播高峰就极可能是人为推动上去的。“网络群体性事件”之所以能够从网络环境中普遍存在的网络舆情发展成为惊动四方、令人侧目的群体性事件，就在于其自身所存在的持续的内在动力机制，不断推动网络舆情事件朝着既设目标前进，不达目的，誓不罢休。考察近年来发生的诸多“网络群体性事件”，其发生发展基本上遵循以下模式：

首先，客观事件发生的意见形成交流阶段。“网络群体性事件”的发生往往是由一些网络上出现的有关某事件的一篇帖子或者一段视频，然后经由网络传播，引起网民普遍关注引起的。在关注的过程中，网民从各自的立场、阅历出发开始发表对事件本身的意见，从而在意见交流中不断推动事件向更深层次发展。

其次，赢得多数、意见领袖的产生阶段。仅仅只是局限于网上的文字表述或视频观看并不能维持网民关注的持久热情。对事件本身真实性的追索，才能够冲破传播时限，吸引网民的关注。因此，在网民对事件发表意见的初始阶段之后，随着网络达人的跟进，通过强大的“人肉搜索”，将事件相关方的详细资料（姓名、住址、籍贯、电话、邮箱、真实社会身份，甚至是与其相关的其他人的信息等）公之于众，在满足网民对真实情况了解的愉悦基础上，进一步刺激了网民的意见表达。在这一意见表达的过程中，不同的意见开始形成多数并趋于一致，意见领袖逐步从纷争中脱颖而出，成为网络舆论的风向标。

最后，舆论导向与现实回应阶段。多数意见形成以后就会使网民成为强大的舆论“压力集团”，从而使网上的虚拟意见开始转向对解决问题的现实诉求。在诸多“网络群体性事件”中，事件的最终解决基本上都是事件相关方在网民的关注与网络舆论的强大压力下，澄清事实、公开致歉。但是，应该看到，在这一解决问题的过程中，现实社会控制力量的回应、介入与惩戒，始终是控制事态恶性发展、缓和平息汹汹舆情的关键所在。

---

① ［法］古斯塔夫·勒庞著，冯克利译：《乌合之众：大众心理研究》，广西师范大学出版社2007年版，第49—50页。

由此也可以看出，“网络群体性事件”的发生，虽有网络特有的爆料娱乐性，但在这种调侃式的舆情背后，则是植根于对社会现实的深沉关注。

在“网络群体性事件”的发生机制中，有两个因素发挥着重要作用，使网络的放大功能获得了倍增效应。

一是“网络群体性事件”中的“蝴蝶效应”。何谓“蝴蝶效应”？“在南美洲亚马逊河边热带雨林中，一只蝴蝶漫不经心地拍动几下翅膀，可能在两周后引起美国德克萨斯州一场灾难性的风暴。原因在于：蝴蝶翅膀的运动导致周围的空气发生变化，并引起微弱气流的产生，而微弱气流的产生又会引起四周空气或其他系统产生相应的变化，由此引起连锁反应，最终导致其他系统的极大变化。”这是1963年美国麻省理工学院气象学家洛仑兹根据一次科学计算的结果提出的“蝴蝶效应”的完整阐述。“蝴蝶效应”作为一种混沌现象，其前提是复杂系统即非线性系统，在总体趋势不变的情况下，由初始条件的微小变动导致未来前景的巨大差异。“网络群体性事件”中的“蝴蝶效应”，即是指在网络虚拟空间里，在传统媒介把关人弱化的情况下，网民对于一个突发的公共事件进行完全公开、自由平等的意见表达时所形成的一种舆论表征；是在网络舆论初始条件不确定的情况下，进行意见表达时形成的一种非线性不规则的混沌现象。或许只是一个帖子或网站上的一条小消息，就会引起众多意见的卷入，从而使矛盾不断升级，事态呈现爆炸性扩大或骤然倒向变更，导致事实信息的扭曲和舆论评价的压倒性倾向，进而构成对现实的强大舆论压力，使“网络群体性事件”最终演变成为一种网络集群行为。

二是“网络群体性事件”中的“沉默的螺旋”。“沉默的螺旋”理论是德国社会学家诺伊曼于1974年在《传播学刊》上发表的一篇论文中提出的一个概念。[①] 该理论认为，大众传播媒介在影响公众意见方面，具有

---

① “沉默的螺旋”概念来自伊丽莎白·诺艾尔—诺依曼多年来发展并验证的一个更大规模的民意理论。“沉默的螺旋”仅指该理论中对大众传媒来说最为重要的一个原则。一般而言，“沉默的螺旋”理论关心的是四种因素之间的相互作用：大众传播、人际传播及社会关系、个人观点的表达、个人对自己周围社会环境的“民意气候”之感知。该理论基于社会心理学中的一种基本思想，即个人意见依赖于其对别人意见的理解。诺艾尔—诺依曼指出了她理论的下述主要假设：（1）具有异常想法的个人有被社会孤立的威胁；（2）个人总是有被孤立的恐惧感；（3）因为害怕被孤立，个人总是力图估计民意的气候；（4）这种估计的结果会影响公众场合的行为，特别是在是否公开表达还是隐藏自己的观点的时候。见［英］丹尼斯·麦奎尔、［瑞典］斯文·温德尔著，祝建华译：《大众传播模式论》，上海译文出版社2008年版，第101—102页。

强大的力量。通过媒介对某一事件、某一议题的大量、一致的报道，会引起持相反意见的另外一部分人的沉默。这样，一方表述而另一方沉默的倾向开始了一个螺旋上升过程，这个过程不断把一种意见确立为主要意见。“沉默的螺旋”假说建立在对人的社会从众心理和趋同行为的分析基础之上，而“从众”和“趋同”发生的根本动因在于人对社会孤立的恐惧。根据社会心理学的观点，舆论是一种社会控制的机制，是公开场合中被表达的观点和涉及价值观问题的行为。所以，只有那些“被认为是多数人共有的、能够在公开场合公开表明”的意见才能成为舆论。而舆论一旦形成就会产生强制力——公开与之唱反调就会陷于孤立状态，就有遭受社会制裁的危险。为了免于这种制裁，人们只有在公开的言行中避免与其发生冲突。这便是“沉默的螺旋”开始旋转的起点。因此，当一个有争议的议题在网上出现，人们就会对此众说纷纭，发表自己的不同意见，但是随着几次公开的意见交锋之后，可能只有一种意见占据明显的上风，其他的意见会随着时间的流逝而逐渐弱化，最终可能只能听见一种声音。“网络群体性事件”之所以能够构成对现实回应的强大舆论“压力集团”，就在于在“沉默的螺旋”效应下多数意见的形成与确立。

“网络群体性事件”的发生，有着深刻的社会现实原因。要解决好“网络群体性事件”，归根结底还在于政府的有效作为。

二、“众声喧哗”：“网络群体性事件”中的政府作为

2009年以来发生的“网络群体性事件”，在多方共同努力下基本上都能够得到认真回应和切实解决，既彰显了网民讨论社会公共事件的主动性和推动事件发展进程的强大力量，又显示了各级政府转变执政思路、求真务实的真诚，体现了网上网下、网民与政府之间的良好互动。但是，我们仍然应该看到，在当代中国社会急剧转型的历史大背景下，以“网络群体性事件”为代表的网络舆情作为对社会现实问题的一种意见表达形式，不仅将以一种常态化的方式存在，而且将会随着公民意识的成长而越来越发展壮大，对中国社会的影响也将越来越深刻。对于各级政府来说，在面对“网络群体性事件”时，能够从根本上转变执政思维，理性与宽容地对待“众声喧哗时代”的公民意见表达，还是执着于“被时代”的强制性角色监护，仍然是一个任重而道远的艰巨任务。

（一）“网络群体性事件”的治理主体——政府及相关职能部门

2009年12月22日，人民网舆情监测室发布《2009年中国互联网舆情

分析报告》指出，在2009年为数众多的网络热点事件中，发帖超过5000份的热点事件有16项，其中，发帖过万份的事件有5项。[①] 这些热点事件主要涉及公民权利保护、公共权力监督、公共秩序维护和公共道德伸张等一系列重大社会公共问题，既体现了广大网民积极的社会参与意识，也反映了政府对网络舆情危机关注的焦点所在。事实上，与2008年网络流行的“囧”“雷人”“山寨”等单纯戏谑、搞笑的热词风格不同，2009年网络热词大部分来自于社会公共事件：“钓鱼执法”“躲猫猫”“楼脆脆”……仔细分析，不难看出，公权力大、公益性强、公众关注度高的“三公部门”和其中的公职人员，极容易成为网络热点新闻炒作的焦点。例如，以“史上最牛”“天价”等词搜索，就会发现“史上最牛的中部地区处级官员别墅群”“史上最牛的官腔”“史上最牛的官员语录”“史上最牛服务通知”“史上最牛公章”“天价烟局长”“天价薪酬高管”“天价表县委书记”“天价公款账单”等话题，无一例外都是网上热点。“史上最牛”加“三公部门”型的网络事件，溯其本源其实就是公共部门和公职人员“涉腐”“涉富”“涉权”等三类事件。而在喻国明主持发布的《中国社会舆情年度报告（2011）》中进一步指出，2010年全年舆情事件涉及的具体领域方面，政府部门及个别官员的行为不当是重点集中领域；在关涉的主体方面，公检法系统、明星、县处级官员位列其中；在舆情事件分布的行政级别方面，出现了向大城市、小县城两级分化的趋势。[②] 在当前社会处于转型期的背景下，人们对于公权力如何参与社会利益的调整非常敏感，因此，各级政府及其公务人员的作为就成为网络舆情关注的热点和焦点。

在“网络群体性事件”的处置过程中，政府相关职能部门发挥着关键的沟通协调作用。可以说，相关职能部门回应网络舆情要求的态度与作为，直接关系到网络舆情能否理性发展和问题能否顺利解决。据人民网舆情监测室以“地方政府的网络舆情应对处置能力”为题，在2009年先后发布的“2009年上半年地方应对网络舆情能力排行榜”、“2009年第三季度地方应对网络舆情能力排行榜”和“2009年第四季度地方应对网络舆情能力排行榜”来看，应该承认，在吸取以往经验教训的基础上，各级政府相关职能部门在处理网络舆情危机的思路有所改变、能力有所提升。

---

① 祝华新、单学刚、胡江春：《2009年中国互联网舆情分析报告》。

② 喻国明主编：《中国社会舆情年度报告（2011）》，人民日报出版社2011年版，第18—21页。

（二）政府与“网络群体性事件”的博弈实质：舆情引导

随着网络传播技术的迅猛发展以及网民群体的扩大，一种有异于“第四种权力”的新的媒介权力形式——“第五种权力”也顺势崛起，迅速成长。所谓“第五种权力”，是指相对于“第四种权力”① 的依托于各种网络平台的网民舆论权或网络话语权。“第五种权力”的形成，固然是有赖于网络技术的成熟运用，但是，拥有独立信息源则是支撑这一权力的关键因素。据《2009 年中国互联网舆情分析报告》调查，在 2009 年 77 件影响力较大的社会热点事件中，由网络爆料而引发公众关注的有 23 件，约占全部事件的 30%。也就是说，约三成的社会舆论因互联网而兴起。特别是在传统媒体因为种种顾虑而缺席或反应迟钝的情况下，互联网孤军深入，成为网民自发爆料和集结舆论的平台。互联网已经成为新闻舆论独立源头。②正是在这一独立信息源的支持下，在中国公民社会日益成长的基础之上，“第五种权力”开始逐步走向成熟，并在媒介独立、舆论监督方面发挥主要作用，补充了“第四种权力”之不足，从而促进了社会的进步与发展。据《人民日报》与人民网 2009 年 1 月初的民调显示：当被问到“你是否关注网络监督”时，参与调查的网民中有 87.9% 选择“非常关注”，仅有 2.8% 的网友表示“不关注”。当被问到“当你遇到社会不良现象时，是否会选择网络曝光”，93.3% 的网民选择“网络揭发社会不公”。在对网络监督的必要性的判断上，有 50.6% 的网友认为“非常必要，是对传统舆论监督的有力补充”。而在公众最愿意用什么渠道参与反腐的问题调查时，排在首位的是“网络曝光”，75.5% 的人选择此项。接下来依次是：举报、媒体曝光、信息公开、信访、审计。③

“第五种权力”的监督作用，也得到了党和政府的高度重视。党的十七届四中全会提出，“健全反腐倡廉网络举报和受理机制、网络信息收集和处置机制”。2009 年 5 月再版发行的《中共党建辞典》收录了一个新词条：网络反腐，是互联网时代的一种群众监督新形式，借互联网人多力量大的特点，携方便快捷、低成本、低风险的技术优势，更容易形成舆论热

---

① “第四等级”（Fourth Estate）或“第四种权力”（Fourth Power），是欧美西方社会对于新闻媒体在社会中地位的表述，是指在立法、行政、司法这三种权力之外一种独立的社会力量，其社会职能是“监法”，即对上述三种社会权力进行舆论监督，以保证这三种权力的运作透明，以及社会肌体的健康运行。

② 祝华新、单学刚、胡江春：《2009 年中国互联网舆情分析报告》。

③ 《中国青年报》，2009 年 10 月 27 日。

点，成为行政监督和司法监督的有力补充。2009 年 5 月 4 日，最高人民检察院公布了修订后的《人民检察院举报工作规定》，明确将网络纳入举报渠道。这一规定中特别指出，对网上举报，要通过网络进行答复。对使用真实姓名或者单位名称的举报，除通讯地址不详的以外，应当将处理情况和办理结果及时答复举报人，自觉接受群众监督。中央纪委、监察部于 2009 年 10 月 28 日统一开通全国纪检监察举报网站，受理群众对党员、党组织和行政监察对象违反党纪政纪行为的检举控告，开通之初一度因访问过多而导致服务器无法承受。中组部“12380”举报网站、最高人民法院法官违法违纪举报中心网站、最高人民检察院举报网站（12309）等也相继开通。

以网络舆论权为代表的“第五种权力”，由于其独特的任何人、任何时间、任何地点的参与、表达与互动的媒体特征，使得传统的新闻传播、舆论监督，正在向网络舆论或网络话语权悄然发生着一种“权力转移”的变化。正是在这一新权力建构的基础上，以“网络群体性事件”为代表的网络舆论开始具备了与政府进行博弈的能力。

（三）政府治理网络舆情的当下困境

2009 年 6 月 24 日的《人民日报》发表“石首事件”评论，批评了地方政府在处理突发“群体性事件”时“缺席、失语、妄语”，“甚至想要遏制网上的‘众声喧哗’，则既不能缓和事态、化解矛盾，也不符合十七大提出的保障人民知情权、参与权、表达权、监督权的精神”。应该承认，就目前“网络群体性事件”的治理现状而言，各级政府相关职能部门的表现往往是乏善可陈的，上述问题依然存在。具体来说，政府相关职能部门在网络舆情治理中的困境主要表现在四个方面：

其一，在治理的态度上，存在着“不信任”的问题。当前“网络群体性事件”之所以能够频频发生，很重要的一个原因就在相关职能部门对网络的“不信任”态度造成的。认为来自网络的声音或现象主观臆测多于客观真实，跟风起哄多于理性分析、私心名利多于公平正义，“网络，就是一个麻烦的制造者”。

其二，在治理的思维上，存在着“不接触”的问题。正是因这种对网络的“不信任”态度，使得对“网络群体性事件”的治理上表现出强烈的“不接触”思维，置汹汹舆情于不顾。这主要是因为：一是对网络的不信任。二是缺乏与网络等新媒体打交道和对“网络群体性事件”的治理缺乏应对经验：先是漠然置之，视而不见，任网民的不满情绪放大；继而仓促上阵，胡乱解释，意图掩盖真相；最后在网民步步追问下，不得不重新处理——进退失据，手足无措，让政府部门公信力一再受损。于是，与其“言多必失，授人以柄”，不如“闭口不言，沉默是金”。

其三，在治理的方式上，存在着“不回应”的问题。具体表现为：一是不主动回应“网络群体性事件”所暴露出来的相关问题和要求，能拖则拖，能捂则捂；二是在被动回应网络舆情要求时闪烁其辞、顾左右而言他。在实际的治理上，就人为地割裂了“网络群体性事件”的舆情诉求渠道，人为地构筑了现实场阈与网络场阈之间的深沟壁垒。

其四，在治理的机制上，存在着“不协调”的问题。主要表现为：一是相关职能部门之间气塞血壅，互不通气，喜欢单打独斗，突击冒进，往往出现在同一问题上却有着不同的表述，从而造成工作的被动，引起更大的质疑。二是在相关职能部门与网络舆情场阈之间缺乏应有的协调沟通机制，要么高高在上、态度强硬，绳之以严格的网络监控，诉诸强制性的压、堵手段，虽简单明快，有快刀斩乱麻之决断，但隐患极大，反弹更大；要么低眉俯首，有躬亲于民之心，却无与民沟通之途、之法，往往应对失措，无有布局章法可言，其治理能力为人所疑，效果达成只能差强人意而已。

由此，造成基层党组织“进不去”，思想政治工作“进不去”，公安、武警等国家强制力“进不去”的尴尬处境。分析造成这一“三进不去”的根源，主要在于政府相关职能部门观念认识的不足和现行体制的迟钝。

从观念认识方面来看，必须改变“话语平庸”的刻板风格，树立“说实话、办实事”的踏实作风，切实提升表达交流的效能。从当前网络舆情发展现状而言，事实存在着两个舆论场：一是各级党和政府通过权威发布和权威解读等方式，自上而下主动释放信息而形成的“官方网络舆论场”，报纸、电视、广播等传统媒体是信息的主要来源，网络等新媒体只是传播载体。另一种是依靠网民自下而上的“发帖、灌水、加精、置顶”而形成的“民间网络舆论场”，“草根网民”和论坛版主是这种传播模式的主体。两个舆论场的分离甚至割裂，虽然导源于中国社会的深刻转型所带来的社会结构的碎片化和利益分化，但是传统话语体系下的官员表达方式的刻板、模糊，面对网络的不会说话，导致民众对官员丧失信心，进而损害政府在百姓心目中的形象，却也是造成两个舆论场疏离的主要原因。在处置以“网络群体性事件”为代表的网络舆情危机中，我们不难发现一个细节问题，即网络舆情的发展往往会由某一个官员“不小心”（比如“替老百姓说话还是替党说话”）的一句话而起到推波助澜的作用，从而使网络舆情恶化发展，增加了处置成本，以至于不仅出现“三进不去”，还会出现“四说不下去”（“与新社会群体说话，说不上去；与困难群众说话，说不下去；与青年学生说话，说不进去；与老同志说话，给顶了回去。”）的尴尬。因此，要修复政府的公信力，提高民众对政府的信心，必须首先从改变话语体系开始，以“说实话、办实事”的务实作风，提升官方舆论场的表达效能，培育政府与社会、与网民的彼此信任。

从现行体制方面来看，必须改变网络治理力量的分散独立，搭建联防共治的协调应急平台，切实提高政府对网络舆情的治理能力。从我国现行网络舆情管理的现状来看，主要是由公安网络部门和各级宣传部门负责的。但是，在实际运行中，这两个主要部门都遇到不少亟需解决的问题。对公安网络部门来说，“网络群体性事件”具有爆发的突然性和规模的广泛性，网络的无属地划分与公安部门的属地管理原则的冲突使相关部门对往往是天南海北的网民就某一地的某件事而聚集起来的此类事件无法做出快速联合反应和有效处置。对地方宣传部门来说，由于缺乏必要的法律法规，对各类商业化网站运行也无法达到有效管理。因此，正是这一体制上的制约，往往造成“体制内”的官员对“体制外”的网络的“失控感”和“无安全感”，以致“网络群体性事件”爆发时，首先想到的可能就是恐慌与混乱，往往把事件的参与者看作是别有用心之人，因而也不会去想如何将其组织化、有序化，使之归于理性与文明，只是武断地采取断网、屏蔽手机信号、中断电视转播甚至出台禁令的做法[①]。然而，事态的恶化跟互联网并没有直接关系。相关部门的这种做法适得其反，更是损害了网民和社会对政府的信任，结果是事情越弄越糟，不可收拾。可以说，这种“体制性迟钝”，往往使政府在事件的处理及社会影响方面陷入很大被动，不得不付出更大的努力去敉平裂痕，挽回政府形象。因此，要改变这一体制性的迟钝，必须搭建统一协调的应急管理平台，切实提高各级政府平等、理性的网络治理能力，而不是武断、强制的网络管控能力。

---

① 比如，在2009年，不少地方针对“人肉搜索”立法，美其名曰“规范”，但重点却放在禁止上。2009年初江苏省人大通过《徐州市计算机信息系统安全保护条例》规定，禁止“人肉搜索”，并有相关处罚规定；从2009年5月1日开始，杭州正式施行《杭州市计算机信息网络安全保护管理条例》，实行网络实名制。不过，并未收到预想中的效果。其实，无论是打击网络色情，还是禁止“人肉搜索”，无论是社会公众还是网民都担心政府是醉翁之意不在酒。

三、政府舆情治理的成功经验：汶川地震时期的网络舆情

汶川地震时期的网络舆情，其实质是一种在突发公共危机状态下的舆情表达与影响。深刻分析汶川地震时期的网络舆情危机及其治理，对提升网络党组织的舆情危机治理能力提供了可资借鉴的思路与方法。

（一）汶川地震时期的网络舆情特征与治理

网络舆情是一个包含了态度、情感、心理和行为等多层面内涵的综合概念，是一个丰富的“民意表达场阈”。汶川地震时期的网络舆情在总体特征上表现为高度的正向一致性，即对政府救援的高度支持、对灾区民众的高度同情、对杜绝谣言的高度自觉。具体来说，这种高度一致性主要表现为以下四个方面：

从态度上看，广大网民对政府救援行动持积极正面的肯定态度。与地震之前多次发生的突发公共危机事件相比，广大网民对政府应对汶川地震的高效作为是比较满意的。汶川地震刚刚发生时，胡锦涛就召开中央政治局常委会议，讨论布署抗震救灾相关事宜，并委托温家宝赶赴灾区，亲临一线指挥。政府各级相关部门立即启动应急预案，军队迅速集结前往灾区救援。在随后的救灾过程中，中央政府通过动员整合社会资源，为抗震救灾提供了坚实的物质支持和坚强的精神支柱。可以说，政府通过自身的积极作为，在突发公共危机事件爆发之初，就掌握了处置的主动权，从而有力地遏止了不利趋向的发生，赢得了社会的广泛支持，引导了舆情的健康发展。因此，对中国政府在汶川地震中的高效作为，很多媒体称之为“中国式危机管理的典范”。正如美国约翰霍普金斯大学中国访问学者达巍在接受《环球时报》记者采访时表示，中国政府在地震发生后，反应非常及时，几乎无懈可击，就连卡特里娜飓风后美国政府的救灾行动也不能比拟。[①]

从情感上看，广大网民对灾区民众遭遇表达了高尚的人道关怀。在公共危机事件中，对生命的重视和关注，既是政府危机管理的首要原则，也是民众关心的核心价值。从政府危机管理的角度来看，面对地震所造成的巨大的生命财产损失，党和国家领导人亲临一线指导救灾，看望和慰问受灾群众。胡锦涛强调指出，要把挽救人的生命作为当务之急、作为重中之

---

① 《世界关注救援队挺进汶川 西方讲述中国“英雄”》，《环球时报》，2008 年 5 月 19 日。

重；温家宝指出，只要有一分希望，就要付出百倍努力。可以说，整个抗震救灾的过程就是党和政府高扬以人为本理念的具体实践过程。从社会的核心价值角度来看，汶川地震为全体中国人提供了一个深刻反思与自省的契机，在一定程度上唤醒了在经济浪潮中沉浮的众生百相。昔日攻讦不止、谣言不断、纷扰杂乱的网络，一时之间竟是凝重肃穆，处处弥漫着悲伤哀痛之情。当国务院决定 5 月 19 日至 21 日的三天为全国哀悼日，几乎是一夜之间，全国的网络媒体改变了网页内容和网站色调，广大网民也改变了发言内容等。广大网民通过网络这一丰富的情感表达场阈，以各种形式寄托对逝者的哀思，体现了深刻的人道关怀。

从心理上看，广大网民对各种媒介的宣传报道体现了可接受性。网络是一个杂音纷扰的地方。在突发危机事件中如何把握正确的媒体策略，引导网络舆情发展方向，以利于政府的危机处置，这是政府公共危机管理必须考虑的一个关键问题。在汶川地震期间，包括网络媒介在内的各种媒体，特别是主流媒体和网站，通过媒体议程设置，影响和引导社会（网络）舆情，广大网民对各种媒介的宣传报道也体现了高度的接受性，从而使政府救灾行动自始至终得到民众的大力支持。据清华大学媒介调查实验室发表的《汶川地震救灾报道满意度调研报告》显示，93% 的受访者对 2008 年 6 月 13 日之前发表的媒体抗震救灾的报道表示满意。[①]

从行为上看，广大网民对网络号召表现了网上网下的高互动性。网络并非虚拟，网络舆情并非无中生有，而是现实生活的一种延伸，是对现实生活的一种镜象反映。在汶川地震期间，各大主流网站及时推出抗震救灾互动专栏，号召广大网民行动起来，共赴国殇，支持救灾。比如，新浪网就充分利用其强大的信息搜集整合能力，和中国移动四川分公司合作，推出了“寻人、报平安”平台，截至 5 月 21 日 21 时，已经有将近 12 万人的平安信息汇总到该数据库中，成功率达到 77%。广大网民积极响应号召，通过捐款、捐物、献血、帮助寻亲、参与志愿者组织等形式表达自己的爱心，体现了网上号召、网下行动的高互动性。

（二）汶川地震时期的网络舆情危机特征与治理

汶川地震时期的网络舆情虽然在总体上表达了高度的一致性，但是，必须承认的是，在突发公共危机事件中的网络舆情表达中，危机总是潜伏

---

① 清华大学媒介调查实验室：《汶川地震救灾报道满意度调研报告》，中华传媒网，2008 年 6 月 13 日，http：//academic. mediachna. net/article. php？ id = 5726。

其间。这种危机集中体现在两个方面：一是民意表达的渠道不畅；二是民众知情权的不充分。在突发公共危机事件中，公众（包括网民）总是处于信息的不对称地位。这就要求在网络舆情危机治理中，必须以相关法律为依据，从危机管理的角度进行及时应对。汶川地震时期的网络舆情危机集中体现为广大网民对知情权的高度要求，对监督权的有效行使。具体来说，主要表现为三个方面的要求：

一是对灾区信息的时间性要求。在危机管理中，时间因素非常关键。“危机发生的第一个小时尤为重要。”[①] 只有将准确信息通过权威渠道及时传递给公众，才能避免谣言的产生。因此，在危机处置的黄金24小时内，政府必须向公众及媒体公布准确、真实信息，其后用滚动方式逐步增加。公布真相，可以稍慢，但一定要准确。在汶川地震发生伊始，各大门户网站发挥新媒体迅捷方便、图文多样、融合新闻的优势，发出了来自震区的网民关于地震的信息。据统计，截至5月21日晚上10点，人民网、新华网、央视网、中国网共发布抗震救灾新闻（含图片、文字、音视频）123000条，腾讯、新浪、搜狐、网易整合发布新闻133000条，整合发布新闻133000条，上述八家网站新闻点击量达到116亿次，跟帖量达1063万条。[②] 可以说，正是新媒体的集中快速报道，使广大网民在第一时间内了解到了事件发生的真相，从而在信息源上根绝了谣言产生的根源，使网络舆情在一开始就朝着有利于救灾的方向发展。

二是对救援行动的解释性要求。获取事件真相的知情权，是公民的一个基本权利。现代公共关系之父艾维·李指出，“公众必须被告知”[③]。所谓“不了解情况”“无可奉告”一类的托词，都是不可接受的。[④] 在抗震救灾期间，特别是在救援的“黄金72小时”期间，政府救援行动的及时有效与否，成为舆情关注的焦点。稍有不慎，就会遭受猛烈抨击，甚至谩骂，导致舆情的风向转变，从而给救灾行动带来不利影响。比如，有一些网民对军队在救援初期为什么不及时出动直升机前往灾区勘察灾情提出疑问。如果对这一问题不进行解释，那么不仅影响到军队的形象，也会使政府救灾陷入被动。针对一些网友提出的这一问题，军方及时给出回应和解

---

① 秦启文等：《突发事件的预防与应对》，新华出版社2008年版，第307页。

② 国务院新闻办公室网络局副局长彭波在“2008中国新媒体高峰论坛”的讲话（2008年5月22日）。

③ 秦启文等：《突发事件的预防与应对》，新华出版社2008年版，第241页。

④ Laurence Barton. Crisis in Organization. Thomson Learning Group.

释，使广大网友了解到当时当地的气候条件等综合因素的影响，是飞机不能进入灾区的主要因素。同时军方保证，只要有一线希望，军队一定能够完成任务。其后，经过艰苦努力，飞机终于进入灾区，发回了灾区的第一手信息。可以说，正是对公众和广大网友要求的正视与及时解释，并通过实际行动的改善，保证了救灾行动的顺利进行。

三是对网络谣言的澄清性要求。谣言总是与突发公共事件相伴而生。澄清谣言既是政府的责任，也是社会的要求。在突发公共危机事件时，谣言总是干扰人们的正常判断，造成一定程度上的心理恐慌，甚至生活秩序的紊乱。比如，5 月 15 日有网民发帖称，美国地质勘探局官方网站上发布预报，未来两周陕西西安市、甘肃天水市等地可能连续发生 7 级以上强震。而据中国官方调查核实，在美国地质勘探局上述网页中，只有汶川 8.0 级地震及其余震的震中分布图，并没有任何关于地震震源迁移及未来两周陕、甘等地的地震预报意见。5 月 20 日，接受美国 CNN 采访的美国地质勘探局专家表示，该机构并未对汶川地震发布过余震预报。在调查核实后，中国政府于 5 月 21 日澄清：上述说法应属误传或谣传。可以说，正是及时权威的澄清谣言，才能有效遏止谣言的滋生蔓延，保证社会秩序的正常稳定。

（三）汶川地震时期网络舆情危机治理模式特征

汶川地震第一次展示了在大规模突发公共危机事件中的政府网络舆情治理效度，其经验模式集中体现在四个方面：

一是信息发布的及时权威性。根据 2008 年公布实施的《政府信息公开条例》规定："为了保障公民、法人和其他组织依法获取政府信息，提高政府工作的透明度，促进依法行政，充分发挥政府信息对人民群众生产、生活和经济社会活动的服务作用"。即是要求各级政府要切实保障公众知情权，发挥政府信息的服务作用。汶川地震发生后的 14 点 46 分，新华网发出第一条快讯："12 日 14 时 35 分左右，北京地区明显感觉到有地震发生。"14 点 53 分，新华网再次发出快讯："四川汶川发生 7.6 级地震。"其后几个小时内，国家和地方地震局数次召开新闻发布会如实公布最新震情统计数据，信息渠道通畅、透明、快捷，让公众看到了党和政府全力以赴抗震救灾的决心。可以说，正是因为有了及时、权威的信息发布，使公众了解到了事件真相，避免了社会的恐慌与混乱，才保证了后续救灾行动的顺利进行。在汶川地震这一突发公共危机事件中，真相跑在了谣言前面！

二是救援行动的公开透明性。中国政府抗震救灾行动之所以能够得到国内国外的普遍支持与赞誉，很重要的原因就在于抗震救灾是在一种开放的环境之中进行的，是一次“直播式”行动。无论是救灾一线还是身处后方，在信息共享方面公众基本达到了无差别性。正是通过这种信息的及时共享，广大网民了解到了政府救灾行动的每个步骤，而政府也通过提高自身行为的透明度，获取了民众的坚定支持。比如，四川烹饪高等专科学校一名二年级学生在QQ群中首发的帖文“有个地方特别适合空降”，被众多论坛、博客、“博文跟帖”转载，最终为空军的救灾行动提供了有力的帮助。如果救灾行动不是公开透明，那么，网民也不会发出这样的信息，军队也就不可能得到及时的情报提醒。可以说，正是这种积极的双向互动，使网络舆情对政府救灾行动更多地体现出一种科学理性的认知，而不是歇斯底里式的情感发泄。

三是批评言论的理性包容性。如何对待批评，是考验政府执政理念和执政方式的重要考验，也是政府公共危机管理中的一个关键问题。大地震的发生，使网络舆情在关注救灾行动的同时，也对地震中暴露出来的诸多问题提出了尖锐的批评意见。比如，关于社会各界善款的监督和使用问题、救灾物资的有序发放问题、呼吁全国排查学校建筑质量的问题，等等。对于这些问题，各相关部门都及时给予积极回应，一经查实，立即予以改正，并向社会公示。正是这种开放自信的心态，对待网络舆情中批评言论的理性包容，才能顺畅民心民情民气，防范虚假信息流传，引导网络舆情的正向发展。

四是政府媒介的联动协调性。如何在突发公共危机管理中协调各种媒体，特别是政府与新媒体的关系，以保证舆情的有利发展，是当前政府公共危机管理面临的一个新问题。新媒体在地震期间的突出表现，拓展了公众的信息获取能力与传播能力。据清华大学媒介调查实验室发表的《汶川地震救灾报道满意度调研报告》显示，在关于“汶川地震时期媒体抗震救灾报道突破的主要原因”这一问题时，97.67%的受访者选择“互联网等新媒体出现，使信息传播速度迅速”①。在拓展公众意见表达渠道的同时，新媒体也显现出了与传统媒体迥然不同的舆情控制理念与方法。正如国务院新闻办公室网络局副局长彭波所言：“拉萨‘3・14’事件和汶川‘5・12’

① 清华大学媒介调查实验室：《汶川地震救灾报道满意度调研报告》，中华传媒网，2008年6月13日，http：//academic. mediachna. net/article. php？ id＝5726。

地震标志着中国网络媒体已经成熟，标志着我们的网络媒体正在成为当今中国社会的主流媒体。”[①] 在这一新形势下，各级政府及其相关部门必须尽快适应新情况，改变思维，探索新方法、新手段。汶川地震期间，各级政府及相关部门对新媒体的运行规律有了较深的认识，从而决定了在态度与行为上的支持。首先是对新媒体表达充分信任。在此次地震中，各大门户网站在报道中都保持了必要的冷静，体现了强烈的责任心，没有成为谣言滋生的温床。5 月 20 日，由荆楚网发起的“千家网络媒体联合抵制地震谣言倡议”活动启动。人民网、新华网、新浪、腾讯、大河网等百余家网站积极加入，表示“共同抵御谣言，从我做起，不转载、不传播、不炒作”。其次是与新媒体展开密切合作。政府根据网络舆情所暴露出来的问题，通过各大门户网站及时予以回应，把谣言扑灭在苗头。可以说，汶川地震期间网络舆情的良性发展，正是在政府与新媒体的通力合作和积极引导下，网络谣言的生命周期大大缩短，网络争议更趋理性。

（四）汶川地震时期网络舆情危机治理模式的普适性

胡锦涛指出：“我国网络文化的快速发展，为传播信息、学习知识、宣传党的理论和方针政策发挥了积极作用，同时也给我国社会主义文化建设提出了新的课题。能否积极利用和有效管理互联网，能否真正使互联网成为传播社会主义先进文化的新途径、公共文化服务的新平台、人们健康精神文化生活的新空间，关系到社会主义文化事业和文化产业的健康发展，关系到国家文化信息安全和国家长治久安，关系到中国特色社会主义事业的全局。”[②] 作为一个典型的中国式危机管理案例，汶川地震期间的网络舆情危机治理，对于当前我国各级政府“有效管理互联网”、科学治理网络舆情无疑具有普遍的借鉴意义。这种普适性集中体现在对危机管理内在规律的深刻把握上。具体来说，表现在三个方面：

一是符合公共危机管理的核心价值。作为公共危机管理活动的指挥中枢，政府作为的有效与否直接关系到危机管理成效的好坏。而作为的有效与否关键在于必须准确把握政府形象与公众利益的结合点。这个结合点集中体现为以人为本，生命至上。这是公共危机管理的首要原则和核心价值。在整个抗震救灾期间，各级政府始终把“救人是第一位”放在救援行

---

① 国务院新闻办公室网络局副局长彭波在“2008 中国新媒体高峰论坛”的讲话（2008 年 5 月 22 日）。

② 胡锦涛在 2007 年 1 月 23 日中共中央政治局第三十八次集体学习上的讲话。

动的首位，体现了高度的人道关怀。据清华大学媒介调查实验室的《汶川地震救灾报道满意度调研报告》显示，98.4%的受访者之所以对相关报道表示满意，其原因就在于“党和政府高层领导重视”[①]。可以说，正是对危机管理中以人为本原则的深刻把握，才使政府在危机管理伊始就牢牢把握住了道义的制高点，才使政府能够有效地引导包括网络舆情在内的社会舆论走向，从而保证了危机管理的有序进行。

二是符合网络舆情危机的内在特点。一般来说，网络舆情能够演变成为一种危机有两个原因：其一是由于网络本身就具有无限放大的功能；其二是由于舆情关注的核心问题得不到及时解决。汶川地震时期的网络舆情危机之所以能够显而不隐、露而不扬，没有进一步演变恶化，其原因就在于政府通过与新媒体的协调联动，针对网络舆情关注的焦点问题，及时给予回应、解释与澄清，理顺了民意表达渠道，从而在根本上杜绝了不良信息的滋生与传播。

三是符合政府执政转型的时代要求。当前，随着我国社会转型的剧烈变动，社会突发事件频繁发生，对各级党委和政府的处置突发事件能力提出了现实要求。胡锦涛在全国抗震救灾表彰大会上的讲话中明确指出，要认真总结抗震救灾的成功经验，“提高各级党委和政府应对突发事件的能力”。汶川地震作为一起由自然灾害引起的突发公共危机事件，各级政府的作为在总体上的表现是得到社会认可的。从网络舆情治理的角度而言，在抗震救灾期间，政府对待网络舆情危机的态度表现出了高度的理性平和，在处置的方法上采取了沟通对话的“治理”方式而不是关堵封闭的“控制”方式。这应该是这次公共危机管理中舆情治理的最大经验。

四、“站在凳子上演讲的人”：网络党组织舆情治理的方式

政府相关职能部门与网络舆情力量的两方博弈，虽然可以在某些问题上达成有效协议，但是在更多问题的处理上，由于双方都存在经验不足、渠道不畅、机制不健全等问题，往往会由于些许的不合而造成双方的直接对立，使事件的处理陷入无法转寰的困境。因此，有必要引入第三方力量的介入，使问题的解决机制由两方直接对话转换为三方协调沟通。那么，谁才能成为有效的第三方力量呢？笔者以为，网络党组织应该而且可以成

① 清华大学媒介调查实验室：《汶川地震救灾报道满意度调研报告》，中华传媒网，2008年6月13日，http：//academic. mediachna. net/article. php？id =5726。

为“网络群体性事件”治理中的第三方力量。具体来说，网络党组织的舆情参与引导能力要求党组织必须具备相应的危机管理意识，建立配套的危机管理机制。对于网络党组织而言，要提升舆情参与引导能力，必须从以下四个方面着手：

（一）正确定位，发挥角色影响

“网络群体性事件”的治理从实质上说是一个政府相关职能部门与网络舆情力量之间的利益博弈问题。从当前两者的力量及关系来看，政府相关职能部门无疑具有强大的社会政治权力及影响力，其所以赖以获取的权力是由当前中国社会的政治、经济社会的基本结构所赋予的。这一基本结构既是现实权力赖以存在的基础，同时也是网络生成发展的根本基础。世界上没有能够完全脱离现实社会的政治经济条件而“真空”存在的网络社会，哪怕它是所谓的“虚拟空间”。因此，从权力的构成及其衍生的社会影响力而言，政府相关职能部门在网络舆情力量的博弈中，是强势的一方，因为它拥有管治社会的权力。但是，这并不是说与之相对的网络舆情力量就毫无交锋力量可言。事实上，从近几年，特别是2009年以来频频发生的“网络群体性事件”来看，网络舆情力量的发生发展，在一定程度上已经成为一支可以与政府相关职能部门进行对话的主体。尽管这一主体在当下的环境中还存在诸多不足，比如力量分散、议题过多、激情过盛等，但并不影响其在与政府相关职能部门的交涉中实现其某种程度的利益诉求。网络党组织作为区别于政府的力量，应该而且可以成为“网络群体性事件”治理中的积极力量。首先，从网络党组织的角色来看，网络党组织是在网络环境中生成发展起来的，它熟识并遵守网络环境的生存规则，在网络舆情场阈这一具有“熟人社会”性质的环境中，相比于政府这一被网络视为“外来闯入者”的角色身份而言，更能够被接受。其次，从网络党组织的性质来看，网络党组织本身就是中国共产党在网络这一新场阈的衍生组织，其组织的政治属性及功能仍然并没有发生根本变化，有责任和义务承担起网络治理任务。最后，从网络党组织的功能来看，在物理结构的基本设施方面，网络党组织建设已经有了一个相当规模和数量的基础；在网络党组织的“软实力”建设方面，成为“意见领袖”无疑是一种切实可行的方法途径。

（二）及时参与，把握第一时间

网络信息传播的特点决定了舆情发展具有相当的难控性。与传统媒介相比，网络媒介“一人一媒体”的特点决定了信息传播的散点式分布。每个关注事件发生的人都有可能成为信息传播主体。传统媒介那种可以有效控制信息源的方法已经无法适应网络世界的形势需要。网络舆情的信息源头实际上已经不可控制。同时，网络本身就具有放大功能和扭曲功能。一则有代表性的帖子或博文，如果得到网民的认同并引起共鸣，就会通过反复转帖和跟帖而不断被放大或扭曲，形成一边倒的舆论意见而产生雪崩式的效果。另外，舆情之所以难控，其原因还在于舆情表达所关涉的相应组织的缺位也是重要原因。事实上，分析诸多网络舆情风潮，事件的起因往往就是在第一时间之内的角色缺位造成的。汶川地震期间的网络舆情虽然潜伏着不少危机因素，但最终能够向健康方向发展，很重要的原因就在于政府相关各部门的及时出面与解释，使舆情所关注的很多焦点问题得到有效解决。网络党组织作为网络环境中党的建设的一支重要力量，应该在网络舆情发生的第一时间及时参与，通过有组织的整体布局与协调联动，在广大网民寻求真相的纷乱中形成强势话语，引导舆情的发展走向。

（三）联动跟踪，积极正面回应

网络舆情危机其实是一种利益表达危机。具体主要表现为两个方面的利益诉求：一是现实利益表达渠道的不畅，希望以网络的方式表达出来引起重视。二是利益关注的焦点往往与政府相关各职能部门有密切关系。在这一情况下，网络党组织的任务应该是追踪舆情发展趋势，积极主动地与相关部门进行协调，整合各方信息资源，提供真实、有效的情况以满足舆情关注需求，以澄清谣言，杜绝不实信息的传播。

（四）分析总结，积累有效资料

注重对以往经验的总结，特别是从失败的经验中汲取教训，不断发现原有危机管理中存在的种种问题，进而加以修正和改进。这是一个组织能够在危机中不断提升处置能力的重要途径。“发现、培育，进而收获潜在的成功机会，就是危机管理的精髓；而错误地估计形势，并令事态进一步恶化，则是不良危机管理的典型特征。”[①] 就网络党组织而言，要提高组织的舆情危机治理能力，应当在众多网络舆情危机现象中，通过分析总结以寻求舆情发生的一般规律和内在机制，为以后的危机处理打下良好的基

① ［美］诺曼·R. 奥古斯丁等著，北京新华信商业风险管理有限责任公司译：《危机管理》，中国人民大学出版社2001年版，第5页。

础。具体来说，应该着重于两个方面的建设：一是建立专门的舆情分析小组，负责对网络舆情危机现象进行分析、总结和归纳，以寻求危机发生的特点和规律。二是建立分门别类的舆情数据库，负责将网络舆情危机现象、原因、处置办法、社会效度等类别进行整理，以方便信息搜寻和有效利用。

五、“伍皓微博”：网络党组织舆情治理的实践探索

应该承认，在以“网络群体性事件”为代表的网络舆情危机面前，各级政府职能部门积极探索应对舆情的方法途径，舆情危机的管理能力得到提升，在实践中取得了积极成效。在2009年，从中央部委到地方政府，普遍建立快速应急机制，回应网民关切，网络舆情应对提速。如10月7日新疆建设兵团“最牛团长夫人”敦煌打人事件被天涯社区曝光，10日兵团领导批示进行调查，兵团新闻办立即向天涯社区发去回应，12日相关人员被免职。贵州省思南县一起“引水工程”引发的官民对峙，就是因为网上一篇帖子悄然改变了发展轨迹：乡政府表示放弃该工程，重新寻找水源。发帖人说：“多种力量汇合，最终促成杨家坳乡政府顺应民意，悬崖勒马，避免了流血冲突事件。这件事能够出现转机，应主要归功于网络。”一个偏远地区乡政府能够如此重视网络舆论，与两年前“黑砖窑”事件中山西洪洞县政府对网络舆论沸腾一无所知形成鲜明对照，提示网上官民良性互动的局面正在中国形成。①

其中，云南省委宣传部借势“躲猫猫”等“网络群体性事件”的治理，努力推动云南媒体和网络“新政”的尝试与探索，也体现了政府重建公信力的诚意和努力。根据人民网舆论监测室公布的《2009年上半年地方应对网络舆情能力排行榜》，“躲猫猫事件”的舆情热度为红色（最高值），是2009年关注度最高的一个事件。据统计，“躲猫猫事件”被报道后，该条新闻当日的跟帖发言就超过了35000多条。至2月22日下午，相关网页已多达70余万个，直接或间接给了当地官员很大的舆论压力。在此情况下，云南省委宣传部副部长伍皓主动组织“躲猫猫真相调查团”，在

---

① 祝华新、单学刚、胡江春：《2009年中国互联网舆情分析报告》。

QQ 群中发出邀请，由网民参与组成真相调查委员会[①]，成为政府与网民的沟通桥梁。云南省委宣传部对由“躲猫猫”引发“网络群体性事件”的处置，虽然在人民网舆论监测室公布的《2009 年上半年地方应对网络舆情能力排行榜》上的十大事件中排名第五，应对能力有待进一步加强（黄色警报），但伍皓以省宣传部官员的身份，通过“新闻新政”，尝试推动党和政府的信息公开与透明的努力却是值得肯定的，而“躲猫猫事件”中网民的参与也被视为网络舆论监督的典范。

在此事件的处置过程中，云南省委宣传部副部长伍皓也走进了网民视野，成为网络熟人。曾是新闻记者的伍皓，对网络舆论场的兴起和执政环境的变化，有着深刻的感知。伍皓将之比喻成一壶已经烧开的水，如果还使劲儿捂着盖子，结果只能是连壶底都被烧穿；而盖子一揭，尽管有可能会烫着自己的手，但沸腾的民意也就会变为蒸汽慢慢消散。所以，他“宁愿被烫手，绝不愿意被烧穿”。伍皓以实名 QQ 上网，建立工作 QQ 群“伍皓的网络意见箱”，在新浪网上开通国内第一家政府微博客“微博云南”和个人微博“云南伍皓”。不过，在经历了一系列网络风雨和各方压力之后，伍皓宣布：2010 年 1 月 1 日关闭博客。伍皓以“求真的力量”为名在其最后一篇帖子《官民沟通的新路还是很艰难》中写道：“很多政治经验丰富的老领导一再劝诫我，不要在意网络上的东西，根本不必去理会，它伤不到你一根毫毛……或许，还是选择沉默最稳妥。那么，我暂时选择沉默。”[②]

伍皓的沉默，实质上反映了当前网络舆情治理的困境。

---

① 成员有：边民（生活新报网“昆滇 E 吧”版主）、彭国竞（网名“slug”）、风之末端、温星、王英武（网名“中国平安”）、能石匠（天涯云南版版主）、吉布（昆明信息港编辑）。

② http：//club3. kdnet. net/newbbs/dispbbs. asp？boardid = 75&id = 2916018.

第六章

网络党建的主要能力

网络党建的能力，是指网络党建的组织主体——网络党组织为完成网络党建的目标任务所应具备的素质和要求。从物理空间到虚拟空间的转换，要求党的组织必须适应网络虚拟环境的新要求，积极探索和塑造新的活动能力，以克服党在网络虚拟空间领域中存在的“缺位”“无语”和“失声”的能力困境。这是因为，互联网的发展，使得传统的“个人的政治身份不再来自固定的、集体的机构资源，而是越来越多地来自个人表达和生活方式。当下的政治正与传统上不那么政治化的实践纠缠在一起，比如消费、娱乐、人际交流，以及对广告和公司品牌等象征符号的使用。生活的这些方面成了政治竞争的领域，旧的竞争领域正在变得不那么重要”[①]，并在此基础上产生形成新的权力，“新的权力存在于信息的符码中，存在于再现的影像中；围绕这种新的权力，社会组织起了它的制度，人们建立了自己的生活，并决定着自己的所作所为。这种权力的部位是人们的心灵”。[②] 因此，网络党组织必须具备适应此种网络政治发展的能力。具体来说，主要表现为三个方面：组织凝聚能力、媒介交流能力和意见表达能力。

第一节　组织凝聚能力

网络党建的目标任务要求网络党组织必须围绕“内凝党心、外聚民心”的组织目标，通过提升和发挥网络党组织的组织凝聚能力，使网络虚拟空间领域成为网络党组织维系党内成员联系的新场阈、强化党和社会关系的新渠道。应该说，网络党组织的组织凝聚能力主要是为了解决党在网络虚拟空间领域的“缺位”现象，通过组织的“存在”，提升党组织在网

---

① ［英］安德鲁·查德威克著，任孟山译：《互联网政治学：国家、公民与新传播技术》，华夏出版社2010年版，第37页。

② ［美］曼纽尔·卡斯特著，曹荣湘译：《认同的力量》，社会科学文献出版社2006年版，第416页。

络空间领域的团结、凝聚能力。

一、把握组织凝聚能力的内涵

网络党组织的组织凝聚能力，是指网络党组织在网络虚拟空间领域中围绕团结党员群众为根本目标所应该具备的基本能力。这一能力要求“是在同一地域中的家庭、朋友和领导的稳固交流中形成的，它统一了日常生活中属于不同文化—科技体系的社会分割”①。具体来说，这一基本能力主要包含三个层面的内容：组织宗旨、组织伦理、组织结构。

（一）组织宗旨

政党作为社会组织的一种特殊形式，其宗旨直接反映了政党的政治主张及对社会生活的根本态度。“一般说来，一个政党的正式纲领没有它的实际行动那样重要。但是，一个新的纲领毕竟总是一面公开树立起来的旗帜，而外界就根据它来判断这个党。”② 网络党组织作为网络党建的组织主体，没有自己独立的宗旨，而是以政党的组织宗旨为自己的宗旨。不过，与现实生活的宗旨体现相比，网络党组织作为在网络虚拟空间领域中活动的政党组织，其组织宗旨更能直接地反映组织宗旨对社会民众是否真正具有吸引力。中国共产党作为中国唯一执政党，以全心全意为人民服务作为政党的根本宗旨。应该说，这一组织宗旨的高扬与践行，是中国共产党夺取政权和巩固政权的根本基石。网络党组织作为中国共产党在网络空间领域的组织延伸，全心全意为人民服务是其唯一宗旨，更应具备在网络虚拟空间领域吸引网民的天然优势。但是，网络党建的推进和网络党组织的活动实践表明，在网络虚拟空间领域，政党的组织宗旨并不具有相比于其他网络组织更强的组织吸引力。其原因固然有网络的泛娱乐化和去权威化的消极影响，但是，活动于网络空间的网络民众对政党的态度与观感却值得我们深思。即网民为什么对网络党组织采取敬而远之的态度呢？从前面我们引述的学者李一所做的思想政治教育网站的吸引力网上调查结果就可得到印证。③

---

① ［美］曼纽尔·卡斯特著，周凯译：《网络社会——跨文化的视角》，社会科学文献出版社 2009 年版，第 272 页。

② 《恩格斯致奥·倍倍尔》（1875 年），《马克思恩格斯全集》第 34 卷，人民出版社 1972 年版，第 124 页。

③ 见本书第三章。

笔者以为，其原因大致有二：一是由于现实生活中部分党员干部的违法乱纪行为严重损害了党的宗旨形象，造成部分群众对党的信任程度下降。这一社会心理在网络虚拟空间领域由于频繁发生的网络舆情事件而不断得到发酵扩大，进一步加剧了网民对网络党组织和相关政府职能部门的不信任感。二是由于网络党组织对如何在网络虚拟空间领域贯彻落实全心全意为人民服务的宗旨这一重大问题还没有进行深入认真的研究，还没有树立服务网民的观念，还没有明白服务网民的内容，因而还不能制定出健全完善的方法措施，以至于网络党组织在网络空间只能是自说自话，从而更加疏离了数量巨大的网络民众。正如列宁所说："如果我们党没有极严格的真正铁的纪律，如果我们党没有得到整个工人阶级全心全意的拥护，就是说，没有得到工人阶级中所有一切善于思考、正直、有自我牺牲精神、有威信并且能带领或吸引落后阶层的人的全心全意的拥护，那么布尔什维克别说把政权保持两年半，就是两个半月也保持不住。"① 因此，要想提升网络党组织的组织凝聚能力，就必须在网络虚拟空间领域真正高扬起全心全意为人民服务的组织宗旨，切切实实地采取有效措施来服务网民。

（二）组织伦理

组织伦理是一种以道德规范为内容和基础的微观道德文化。一方面，组织伦理是一种善恶标准，可以通过舆论和教育方式，影响组织成员的心理和意识。另一方面，组织伦理是一种行为标准，可以通过规章、习惯等成文或不成文的形式，调解组织和成员行为。政党的组织伦理就是为保证政党宗旨而形成的系列的组织文化要求。不同宗旨的政党有着不同的组织伦理要求。对于西方主流政党来说，由于西方发达国家奉行选举政治，在中产阶级逐步壮大形成稳固的"橄榄型"社会的条件下，西方主流政党特别是社会民主党已经在相当程度上放弃了阶级政治的立场观点，党的宗旨已经由夺取政权并改变政权性质一变而为争取选民投票成为执政党。在立足于阶级政治的党的宗旨无法解释西方发达社会现状和团结凝聚社会公众的情况下，作为大规模群众型政党的社会民主党与党员之间的关系也发生了深刻变化。这就是：作为组织的政党由于是以争夺选票为目的，所以在对党员的组织要求方面并无严格的纪律。甚至在一些社会民主党内，党员的入党与退党相当随意，政党的组织要求对党员而言并无很强的约束性。

---

① 列宁：《共产主义运动中的"左派"幼稚病》（1920 年），《列宁全集》第 39 卷，人民出版社 1974 年版，第 4 页。

可以说，西方发达社会的政党在一定意义上正向契约型组织发展。政党组织与组织成员之间的关系更多地像伙伴而非上下级。在这种类型的政党内部，组织伦理突出地表现为平等的价值追求。

但是，中国共产党作为中国唯一执政党和解决中国社会发展的关键，其组织伦理又有着独特要求。从党的宗旨任务来讲，严密的上下级关系是保证全党能够在中央的领导下共同奋斗的使命要求；从党内机制来讲，严密的上下级关系是保证中央政令得以贯彻落实的科层要求；从社会结构来讲，严密的上下级关系是保证中国共产党成为中国社会团结核心的政治要求。正是在上述意义上讲，中国共产党的组织伦理文化突出体现为奉献、服从的价值追求。应该说，正是在中国共产党这一组织伦理的要求下，才使全体党员能够同心同德，在党委的领导核心作用、党支部的战斗堡垒作用和党员的先锋模范作用下，中国共产党才能在社会主义革命、建设和改革的历史进程中不断取得胜利。但是，我们也要承认，随着改革开放的深入发展，中国社会日益走向成熟理性。世俗化、娱乐化、物质化的大行其道，对党的组织伦理要求提出了新的挑战。特别是在网络虚拟空间领域，在强调自由、平等，无权威、无中心的网络价值的熏陶下，网络党组织要想赢得网民支持，就必须正视网络环境对党的组织伦理的消解。

当然，我们说网络虚拟空间会对网络党组织所遵从的奉献、服从的组织伦理有所冲击，不是说这种提倡奉献、服从的组织伦理在网络虚拟空间领域是毫无价值的，而是要强调网络党组织必须适应和融入网络虚拟环境，针对网民特点，以一种合适、恰当的组织方式来接纳网民，使之从不情不愿的外部强压转变成为心悦诚服地自觉遵守。只有这样，网络党组织提倡的组织要求和价值要求，才能真正在网络环境扎根立足并扩大影响。

（三）组织结构

政党的组织结构是由政党所承担的宗旨任务来决定的。中国共产党是社会团结的核心和纽带。网络党组织作为中国共产党在网络虚拟空间领域的组织延伸，也必须成为网络空间的网民团结的主要组织。网络党组织要通过组织结构的开放性，成为维系政党内部成员联系的新场阈和强化政党外部社会关系的新渠道。具体来说，主要表现为内外两个方面：

在维系政党内部成员联系的新场阈方面。一般来说，传统的党内成员联系态势更多地体现为一种自上而下的单向度联系。上下级组织之间、同级本组织之间以及组织内部成员的关系，依据民主集中制的组织原则展开活动。应该说，这一组织原则在现实政治生活中有其物质技术和相应的组织结构支撑而能够得到彻底贯彻。但是，随着我国社会分层化趋势越来越明显，流动性越来越强化，政党赖以为系的组织结构由于党员个体利益（包括意愿、职业和家庭等）的追求而不断面临着解构的挑战，原有的党员组织属地原则已经不适应这种快速变化的社会需求。而网络的特点和发展趋势，可以为克服这种由党员个体状态的分散化、碎片化所带来的组织危机提供相应的技术支持。比如，针对党员流动性问题，政党可以网络为媒介，通过开展网络党建活动，采取党员网上注册的方法，以QQ、微信等即时通讯工具为联系，使党员能够通过网络实现异地党组织活动。因此，开展网络党组织建设，可以为维系党员与组织之间的联系提供新的场阈。

在强化政党外部社会关系的新渠道方面。在加强政党传统的联系渠道的同时，更需要各级党组织充分掌握和利用网络这一现代具有革命性的技术，实现与社会各关系，特别是人民群众的密切联系。比如，可以网络为媒介，在宣传党的路线方针政策的同时，通过广泛的网络社会调查，听取社会各方的相关意见，并将相关改进结果公布，以备群众查询。通过网络这一技术手段，实现社会民情的连续跟踪调查与大型资料库建设，以此达到准确掌握社会发展动态，引导人民群众对党的路线方针政策的坚定支持。因此，通过组织结构的开放，吸引和接纳更多的网民，是网络党组织在网络空间密切党群关系的一个新渠道，也是提升网络党组织组织凝聚能力的重要途径。

二、增强组织凝聚能力的意义

增强网络党组织的组织凝聚能力主要的目标是为了克服组织“缺位”，使党在网络虚拟空间领域成为群众（“网民”）的团结核心。所谓“缺位”，主要包含两方面的含义：一是指网络党组织在网络虚拟空间领域的角色“缺位”。二是指网络党组织在网络虚拟空间领域的作用“缺位”。

（一）网络党组织的角色“缺位”

所谓角色“缺位”，即是指网络党组织在网络虚拟空间领域的组织主体尚未建立或尚未完全建立，或者更深层次的意向则是指网络党组织并未在网络虚拟空间领域获得网民的角色认同。

从近几年网络党建推进的实践来看，通过以党建网为主要形式的网络党组织建设应该说取得了很大成绩，全国各级党委组织部门、宣传部门或其他相关部门均纷纷建立起了自己的党建网站，以此作为党组织在网络空间领域的活动平台。以中央党口（部门）的网站建设来看，截至2011年，中共中央直属机构主办的网站已有十多家，超过了中央直属机构数量的一半。见下表：

中共中央直属机构主办的网站①

中央直属机构	主办的网站	开通时间
中共中央纪律检查委员会	http：//www. 12388. gov. cn	2005年7月15日
中共中央组织部	http：//www. 12380. gov. cn	2009年2月
中共中央宣传部 中央精神文明建设指导委员会	http：//www. wenming. cn	中央宣传部、中央文明办主办
中共中央对外联络部	http：//www. idcpc. org. cn	
中央政法委员会 中央社会治安综合治理委员会	http：//www. chinapeace. org. cn	2006年10月19日
中共中央台湾工作办公室	http：//www. gwytb. gov. cn	
中共中央对外宣传办公室	http：//www. scio. gov. cn	
中央机构编制委员会	http：//www. scopsr. gov. cn	
中共中央统战部	http：//www. zytzb. cn	
中共中央党校	http：//www. ccps. gov. cn	
《人民日报》社	http：//www. people. com. cn	
《求是》	http：//www. qstheory. cn	
中共中央文献研究室	http：//www. wxyjs. org. cn	2010年5月11日
中共中央编译局	http：//www. cctb. net	
中共中央直属机关工作委员会	http：//www. zzdjw. com	2009年8月12日
中共中央国家机关工作委员会	http：//www. zgg. org. cn	2009年1月15日
中央档案馆（国家档案局）	http：//www. saac. gov. cn	

可以说，在中共中央发出大力推进党建信息化指示之后，各级党委部门通过建立党建网站的形式初步在网络虚拟空间领域显示了组织的存在。

① 连玉明、武建忠主编：《中国舆情报告（2011）》，中国时代经济出版社2011年版，第6—7页。

不过，以党建网为活动平台的党组织要想真正赢得网民的认同，却并非易事。一方面，这是由网络虚拟空间的去权威性的特征决定的。信息网络技术的分散性、去中心化的特征，使得网络空间领域的权威形成了具有不同于现实权威生成的结构因素。在现实社会中，权威的生成在相当程度上是由权力来决定的。中国共产党作为执政党，其权威的形成既是由长期的革命、建设和改革过程中党的先锋模范作用决定的，又是在根本上由中国共产党作为唯一执政党的政治权力所决定的。通过宪法、法律以及相关的制度安排，党的权威由此树立并巩固起来。但是，网络虚拟空间领域组织权威的形成却由于信息网络技术所决定的特殊环境而大有差异。在网络虚拟空间，信息网络技术的去中心化天然带有去组织权威的内在要求，以及网络生活的泛娱乐化倾向，这进一步加剧了网民对一切带有强制命令色彩的组织抱有警惕之心。因此，网络党组织要想在网络虚拟空间彰显存在、获得认同，并以此树立权威，殊非易事。从更深意义上讲，网络党组织在虚拟空间领域权威的树立以及认同的乏力，在根源上是由现实党的建设中出现了一些不和谐的因素而引起的，从而导致网民对组织权威的怀疑。具体来说，当前党内存在的非和谐因素，既有党员个体方面的因素，又有组织群集方面的因素；既有思想认识方面的因素，又有心理情感方面的因素；既有制度设计方面的因素，又有贯彻执行方面的因素。主要表现为六个方面：

一是在信仰旗帜方面存在认识的“模糊化”。随着党员先进性教育等一系列教育活动的开展，广大党员对党的宗旨、性质和任务等的认识有了显著提高，但是还有一少部分党员存在着认识的模糊化问题，甚至出现了严重的“信仰危机”。主要表现为：（1）在对党的最高纲领和最低纲领的认识上存在偏差，甚至误解。一小部分党员认为，党现在的目标是要集中全力搞改革开放，搞市场经济，那么全党上下就应该脚踏实地地做好当前的事情，不要好高骛远地奢谈共产主义理想。这种看法听起来很有“道理”，看起来很符合“求真务实”的精神，但是它却在无形中消解了共产党这一最先进的先锋队组织所固有的宗旨、性质和任务，不利于党的长远发展。（2）在对改革开放和社会主义市场经济走向的认识上心存疑虑，信心有所动摇。改革的深入进行使改革的成本越来越大，一些社会问题和矛盾日益累积并逐步暴露出来，甚至在一定场阈中达到尖锐化和不可调和化，特别是一些在改革中利益受损的党员，往往对党的政策有抵触情绪，对改革的性质、方向产生疑虑，甚至消极认为改革已经丢掉了社会主义的旗帜。另外，由于社会上价值取向多样化，各种思潮不断涌现，也使党内一些党员，特别是青年党员的思想表现出既活跃又混乱的激进特点，一方面要求解放思想，与时俱进，但另一方面却在主旋律中夹杂着噪音，对党的政策并不是都认同，理想、信念、纪律等也都出现了一些不同的认识。

二是在思想理论方面存在解释的“乏力化”。当代中国社会的快速发展以及由此所带来的种种社会问题，使整个社会普遍弥漫着一种焦虑情绪，身处历史大变革中的人们迫切需要有一种学说、一种理论来对社会现实进行令人信服的解释，以此来进行自身的心理调适和情绪调节。党的一系列创新理论成果，特别是中国特色社会主义理论体系的正式确立，从一定程度上满足了党内党外的这一需求。但是，在经济格局和利益关系、社会生活、社会组织形式、就业岗位和就业形式多样化的今天，一种理论不可能覆盖社会的方方面面，成为解决所有社会问题的灵丹妙药，存在一定的解释“空白点”也是情理之中的事。况且，一种新的理论要在实践中发挥作用，以及得到社会大众的普遍认同，是需要一个认识的周期性循环才能显现出来的，对现实问题的解释存在一定程度上的“乏力化”也是不可避免的事。少数党员由于自身对党的创新理论成果不求甚解，理论与现实严重脱节，在解决现实问题面前束手无策，向群众所做的解释苍白无力，导致部分群众对党的创新理论以偏概全，求全责备。

三是在组织关系方面存在利益的“分殊化”。社会主义市场经济的发展以及由此引起的中国社会一系列深刻变革，在瓦解高度集中统一的计划经济体制的同时，也使传统政党组织的利益关系发生了分化。在高度集中的计划经济时代，生产资料、人事安排、利益协调基本上都是中央统一调配。虽然在调配的过程中会考虑和照顾到各个部门、单位的具体利益，但是从总体而言，地方各级党委组织部门对当地资源并没有完全的拥有权和支配权，而是要服从国家发展大局，通过中央调配，实现资源的全面分配。社会主义市场经济的确立和深入发展，在以经济发展为中心的大局下，地方政府成为推动经济发展的主要动力。在具体的经济实践中，地方各级党委拥有的资源由于地区发展的差异而表现出明显的不同。由此在客观上造成了各级组织和相关部门的利益“分殊”。其结果就是“干部视野狭窄、社会关系贫乏、社交能力不高、社会化工作方式欠缺，进入基层社会缺乏动力、缺乏项目、缺乏渠道、缺乏平台，凝聚社会的能力明确薄弱”[①]。同时，社会主义市场经济确立了以公有制为主体，多种经济成分共同发展的经济制度，在促进经济发展的同时，不断催生新的经济组织、新的社会组织（即“两新”组织），以及“两新”组织的从业人员的政治选择问题，都使党的成员构成越来越复杂化。据中组部2007年10月8日公布的全国党内统计数据显示，党的队伍最基本的组成部分和骨干力量来自工人、农民、知识分子、军人、干部中的党员，除此之外，非公有制单位职工党员比2002年增加169万名，增长113.4%。在党员中，存在着收入、知识、职业等差距，权益需求既存在交集又有明显的不同。尤其是普通党员与干部的政治利益缺乏一个公开的竞争平台，“往往是以上级领导对他的评价和关系来确定。特别是企业与居民区的基层党务干部几乎没有上升的政治空间，因为公务员制度等规定，已把他们排斥在体制外，这使他们的职业生涯处于一种近乎停滞的环境中，不仅不利于他们的成长，而且很容易使不少基层党的干部包括党员渐渐远离自己入党时的政治抱负，转而把现实的经济利益作为人生追求的主要目标”[②]。可见，如何防止利益的“分殊化”成为推进党的建设健康发展必须正视和解决的迫切问题。

四是在制度建设方面存在落实的“空置化”。十一届三中全会以来，党内围绕党章已经制定了许多具体制度，形成了一整套比较健全的制度框架和制度体系，对推动党的全面建设发挥了极其重要的作用。但是，从党内实践来看，仍然存在着制度落实的“空置化”问题，具体表现为：（1）制度的贯彻落实在实践中有时会因为形式主义、文牍主义而流于形式，得不到实际遵守，有时因为在实践中经过层级消耗而无力走样，效果不明显。比如党内选举，有些党组织在换届选举时，经常由上级党委直接指派或任命新的领导者，甚至连投票选举的形式都可置之不理，许多党员不知情、参与难，选举人不能够充分表达意志。（2）一些规定根本性原则太多，具体可操作性的较少。以《中国共产党党内监督条例（试行）》中的罢免或撤换要求及处理制度为例，要实施这个制度必须首先明确几个重要的前提条件：党内领导干部因哪些言行可以被认定属于罢免或撤换的范

---

① 张克文：《转型期间基层党建面对的若干问题分析》，《党建通讯》，上海市党的建设研究会主办，2009年第2期。

② 张克文：《转型期间基层党建面对的若干问题分析》，《党建通讯》，上海市党的建设研究会主办，2009年第2期。

围，启动和进行罢免或撤换的具体程序是什么，具体负责罢免或撤换工作的是何机构、人员，罢免或撤换的裁定结果怎样才算是有效，等等。如果这些问题没有弄清楚，罢免或撤换要求及处理的制度事实上就没有达到实用的阶段。显然，缺乏操作性的制度，最终将成为束之高阁、仅供观赏的制度。（3）在党建实践中出现的一些好的经验做法未能迅速转化为制度性规定。比如，党章未规定乡镇党委书记直选，那么，某些直选产生的党委书记与党代表大会、党的全委会是什么关系？这样就会出现合情合理但不合法的尴尬。

五是在作风形象方面存在干部的“官僚化”。优良的党风是凝聚党心民心的巨大力量。但是，在执政和改革开放的条件下，由于外部环境的变化，体制机制转换过程中出现的许多漏洞，使得一些党员干部发生违反党的纪律，甚至产生腐败，严重损害了党的作风形象，主要表现为：少数党员干部官本位思想浓厚，形式主义、官僚主义盛行，严重偏离党的群众路线，造成党与群众关系的隔膜；少数党员干部异质蜕化，权力寻租，贪污腐败，败坏党的形象，严重影响党内团结和谐。据调查，在“你对哪类群体的伦理道德状况最不满意?”的问卷中，“政府官员群体”高居榜首，达73.3%之多。①

六是在权利义务方面存在权责的“失衡化”。党内民主是增强党的创新活力、巩固党的团结统一的重要保证。要增强党内民主，就必须尊重党员主体地位。尊重党员主体地位，就必须保证党员权利义务的统一。但是，就目前党内民主发展状况而言，存在重义务、轻权利，重服从、轻平等，重统一意志、轻主动精神的问题，具体表现为：（1）党员主体地位意识的缺位。在一些党员干部看来，党内生活及党的实践中真正起支配作用的是党的领导机关和领导干部，普通党员不过是被指挥、被管理、被教育的对象，很少成为党的建设的能动主体。（2）相关权利义务机制的缺位。尊重党员主体地位，必须从机制上做起。虽然党章规定了党员所应该具有的权利义务，但由于缺乏机制保障，党员主体应当具有的知情权、参与权、决定权、选择权、监督权，在党内现实生活中往往很难落实。另外，还有一个新的情况更应该引起我们注意，这就是由于社会转型带来的阶层结构变化、人员流动加剧、组织管理缺位等因素的影响，现在不少党员不

---

① 樊浩等：《中国大众意识形态报告》，中国社会科学出版社2012年版，第18页。

但权利主体意识淡薄，义务主体意识更是缺失，这在很大程度上影响了党员主体地位的实现。

可以说，要想提升网络党组织在网络虚拟空间领域的权威，就必须从现实做起，夯实党的基础。

（二）网络党组织的作用"缺位"

在网络党组织角色"缺位"的同时，其作用发挥的"缺位"也是引起党组织在网络虚拟空间权威塑造效果的一个不可忽视的原因。所谓网络党组织的作用"缺位"，主要是指网络党组织在开展网络空间领域的组织活动、重大事件，特别是网络舆情中所发挥的作用有限，因而导致网民对党组织的视而不见。那么，造成这一作用"缺位"的原因在哪里呢？仅以网络党组织在网络舆情治理方面的作用而论，最根本的原因就在于对于网络党组织作用的发挥存在着观念上的分歧。

网络党组织建设必须明确工作重点在哪里。是满足于一般的网站式框架结构建设，还是突出组织的功能发挥？如果是要突出组织功能，那么，网络党组织作用的发挥究竟是"控制"还是"沟通"？笔者以为，通过对互联网这一"了解民情、汇聚民智"的重要渠道的充分参与和利用，应该把"提高舆论引导能力放在突出位置"，即把提升网络舆情危机治理能力作为当前及今后网络党组织建设的首要目标和能力提升方向。通过对汶川地震期间的政府网络舆情危机治理的经验分析，可以看出，在抗震救灾期间，政府对待网络舆情危机的态度表现出了高度的理性平和，在处置的方法上采取了沟通对话的"治理"方式而不是关堵封闭的"控制"方式。这一公共危机管理中舆情治理的成功经验为网络党组织提升舆情引导能力提供了思路与方法。但是，网络党组织毕竟不同于政府，其治理方式自有其不同。这种不同之处，更多地体现为思维上的差别。可以说，没有对网络党组织舆情治理思路的认真梳理，就不可能对网络党组织建设有清晰明确的功能定位。笔者以为，影响和制约网络党组织建设及其作用发挥的因素不在技术掣肘，而在对网络党组织建设的思维分歧。这种观念分歧集中表现为：对网络舆情的治理是争夺占领，还是沟通引导？从当前网络党组织建设及其作用发挥现状来看，组建者一开始就把争夺占领作为网络党组织建设的指导思想与工作思路，从而导致组织功能的错位，与目标达成的效果不佳。因此，加强网络党组织建设，必须重新检视思想上的误区，树立符合网络环境的内在发展规律和要求的新思维，重新定位网络党组织的目标功能，切实提升网络党组织的舆情危机治理能力。网络党组织作用的

“缺位”，从一定程度上讲，就是把“控制”舆论作为政党在网络虚拟空间的任务，而没有真正认识到网络虚拟空间舆论发展的特殊机制。与现实物理空间结构下的舆情发生不同，网络虚拟空间的舆情发展往往毫无征兆，常常予人以瞬时发生、迅及扩大的措手不及之感。对网络的“控制”又不可能像控制报刊电台一样通过对人的直接控制而实现。因此，网络党组织必须首先适应网络虚拟空间的新环境，认真研究网络舆情发生发展的特殊机制，以对话沟通而不是高高在上的态度正视网络空间的活动主体——网民。通过平等的交流，使网民逐渐接受网络党组织的主张，从而说服、吸引和团结网民。

总之，网络党组织的角色“缺位”与作用“缺位”其实是一体两面。一方面，由于网络党组织的角色“缺位”，导致网络党组织作用无法发挥。但另一方面，在以党建网为主要形式和活动平台的网络党组织普遍建立的情况下，网络党组织的角色“缺位”却是由于网络党组织在作用发挥方面的不作为而引起的。因此，要解决网络党组织在网络虚拟空间的“缺位”，必须从增加网络党组织的组织凝聚能力开始。

三、提升组织凝聚能力的途径

网络党组织要想真正成为网络虚拟空间领域中的组织力量，实现团结群众的目标，就应该从三个方面着力提升组织凝聚能力。

（一）确立服务意识，使网络党组织成为利益表达的畅通渠道

网络党组织要树立服务党员、服务群众、服务社会的意识。特别是在网络虚拟空间，更需要网络党组织通过树立服务意识，成为群众进行利益表达的畅通渠道。这是因为，“因特网对代表制政治过程结构的影响比对个人行为的影响要大。最重要的影响可能是，‘信息流动对政治结构和政治行为非常关键，信息不仅被政治参与者在策略上和心理上用作一种工具和资源，而且它的特点和质量有助于区分政治参与者本身’。或者说，通过改变因特网使用中信息流动的方向和内容，政治参与者的范围扩大了，新形式的集体运动可能会出现，而且不同形式的辩论可能会发生，改变着已经被大众媒体时代的单向通信系统定制的政治意识。”①

所谓利益表达，是指社会成员向政府提出利益要求，并要求得到满足

① ［美］曼纽尔·卡斯特著，周凯译：《网络社会——跨文化的视角》，社会科学文献出版社2009年版，第401页。

的政治行为。利益表达往往意味着冲突。因此，必须要在利益表达和社会稳定之间取得平衡，底线是社会的稳定，上限是利益的表达，两者之间就是形成制度化的利益表达机制的空间。一般来说，群体利益表达方式的制度设置健全规范与否，直接决定了群体利益表达的行为选择模式的优与劣。如果一个社会能够充分考虑到社会各阶层的意志与利益，并通过制度设计加以规范引导，赋予各阶层表达的正当性与合法性，那么社会内部各阶层之间的冲突就会以体制内的方式加以消解，避免社会自身力量的过度内耗，从而保持社会的相对和谐与稳定。与之相反，如果一个社会提供不了民意表达的正常渠道，或者表达渠道阻塞，那么阶层的利益表达就会寻求体制外方式来解决。体制外方式的选择，既揭露了现有制度设计存在缺陷，表明现行的利益表达机制已经丧失规范、调节、引导功能，同时又会使社会对选择体制外方式解决问题产生路径依赖，引发“劣币驱逐良币”的不良效应，造成社会的隔阂甚至破裂。就目前我国的利益表达机制来讲，可供社会各阶层选择的常规渠道通常有三种：

第一种是组织渠道的内部表达。即通过个体所在单位对个体利益进行调节和问题解决。应该说，这种方式是与计划经济时代的个人与社会关系相适应的。在计划经济时代，个人从属于集体，是“单位人”。个人的各种需求基本都能够在单位内部得以解决。在这一特定的历史环境中，通过单位内部组织渠道，个人的利益需求基本上能够得到有效的解决。但是随着计划经济向市场经济的转变，“单位人”开始向“社会人”转变。这一转变带来的最深刻的变化就是个人与单位之间关系的变化。即从计划经济时代的组织从属型一变而为市场经济时代的法律契约型。在法律契约型关系中，单位或者企业更多地表现出它的经济活动本质。对于个体来讲，单位或者企业在相当程度上只是一个工作的场所。个体与单位或企业的关系是通过一种法律关系来确定的，权利与义务具有相当的明确性，即个体的利益具有明确的规定规范。可以说，除了国有单位和事业单位外，其他经济组织不具有为个体解决法律合同规定以外的利益需求的义务。在这种情况下，通过组织渠道方式来进行个体利益的内部表达的机制就逐步萎缩，无法覆盖和满足社会成员的各种需求。

第二种是信访制度[①]。自 1951 年 5 月毛泽东要求重视人民通信工作后，

---

① 《中国基层信访问题研究》课题组：《中国基层信访问题研究报告》，《云南大学学报（法学版）》，2008 年第 3 期。

信访工作成为党和政府的一项重要工作内容，也成为民众解决各种社会问题和冲突的重要途径与方式。应该说，信访制度的设立为民意的表达提供了另外一种表达渠道。但是，信访制度也暴露出越来越多的问题。其中最为严重的问题就是各级部门的截访，即地方官员采取某些手段把上访民众拦截在中央或上级有关部门信访登记之外并强制带回原籍的行为。2007 年 3 月，中国社科院发布了一项评估报告，其中对 560 名进京上访者的问卷显示，有 71.05% 的上访者认为，新《信访条例》实施以来，地方各级政府对上访人的打击迫害更为严重，有 63.9% 的人表示曾因上访被关押或拘留，有 18.8% 的人表示曾因上访被劳教或判刑。截访不仅带来了高额的经济成本，还造成了严重的政治后果。信访制度设立的初衷是要成为党和政府联系群众的桥梁、倾听群众呼声的窗口、体现群众疾苦的重要途径。但是，各级政府的截访异化了信访制度，不仅直接侵犯了上访民众的基本人身权利，还由于信访制度自身存在体制不顺，机构庞杂，缺乏整体系统性的问题，导致将各种社会问题和矛盾焦点直接指向中央，而用截访等方式来解决民众进京上访，问题并不能得到真正解决，最终反而会导致民众对中央政治权威产生怀疑，从而在一定程度上造成国家信誉形象的流失。

第三种是法律渠道的选择。应该说，在一个成熟理性、现代文明的社会中，正常范围内的利益矛盾和冲突是可以通过法律渠道进行申诉和解决的。但为什么当前我国群体利益冲突事件往往对这一合法途径弃之不用呢？为什么那么多无直接利益相关者会热衷于“无直接利益冲突”呢？不得不承认，这与当前我国的司法格局具有很大关系。在我国，司法是在党委的统一领导之下开展工作的，而在群体利益冲突事件中，冲突双方往往是利益相关的群众与当地政府及其各部门。这样的身份定位及实际的权力运作机制，使司法的公正性受到质疑。由此造成相关群众的不理解，甚至在一定程度上表现出怀疑，从而对政府的行为总是持有“是不是真的”的疑问。

不过，由于组织内部渠道的弱化、信访制度存在的种种弊端和法律渠道的不畅，当群体利益无处、无法可以表达的时候，寻求体制外方式解决利益问题就成为一种迫不得已的选择。据 1999 年 2 月 17 日国务院新闻办公室发布的《中国人权发展 50 年白皮书》，1998 年初选出的九届全国人大代表共 2979 名，其中，工人农民占 18.9%，知识分子占 21.08%，干部占 33.17%，民主党派和无党派爱国人士占 15.44%，解放军代表占 9%，香港特别行政区代表占 1.17%，归国华侨占 1.24%。显然，弱势群体拥有的众多人口与在国家最高权力机关中代表的比重是很不相称的。更重要的还在于，在我国，弱势群体缺少通畅的表达自己利益的制度化方式。因此，当体制外选择成为一种必需并与当前中国政治生态环境结合，便会产生强烈的化学反应，这种选择也就常常表现出明显的“暴力维权”的色彩。“暴力维权”意识在中国可谓根深蒂固，源远流长。就传统中国而言，调整社会各阶级利益的杠杆不外乎两种：一种是以和缓的改革方式来进行；一种是以暴力的手段来进行。改革主要是通过社会各阶级的沟通与让步来达到重新整合社会资源，实现社会的长治久安。暴力手段则通过彻底打碎旧有统治阶级的手段达到社会的大乱大治。可以说，以暴力方式来革除旧的社会，达成新的资源整合，开始国家社会的新发展，不仅在中国传统社会结构上具有存在的合理性，而且也形成了诸如打抱不平、拔刀相助、以血还血、以牙还牙等以暴力手段维护自身权益的集体无意识。那么，是什么原因促成了群体利益表达从常规行为选择到过激行为选择的转化呢？很重要的一个激发因素就是群体利益表达机制的不顺畅。没有顺畅的利益表达渠道，无序的利益诉求行为往往会冲击正常的社会秩序。特别是在利益主体多元化、利益差异增大、社会分层加速的当今，公众的利益诉求愿望不断增强。政府和社会应该建立健全顺畅、便捷的利益表达机制，一方面有助于多元化利益诉求的表达，使其通过正当、规范的渠道上通下达，避免误解和冲突；另一方面有助于政府广泛听取、吸收社会各阶层的利益要求，从而及时地对人们的利益关系进行有效的整合。

信息网络技术的发展，使得民众通过网络等手段反映利益诉求的需求开始上升。据统计，在现代信息渠道中，“政府或社会热线、信箱”的选择比例为 27%；“报刊、杂志、电台、电视台”的选择比例为 24.6%；“网络”的选择比例为 20.1%；“手机短信”的选择比例为 14.7%。“网络”渠道的选择对象中，学生比例最高，达 50%，其他各阶层一般都在 20%上下。而且 18 岁至 65 岁约十年一个档次，选择率依次衰减。从年龄段情况看，随着新一代人群逐渐步入社会，而且这个群体逐步延后积淀，通过网络等现代信息渠道提出自身诉求的队伍会越来越大。[①] 因此，网络党组织作为中国共产党在网络虚拟空间的组织延伸，由于其迅捷性和互动性的特殊意义，应该能够成为群众通过网络空间进行利益表达的畅通

① 上海市卢湾区党建研究会课题组：《畅通党组织反映需求的渠道研究》，上海市党的建设研究会主办：《党建通讯》，第 20 页。

渠道。

（二）增强凝聚意识，使网络党组织成为群体合作的团结纽带

信息网络技术的发展，使得传统的政党组织与其他社会组织的关系发生了深刻变化。“信息技术影响政治的最重要的表现在于，其使边缘组织克服了资源的限制和其他更严重的障碍从而取得政治权力。”① 这种变化主要体现在党与其他社会组织的领导关系向合作关系转变。

在现实的物理环境中，党作为执政党，掌握着社会的主要资源。无论是工会、共青团还是妇联等社会组织都是在党的统一领导下工作的。在本质意义上来讲，工青妇等组织是党在这些领域的组织延伸和功能拓展。应该说，以党为核心，在党的统一领导下，工青妇等社会组织构成了党在社会生活领域的全面覆盖。同时，改革开放的深入进行，进一步催生涌现了其他社会组织，比如非政府组织（NGO）、志愿者组织等。在现有的社团管理体制②下，上述组织的活动必须挂靠在政府的相关业务部门，并经注册方可活动。因此，在现实的社会政治生活中，党作为唯一执政党，在与其他社会组织的关系中具有无可置疑的领导作用。不过，当党的组织在网络虚拟空间中延伸发展的时候，党与网络社群的关系就发生了巨大变化。建构于现实物理环境的组织领导关系和业务指导关系并不能在网络虚拟空间中得到自然继承。导致这一变化的关键因素在于两个方面：

在环境因素方面，网络虚拟空间具有开放性。网络虚拟空间作为一个开放性的公共空间领域，由于其技术的去中心化和多元性特征，使得在网络虚拟空间领域中没有绝对的权威。在相当意义上为网民提供了自由进出、自由选择的权利，从而极大地凸显了网民个体的自主性。网络虚拟空

---

① ［美］宾柏著，刘钢等译：《信息与美国民主：技术在政治权力演化中的作用》，科学出版社2011年版，第225页。

② 1950年颁布的《社会团体登记暂行办法》规定，社团的登记管理机关是政务院下属的内部部门和地方各级政府。1989年10月25日，国务院发布《社会团体登记管理条例》，建立了社团的“双重管理体制”，把正式社团直接置于党政机关的严格控制之下。1998年2月16日，中共中央组织部、民政部发出《关于在社会团体中建立党组织有关问题的通知》，要求社会团体常设办事机构专职人员中凡是有正式党员三名以上的，应建立党的基层组织。《通知》规定社会团体党组织应全面贯彻执行党章规定的党的基层组织的任务。2000年7月，中共中央组织部又印发《关于加强社会团体党的建设工作的意见》，提出要建立健全社会团体党的组织，理顺党组织的隶属关系。明确社会团体党组织（包括临时党组织）原则上隶属于其业务主管单位党组织。

间正是由于其内在的开放、自由诉求，成为网络迅速被接受的根本原因。而在现实的物理空间领域，由于个体身份的明确性，其行为受到法律、习惯等社会强制力量的约束，个体的言行举止都必须在社会规范的许可范围之内活动。同时，社会组织由于其所具有的占有部分社会资源的组织需求，其活动必然要受到政府的强力管控，必须服从政府的统一管理。因此，现实物理世界与网络虚拟空间在环境构成方面的根本差别，失去了社会制度和结构的强力支持，网络党组织要想在网络领域对网络社群的活动发挥领导作用，其难度可想而知！

导致网络虚拟空间领域政党与社会组织领导关系变化的第二个因素就是组织原因。在网络虚拟空间领域中，网络社群①具有高度的自治性。网络社群作为网民的自发聚合组织，主要具备以下特点：

一是形成的自发性。网络社群往往是在不经意间通过网民的自发行为形成发展起来的。通过设定目标来吸引和成立网络社群是网络空间领域组织存在的另一种方式。但是，即使是这一组织形成方式，也必须遵守网络空间领域的生存法则：自由选择。只有当一个网络社群能够满足一定网民的需求时，网络社群才有可能形成。因此，从这一意义上讲，网络虚拟空间领域的社群组织的形成过程往往具有自发性。同时也决定了网络社群内部结构中成员进出的自由性。“随着时间的推移，相对于一个组织围绕着具体事件或自上而下基于共同经验建设起来的在线社区、利用电子网络告缺意见风潮的组织能力，组织的成员资格已经没有那么重要了。公民们不再一味地根据相对固定和稳定的利益观念，授权一个组织的领导层来代表他们，而是在某些重要时刻对某些事件上，日渐通过越来越多的个人方式

---

① 有学者称之为“虚拟社群”。丹尼斯·麦奎尔认为，“虚拟社群”是由任何数量的个人，以自己的选择或是对某些刺激的反应为基础，并且通过网络而组成。……虚拟社群可能保有真实社群的某些特征，包括互动、共同的目标、认同感与归属感、各种规范、不成文的规则（网络礼节）等，而且具有排斥或拒绝的可能性；虚拟社群也具有惯例、仪式与表达模式。见［荷兰］丹尼斯·麦奎尔著，崔保国、李琨译：《麦奎尔大众传播理论》，清华大学出版社2010年版，第121—122页。曼纽尔·卡斯特也指出，虚拟社群确实是社群，但不是实质的社群，不会遵循实质社群的那种沟通和互动模式。但虚拟社群并非《不真实》，而是在不一样的现实层面上动作。虚拟社群是人际的社会网络，大部分以弱纽带为基础，极度地多样化且专殊化，但也能够由于持续互动的动态而产生互惠与支持。见［美］曼纽尔·卡斯特著，夏铸九等译：《网络社会的崛起》，社会科学文献出版社2001年版，第444—445页。

来表达自己的关心。”①

二是结构的自治性。由于网络社群多是自发形成起来的，所以其内部的组织结构往往不具备严密的等级组织体系。无论是社群中的活跃成员还是普通成员，其对社群的归属感主要体现在成员之间的内部融洽程度。如果说一个成员感觉在这一社群中能够得到其他成员的尊重和重视，那么他对社群的忠诚度就会提高。反之，则会降低，甚至选择退出。

三是活动的娱乐性。一般来说，网络社群都是在满足一定网民的娱乐性要求的基础上成立起来的。比如车友会、驴友会等组织，主要是通过网络聚集起有共同爱好的网民来参加共同活动。不过，也有另一种主要以情感诉求为表达目的的社群组织吸引了许多网民参与其中。这一类组织在本质意义上讲其活动仍然具有娱乐性和休闲性。例如，“东方网玫瑰俱乐部”就有娱乐歌舞、交友沙龙、吃饭喝茶、艺术创作、专业社区、体育运动、游戏电玩、旅游休闲八大类7000多个俱乐部，凡是能想象出来的需求，都可以提供服务。②

因此，网络虚拟环境的开放性和网络社群的自治性，使得网络党组织要想在网络空间有所作为，使党的工作覆盖到网络空间的各个方面，就必须进行适应网络环境的组织改变。以德国社会民主党为例。自1999年起，德国社会民主党多次就修改党纲展开了党内的大讨论，最终于2007年公布了新的纲领——《汉堡纲领》。《汉堡纲领》明确指出：“德国社会民主党是寻求组织对话的，我们不是从上到下，而是从社会中心出发，讨论社会民主党的未来。还从未有一个德国政党的纲领是如此广泛的民众参与中产生的。”③ 德国社民党认为，在现代的媒体社会中民主制的成功是与对信息技术和通讯技术的专业性利用密切联系的，二者之间不存在矛盾。为此，德国社民党通过增加党内直接民主的成分，以更能体现民主效能感的直接民主来取代党内的委托民主，以期形成民主高效的运作机制，促使党的组织结构由“控制型”权力结构向“参与型”权力结构转变。与此同时，通过建立目标指向型的政策团队，吸引社会其他组织和公众参与党内任务的

① ［英］安德鲁·查德威克著，任孟山译：《互联网政治学：国家、公民与新传播技术》，华夏出版社2010年版，第161页。

② 闫加伟等：《上海市新兴青年社会型组织的现状与分析》，上海市党的建设研究会2005年立项课题。

③ 张文红译：《德国社会民主党基本纲领（汉堡纲领）》，《当代世界社会主义问题》，2007年第4期。

完成，努力使德国社民党成为德国社会各组织的团结纽带。美国学者宾柏描述了信息技术发展给政党组织建设带来的这一系列变化。他说："随着广播及其相关技术的发展，出现了候选人竞选组织这个新的组织化形式，比旧的形式更加适合新的通信和信息环境。候选人竞选组织成为一个越来越重要的新阶级：量身定做以事件为中心的组织，专门为某个政治事件或者斗争而设立，跟制度化的政党或者利益集团截然不同。它是临时的政治团队，并不是说它就像社区篮球赛里临时组成的队伍，而是由各种专家组成的在某个特定的时间发挥某个特定的作用：民调专家、媒体专家、政策专家、选举顾问等。当然，20 世纪 90 年代所发生的党派的小苏醒也是在新通信信息管理模式下的一个组织变化。新的党派并没有回到中央集权化的老路上去，也没有回到制度化的以党派为基础的通信中；它重组成为一种组织化的政治顾问，为竞选组织网络提供政治服务和辅助。这个'服务性组织'党派模式体现了它们对于新的通信组织化环境和竞选功能的适应及调整。"①

（三）树立危机意识，使网络党组织成为舆情治理的组织载体

当前我国社会群体利益冲突事件的发生及其扩大，从决策层面来看，部分原因在于基层政府对局势判断能力不足，危机决策能力较弱，以致不能及时解决问题，导致小事变成大事。就当前我国地方各级政府的危机决策现状而言，主要存在这样五个方面的不足②：一是危机决策意识不强。不仅表现为在有限的时间内很难迅速做出重大决策，以控制危机事态的蔓延，而且各类决策者往往不能从发生的危机中吸取教训。当前我国群体利益冲突事件频发，但其类型却基本一致，即可为证。特别是在信息网络广泛普及的新环境下，一旦反应迟缓，就会通过网络而造成冲破一隅限制的更大负面影响。二是危机决策机制存在缺陷，缺乏专门的专业化、规范化、制度化、高效的危机决策核心机构，具体体现在上下级危机协调机制方面是，下级政府隐瞒事态真相，"报喜不报忧""捂盖子""浮夸虚报""欺上瞒下"的现象比较突出。三是危机决策公开性和可预测性较差。危机决策的公开性差的突出表现是危机决策时缺乏统一、及时和权威的信息

---

① ［美］宾柏著，刘钢等译：《信息与美国民主：技术在政治权力演化中的作用》，科学出版社 2011 年版，第 72—73 页。

② 薛澜、张强、钟开斌：《危机管理——转型期中国面临的挑战》，清华大学出版社 2003 年版，第 197—198 页。

流通媒介支持系统，导致危机发生后各种报道和传说众说纷纭，各家媒体的报道和官方公布的事件伤亡数字可能大相径庭。危机决策可预测性差主要表现为决策的执行结果，“上有政策，下有对策”，上级政府出台的很多政策往往下级很难真正贯彻、执行，导致危机频频发生。四是危机决策人员素质有待提高。在危机状态下，政府危机决策的水平就是决策者素质的表现。如果决策者的危机决策素质较高，那么做出的决策对控制事态发展就有良好的助益，相反，则会出现“群体盲思”[①] 的现象。因此，高水平决策者的缺乏是制约当前我国地方各级政府处置群体利益冲突事件的主要因素。五是危机决策工具缺乏创新，往往表现为“拍脑袋”式的经验性决策，仅凭个人或少数人的阅历、知识和智慧进行决策，缺乏善用“外脑系统”的艺术，决策带有强烈的个人感情色彩。

信息网络社会的迅速发展，进一步增加了各级政府和相关部门处置因群体性事件而引发的网络舆情的难度。因此，如何培养和提升各级党委和政府部门的危机管理能力就成信息网络时代各级党委和政府执政能力的重要内容。具体来说，可以从危机管理的决策能力和危机管理的处置原则两个方面着手。

在着力提升各级党委和政府部门的危机决策能力方面，应该着重从以下三个方面努力：

一是转变危机决策观念，强化事前决策观念、效率至上观念、沟通交流观念和技术创新观念。特别是要注重信息网络技术在决策中的作用。要充分利用信息网络技术信息传播的瞬时性，建立起危机管理的预警机制，为危机决策提供及时的信息支撑。二是优化危机决策机构，建设危机决策制定、协调的核心机制，以提高决策系统的整合能力；强化危机决策智囊机构，以提供多种决策方案供决策者选择。三是优化决策环境，注重决策和谐的法制化建设，明确危机决策各方的责、权、利；建立和完善听证制度、新闻监督制度等社会参与机制，增强决策透明度和公众参与度。尤其要注重发挥网络舆情监测机构和网络论坛等意见集散地的风向标作用，进一步优化党委和政府部门的决策环境。应该说，中国社会的深刻转型，使得原先潜伏的社会矛盾开始暴露出来。而借助于信息网络技术的发展，一些社会矛盾被迅速扩散、放大，造成网上网下的彼此呼应，形成强大的舆

① Janis, Groupthink: Psychological Studies of Policy Decision and Fiascoec, Boston, Massachusetts: Houghton Mifflin, 1982, p. 9.

论压力。在这种情况下，中国共产党已经开始认识到，只有切实增强和提升基层党委书记的危机管理能力，才能有效预防和控制社会矛盾的扩大化，保证社会秩序的稳定和发展。为此，在2008年10月颁布的《中国共产党党校工作条例》中，明确将县委书记的轮训任务上移至中央党校，表明中央已经高度重视基层政权在处置群体利益冲突事件中的决策能力培训。在2008年11月的县委书记培训课程中，其中一门课程就叫“维持社会稳定及突发事件处理”，主要是教授基层干部如何维护干群关系，以及增强处理突发事件的能力。而信息网络时代虚拟社会与现实社会的密切联动，更是要求各级党委和政府相关部门要尽快适应信息社会的执政能力要求，统揽网上网下两个舆情场阈。

在着力提升各级党委和政府部门的危机原则把握方面，必须注意以下四个原则：

一是亲临现场。危机管理专家格林认为，一旦发生危机，时间因素非常关键。“危机发生的第一个小时尤为重要。”处理群体利益冲突事件的时间尤为紧迫，对时间的把握程度很大程度上决定了危机处理的有效性。处理若不及时，公众在长久等待毫无结果的情况下，必会失去对政府的信任，转而寻找别的途径宣泄不满。因此，地方负责人要在第一时间到达事发现场，跟群众面对面，以表现出政府的重视态度。面对群众，态度一定要坦诚，平行协商，不推诿，但也不轻易承诺；面对强人所难的要求，申明自己能力的局限所在。特别是在信息网络技术发达的条件下，相关部门必须及时通过新闻发言人向网民表达政府的处置意见，积极主动地引导网上舆论导向。

二是区隔原则。2007年颁布的《最高人民检察院关于在检察工作中贯彻宽严相济刑事司法政策的若干意见》中，针对当前我国社会存在的几类特殊类型案件贯彻宽严相济刑事司法政策的具体意见中指出，“对群体性事件中的犯罪案件应当坚持惩治少数，争取、团结、教育大多数的原则”[①]。因此，在具体处置群体冲突事件时，要把握争取多数、孤立少数的原则，区分不同情况，严格把握政策界限，将参与者和围观者分隔开来，分辨出温和派和激进派的差异，以免人员混杂，出现更大范围的秩序混乱。针对网络空间领域舆情表达的情绪化和极端化的倾向，各级党委和政

---

① 《最高人民检察院关于在检察工作中贯彻宽严相济刑事司法政策的若干意见》(2007)。

府相关部门必须保持足够的耐心、信心和诚心，不能因为一些情绪化的发言甚至是谩骂而置网络舆论于不顾。应该秉持公正公开的处理原则，用法律和事实来说服网民，引导网民树立理性的意见表达。

三是信息公开。我国《政府信息公开条例》指出："为了保障公民、法人和其他组织依法获取政府信息，提高政府工作的透明度，促进依法行政，充分发挥政府信息对人民群众生产、生活和经济社会活动的服务作用。"在群体性事件，特别是"网络群体性事件"中，必须坚持公开原则，以消除误解，澄清事实，还原真相，斩断滋生谣言的温床。

四是措施果断。一方面，要正确估计形势，果断做出决策，实事求是地估计群体利益冲突事件可能导致损失的规模、形式、强度和发展趋向，找出根源和问题的关键。切忌盲目采取过激措施。另一方面，要采取果断措施，恢复正常的社会秩序。一旦出现打砸抢烧暴力行为就必须采取措施，果断处置肇事者，迅速制止、平息事态，防止蔓延扩大。当然，采取措施时，必须把握好对象和尺度，过激或过大都会造成反弹，并留下后遗症。

总之，信息网络技术的发展，使信息的传播能力大大增强，已非报纸电台等通讯技术所能控制。因此，各级党委和政府相关部门在处置群体利益冲突时，必须坚持信息公开的原则，使真实的信息成为政府相关部门与网络舆论共同协商的基础。否则，信息的屏蔽只能滋生流言和谣言，在疏远了网民的同时，更加大了处置的难度。正如列宁所言："光，多一些光！我们需要一个大音乐会；我们需要取得经验，好恰当地分配角色，让一个人去奏抒情的小提琴，让另一个人去拉狂暴的大提琴，让第三个人去挥动指挥棒。让作者发出的热情欢迎大家在党的机关报上和党的一切刊物上发表意见的美好呼吁真正实现吧，让大家来评判我们由于各种不同的'音调'而引起的'争论和口角'吧，对这些音调，一些人认为太刺耳，另一些人认为不和谐，第三种人认为不合拍。只有通过许多这样的公开讨论，才能使我们的领导者形成一个真正合唱得很好的集体；只有这样，工人才不会不再理解我们，只有那时，我们的'司令部'才能真正以既跟着司令部前进，同时又引导自己的司令部前进的这支军队的善良的、自觉的愿望作为自己的依靠！"[①]

---

① 列宁：《给〈火星报〉编辑部的信》（1902 年），《列宁全集》第 8 卷，人民出版社 1961 年版，第 89—90 页。

第二节　媒介交流能力

信息网络带来的革命性变革已经日益对现实生活，特别是政党的政治活动产生着越来越深远的影响。德国社会民主党副主席托马斯·迈尔说："现代媒体实际上已经成为政党的最大竞争对手，它们和政党争夺受众（成员），争夺对社会主流意见的主宰权。政党的一些传统政治功能，如宣传功能、教育功能等，已在媒体的冲击下丧失殆尽。"[①] 就中国共产党而言，网络对意识形态的深度影响已经引起了党和国家领导人的高度重视。胡锦涛在同人民网网友聊天时就指说："我经常通过互联网了解国内外时事和民众对我们工作的意见和建议。""我们强调以人为本、执政为民，因此做事情、做决策，都需要广泛听取人民群众的意见，集中人民群众的智慧。通过互联网来了解民情、汇聚民智，也是一个重要的渠道。"[②] 对于各级党组织，特别是网络党组织建设来说，掌握与新形势新要求相适应的能力无疑成为当前需要首先解决的问题。"拥有适合媒体社会的交流能力"应该成为网络党组织建设的能力要求。

一、把握媒介交流能力的内涵

媒介交流能力作为一个系统概念，包含了思维、语言、情感、形式等诸多内在要素。要着力提升网络思想政治教育者的媒介交流能力，必须准确把握这一能力构成要素的主要特征与精神特质。

（一）思维观念

思维观念是能力的核心要素和精神反映。具体来说，思维观念反映了党组织主体的世界观，即党组织的活动主体如何看待教育客体的问题。在现实党的活动中，主客体的关系由组织体系内部的上下等级关系所确定，上级组织拥有信息的主导权和实施组织压力的制度优势，下级组织和成员一般是作为信息单向传递的末端接收者，上下级关系表现为强烈的依附性特征。塑造这一特征的根本原因主要有两个：

---

① ［德］托马斯·迈尔、郭业洲、陈林：《热话题与冷思考：关于媒体社会中政党政治的对话》，《当代世界与社会主义》，2000 年第 4 期。

② 《唱响奋进凯歌 弘扬民族精神——记胡锦涛总书记在人民日报社考察工作》，《人民日报》，2008 年 6 月 21 日。

一是组织体系的制度要求。党的教育活动作为组织向内部成员灌输组织理念、团结组织成员的重要方式，主要是通过组织内部自上而下的权力体制实现的。这是列宁式的布尔什维克政党的内在要求。一方面，列宁认为，无产阶级政党应该首先是一个以革命活动为职业的人的革命家组织。其“唯一严肃的组织原则是：严守秘密，极严格地选择成员，培养职业革命家。只要具备这些品质，就能保证有一种比‘民主制’更重要的东西，即革命者之间的充分的同志信任。而这种更重要的东西对我们来说是绝对必要的，因为在我们俄国是根本不可能用普遍的民主监督来代替它的”①。因此，作为掌握了社会发展前进真理的革命家应当既以理论家的身份，又以宣传员的身份，既以鼓动员的身份，又以组织者的身份“到居民的一切阶级中去”②。另一方面，经常性的教育活动，可以起到组织团结的目的。“我们对开展宣传、鼓动和组织方面的正常工作的意义愈是重视，我们同宗派主义、小组习气和计较地位离得愈远，我们就愈是应当努力使党员之间的意见分歧能够心平气和地进行实质性的讨论，使这些意见分歧不至于妨碍我们的工作，不至于打乱我们的活动，不至于阻碍我们的中央机关正常地履行职责。”③ 当无产阶级政党掌握了国家政权以后，政党组织的成功革命经验就成为重要的路径依赖。可以说，党的教育活动的主客体依附关系是现实物理环境中组织得以运转的内在要求和根本运作方式。

二是组织体系的价值要求。党的教育活动主客体的依附性在更深层面反映了组织体系的价值要求，即党的教育活动的主体是以相对于客体的真理掌握者而存在的。在上下等级关系中，实施者作为党的教育活动的主体肩负着教育、引导教育客体的命定使命，被动者作为党的教育活动的客体被赋予了接收教育改造的身份标定。这一组织要求在列宁所创建的布尔什维克政党以来就一直是无产阶级政党生存发展的核心价值。列宁认为，工人并不能自发地变成社会主义者，而只能自发地成为工联主义者；社会主义只有依靠中产阶级知识分子从外部灌输给他们。“我们说，工人本来也不可能有社会民主主义的意识。这种意识只能从外面灌输

---

① 列宁：《怎么办？——我们运动中的迫切问题》（1901 年秋—1902 年 2 月），《列宁全集》第 6 卷，人民出版社 1961 年版，第 134 页。

② 列宁：《怎么办？——我们运动中的迫切问题》（1901 年秋—1902 年 2 月），《列宁全集》第 6 卷，人民出版社 1961 年版，第 79 页。

③ 列宁：《俄国社会民主工党总委员会文献》（1904 年），《列宁全集》第 8 卷，人民出版社 1961 年版，第 116 页。

进去，各国的历史都证明：工人阶级单靠自己本身的力量，只能形成工联主义的意识，即确信必须结成工会，必须同厂主斗争，必须向政府争取颁布对工人是必要的某些法律，如此等等。而社会主义学说则是从有产阶级的有教养的人即知识分子创造的哲学理论、历史理论和经济理论中发展起来的。”[①] 因此，“阶级政治意识只能从外面灌输给工人，即只能从经济斗争外面，从工人同厂主的关系范围外面灌输给工人。只有从一切阶级和阶层同国家和政府的关系方面，只有从一切阶级的相互关系方面，才能汲取到这种知识。”[②] 对此，乔治·萨拜因这样评价，列宁“习惯于认为革命乃是必须‘从外部’向群众灌输的某种东西，而且也乐于相信除非在知识分子的领导下，否则人民大众就是浑浑噩噩、麻木不仁、毫无头脑的群氓”。[③]

但是，在网络虚拟空间领域，决定党的教育活动中主客体关系的思维观念由于网络技术的社会性特征而发生了深刻变化。网络技术的开放性打破了现实物理环境中组织结构的封闭性，使得组织成员的交流不仅在组织内部得以突破自身范围的界限，而且在更广泛的范围内实现了组织成员与非组织成员的内外交流。“互联网骨子里就带有煽动性。它破坏人们对集权的肤浅尊重，而不管那个‘权威’是如何的与广告宣传的声音或是企业年度报告虚情假意的花言巧语一致。”[④] 同时，网络技术的节点生存特点，又打破了现实物理环境中组织成员作为组织系统内部构成单元的性质，使得组织成员在获取信息的同时，又都能够成为新的信息源点和组织源点，由此导致在网络虚拟空间领域主客体关系剧烈变化，并随之产生形成了“网络化思维”。这种诞生于信息网络空间的思维方式，与其说是“一种创造性思维，不如说是一种全新的思维”[⑤]。这种新的思维方式需要新的组织

---

① 列宁：《怎么办？——我们运动中的迫切问题》（1901 年秋—1902 年 2 月），《列宁全集》第 6 卷，人民出版社 1961 年版，第 29 页。

② 列宁：《怎么办？——我们运动中的迫切问题》（1901 年秋—1902 年 2 月），《列宁全集》第 6 卷，人民出版社 1961 年版，第 76 页。

③ ［美］乔治·萨拜因著，邓正来译：《政治学说史》，上海人民出版社 2010 年版，第 499—500 页。

④ ［美］里克·莱文、克里斯托弗·洛克、道克·希尔斯、戴维·温伯格著，江唐、丁康吉译：《线车宣言：互联网的 95 条军规》，中国青年出版社 2010 年版，第 94 页。

⑤ 唐魁玉：《网络化的后果——日常生活与生产实践的变迁》，社会科学文献出版社 2011 年版，第 29 页。

形式与之相适应。然而，“我们仍然在使用陈旧的、前电力时代那种支离破碎的时间模式和空间模式来思考问题”①。因此，要提升网络党组织的媒介交流能力，必须适应这一新的变化，树立一种新的思维体系和价值体系。

（二）语体符号

语体符号既是思维观念的语言形式反映，同时又作用于思维观念，形成固化而稳定的思维习惯。在媒介交流的过程中，交流双方所传递的一切符号，包括印刷符号、语音和动作，“交流者总是揣测符号背后的含义；不是揣测符号的含义，而是揣测符号使用者的意思。更准确地说，那就是从符号的含义去推测对方想要表达的意义”②。可以说，在传播关系中，交流双方总是在用“第三只耳朵”来听弦外之音。中国共产党在长期的革命、建设和改革历史中所形成的一系列符号象征，正是通过在日常的宣传交流中团结、动员社会。“以名誉、光荣和爱国主义作为号召，最有可能影响到组成群体的个人，而且经常可以达到使他慷慨赴死的地步。”③

在现实环境中，党的教育活动是作为增强组织团结、提高组织执行力的宣传灌输活动而实施的。因此，“宣传体”成为现实思想政治教育的主要语言形式。这一语言形式最大的特征就是把思想政治教育的客体作为理性尚未觉醒的对象来对待，由此表现出重等级、重权威的强势语言形式和风格。而网络思想政治教育的语体风格主要是由网络的娱乐性特征决定的。对于大多数上网的人群来说，寻求网上娱乐是网上活动的主要内容之一。由此，使得网络空间领域呈现出泛娱乐化的倾向，最强烈而深刻地塑造了网络独有的“娱乐体”语言。网络“娱乐体”以其诙谐幽默、奇幻出位、多变速成、吸引眼球的语言风格隐含着深刻的社会心理需求，即打破常规、藐视权威、张扬自我、崇尚平等。可以说，网络“娱乐体”的语言风格反映了网络无权威的虚拟社会特性。“超文本天生就是不分等级和反官僚作风的，它并不会强化员工的忠心和服从，反而会鼓励员工遐想和闲

---

① ［加拿大］马歇尔·麦克卢汉著，何道宽译：《理解媒介：论人的延伸》，译林出版社 2011 年版，第 5 页。

② ［美］威尔伯·施拉姆、威廉·波特著，何道宽译：《传播学概论》，中国人民大学出版社 2010 年版，第 4 页。

③ ［法］古斯塔夫·勒庞著，冯克利译：《乌合之众——大众心理研究》，广西师范大学出版社 2007 年版，第 72 页。

聊，会鼓励逸闻趣事的流传。”① 因此，“我们若想以它们为手段去影响群体，我们必须搞清楚某个时候群体赋予它们的含义，而不是它们过去具有的含义，或精神状态有所不同的个人给予它们的含义。”② 这就要求网络党组织教育活动的开展，必须改变现实思想政治教育的说教性的“宣传体”语言风格，适当吸引和借鉴网络“娱乐体”的语言风格和内容，转变教育观念和态度，真正在融入网络生活的过程中，通过吸引和团结网民来扩大执政党的思想影响力。

（三）情感情绪

党的思想政治教育是以人为目标的活动。这就要求思想政治教育必须具备丰富的情感情绪，以调动教育对象的积极性，达到思想政治教育主客体的情感共鸣。“公众不是被逻辑所征服，而是被故事所说服的。”③ 只有在思想政治教育活动中注入深沉的感情，才能从情感而非理智上影响公众。具体来说，影响主客体情感共鸣的因素很多，一般来说主要取决于以下三个方面的因素：一是思想政治教育主客体利益诉求的一致性，这是情感共鸣的物质条件。没有共同的利益需求（无论是物质的还是精神的），情感共鸣就不可能长久持续。二是思想政治教育主客体情感需求的共通性，这是情感共鸣的心理因素。主客体的情感需求是由共同的价值理念决定的，没有对价值理念的共同追求，就不可能达到主客体的心理共振。三是思想政治教育主客体环境塑造的同一性，这是情感共鸣的氛围因素。以具有丰富情感的人为对象的思想政治教育对环境氛围的塑造具有极高的要求。一般来说，热烈激昂的氛围往往比较容易使主客体之间达成情感共鸣。就现实环境中思想政治教育而言，主客体的情感共鸣主要是以身体在场的面对面为中介形式达到的。这对教育主体的人格魅力提出了较高要求。“对群众运动来说，‘戏剧元素’大概可比任何其他方法发挥更持久的作用。毫无疑问，通过举办游行、检阅、仪式和典礼之类的活动，一个群众运动可以引起每一个心灵的共鸣。哪怕最冷静的人也会因为看到壮观的

① ［美］里克·莱文、克里斯托弗·洛克、道克·希尔斯、戴维·温伯格著，江唐、丁康吉译：《线车宣言：互联网的95条军规》，中国青年出版社2010年版，第20页。

② ［法］古斯塔夫·勒庞著，冯克利译：《乌合之众——大众心理研究》，广西师范大学出版社2007年版，第115页。

③ ［美］哈罗德·D. 拉斯韦尔著，张洁、田青译：《世界大战中的宣传技巧》，中国人民大学出版社2003年版，第37页。

群众场面而动容。参与者和旁观者都会感到溢于言表的欢欣雀跃。失意者大概要比自足者更易于受群众力量与光辉的感染。这是因为，逃离自我的渴望会让失意者极愿意在壮观的群众场面中隐没自己。"① 而在网络虚拟空间，思想政治教育是在开放性的散点分布的网络民众中进行的，要想达到主客体的情感共鸣，更多地是通过教育主体的意见表达来实现的。因此，塑造意见领袖型的网络党组织就成为沟通主客体情感的重要途径。

（四）形式方法

党的思想政治教育采取何种形式方法实质上反映了思想政治教育的价值取向，是媒介交流能力思维方式的实践表征。在现实思想政治教育环境中，由于思想政治教育的组织者和实施者依托的是形成于工业时代的组织体系，这一组织体系在思维指导和组织机制上具有极强的线性特征，表现出垂直单一、自上而下的信息传递模式。因此，在现实环境中，思想政治教育的主体与客体并不具备主客体平等交流的内在精神需求，从而使思想政治教育在具体的组织实施过程中，主要依靠以报纸、电台、电视等为代表，蕴含着权威和教化使命的信息载体作为具体的形式方法。"每一个个体都是单独地面对报纸和电视，并独自对报纸和电视的信息和建议做出反应。相互交流的人们之间的双向关系被读者与报纸或观众与电视之间的单向关系所取代，在这种单向关系中，个体可以看或听，但没有回应的机会。即使当他直接参与到他可以使用其回答权力的场合，这些场合也往往是对他不利的。对报纸的评论、电视屏幕上的形象或收音机里的声音表示赞成、讥笑、否定、纠正或回应都是不可能的。所有这一切都意味着，现在我们只能被动地受它们的控制，屈从于印刷出来的东西或拍摄下来的形象之权威，当读者、听众或观众的孤立意味着他不能了解有多少人分享或反对他的观点时，情况更是如此。不平等变得愈加严重；不平衡则意味着尽管有时读者对报纸会有影响，但报纸对读者的影响却是经常性的。也许有一两个例外，但总的规律是交流已变得两极分化，并且越来越向单向交流而不是双向交流的方向发展。"②

但是，信息网络技术的广泛运用及其对社会生活中的组织和个体的影

① ［美］埃里克·霍弗著，梁永安译：《狂热分子：群众运动圣经》，广西师范大学出版社 2011 年第 2 版，第 95 页。

② ［法］塞奇·莫斯科维奇著，许列民、薛丹云、李继红译：《群氓的时代》，江苏人民出版社 2006 年版，第 259 页。

响，通过信息获取方式的深刻变革，强有力地改变了思想政治教育的主客体关系，在网络虚拟空间领域真正构建起了主客体之间的平等交流关系。“信息革命从一定程度上成功地削弱了集中的、基于组织的信息流动水平，它会满足自我选择、分化以及能够使信息破碎化。不断增长的个性化信息环境能够促进自主的、个性化建构的自由。这种自由更加独立于源于某个特别地方的，以及源于各种制度构成的域内交互的社会价值观和日程的力量。”① 由此决定了网络思想政治教育的组织实施，必须采取符合网络成员平等价值需求的形式载体。正如拉斯韦尔所言：“成功的宣传依赖于传统的偏见、国家之间的客观联系和公众应激性的变化程度。无论宣传者在人员组织、建议选择和传播工具运用方面的技巧多么娴熟，如果缺乏有利的社会力量的帮助，其操作技巧将毫无用武之地。”② 因此，忽视了网络环境与现实环境中思想政治教育的这种差别，就只能是缘木求鱼。可以说，网络虚拟空间的开放性、交互性与自由流动性，要求思想政治教育者必须把思想政治教育的客体作为平等的交流对象，采取对话、沟通、倾听和互动的方式方法，真正与交流对象建立起心理和精神上的情感共鸣与价值默契。

二、增强媒介交流能力的意义

网络虚拟空间作为执政党开展思想政治教育的新场阈，其特殊性就在于由信息网络技术的开放性而带来的信息获取、教育的主客体关系、教育环境等方面的深刻变化，要求网络思想政治教育者必须具备适应于网络虚拟环境的媒介交流能力。可以说，提升网络思想政治教育者的媒介交流能力主要是基于以下三个深刻转变。

（一）信息获取方式的转变

信息获取方式的转变，改变了现实媒介交流中信息的单一组织传递渠道，形成了组织与个体共享信息的新局面。无论是现实物理环境中的思想政治教育还是网络虚拟空间中的思想政治教育，思想政治教育信息是教育的关键和核心。可以说，谁掌握了教育信息，谁就能占据主动。“政治话

---

① ［美］宾柏著，刘钢等译：《信息与美国民主：技术在政治权力演化中的作用》，科学出版社 2011 年版，第 234 页。

② ［美］哈罗德·D. 拉斯韦尔著，张洁、田青译：《世界大战中的宣传技巧》，中国人民大学出版社 2003 年版，第 159 页。

语是价值和选择性的产物，至多是可以验证的‘客观’观察，它由信息和其他因素混合而成。”① 信息获取方式的转变，就会在客观实际上促使话语表达方式的转变。在现实物理环境中的思想政治教育中，教育的信息资源主要是通过科层制的组织渠道进行单向度的传播。在这一传播渠道中，信息呈现出自上而下的传递模式，即上级组织是下级组织和成员获取信息的主要渠道和方式，下级组织和成员在信息获取方面表现出对上级组织强烈的依附性。

但是，以信息技术为核心的网络的迅速普及与广泛运用，强烈而坚定地改变了个体获取信息的方式。信息丰富的含义“涉及成员的性质。在传统的政治组织中，成员具有以下几个特征：明确的时段、交纳费用、选择性的利益。……在信息丰富的条件下，详细的信息交换变得容易而且通信成本低廉，成员的以上这三种特征都会改变。当组织可以确认利益人群并以低廉的边际成本和他们进行通信时，由接收者付款的激情便会减低。类似的，市民也不会上当了，这是因为考虑到与某个团体或集体通信需花费努力和付出成本的缘故，选择性利益的需要在动员他们参与和参加的行为中的作用也被削弱了。信息丰富意味着可能会导致政治成员不选择那么科层制的形式”。② 网络信息的自由流动使得每个人都可能在成为信息源点的同时，又能够根据自身需求进行有选择的信息摄取。可以说，网络虚拟空间带给思想政治教育最核心、最本质的影响就是改变了信息的获取方式，使现实组织体制内处于信息传递末端的组织和成员对信息传递上端的组织的依附性，一变而为组织和成员通过网络信息的迅捷传递，形成了网络思想政治教育中组织与个体共享信息的新局面。因此，信息获取方式的深刻转变要求网络思想政治教育者必须改变自上而下进行教育灌输的传统方式，树立适应于网络虚拟环境的平等交流观念。

（二）主—客体关系的转变

主—客体关系的转变，改变了现实媒介交流中主客体身份的确定性，增强了虚拟环境中主客体身份的模糊性。党的思想政治教育主客体关系的构成，主要取决于环境和角色两个方面的因素。在现实思想政治教育中，

---

① ［美］宾柏著，刘钢等译：《信息与美国民主：技术在政治权力演化中的作用》，科学出版社 2011 年版，第 10 页。

② ［美］宾柏著，刘钢等译：《信息与美国民主：技术在政治权力演化中的作用》，科学出版社 2011 年版，第 97 页。

主客体关系的形成是建立在固定封闭的物理环境，即组织环境，和固定明确的主客体身份，即组织成员的基础之上的。这两个基础因素使得现实思想政治教育在具体实施过程中，具有了明确的主题、固定的内容和确定的对象，从而使思想政治教育表现出强烈的目标针对性和有效的身体控制性。尤其是通过以报纸、广播和电视为代表的大众媒体的宣传，“它们把个人的思想和感情注入统一的模子，以确保每个个人都与预先确定的模子相一致”[①]。但是，网络虚拟空间中的思想政治教育活动则由于信息网络的开放性特征而使主客体关系表现出明显的主题和角色的模糊性。网络思想政治教育主客体关系的模糊性主要是由开放的网络环境和流动的网民决定的。与现实思想政治教育固定封闭的物理环境相比，在开放的网络环境中，网络思想政治教育的活动场阈主要是通过网络论坛、微博等平台进行的。这些网络平台的开放性特征使得思想政治教育者很难形成一个固定封闭的教育主题。同时，网络平台进出的匿名性与自由性又使得思想政治教育者很难形成一个稳定的教育对象群体。

可以说，网络虚拟空间的形成，使得思想政治教育的开展失去了得以强制推行的组织环境，面临着环境的开放性和角色身份的模糊性的新情况、新问题。正如乔伊斯所言：“一般来说，人们在因特网上建立的往往是弱联系，而在现实生活中建立的则往往是强联系。强联系以‘频繁的接触、深厚的感情和彼此的承诺为特点……一般来说这种联系可以缓解人们的生活压力，而且会带来更好的社会和心理影响’；相反，网络上的弱联系则以‘浅显的和容易解除的联系、偶然的接触和狭隘的兴趣中心为特点’。因此，虽然因特网的主要用途是人际交流，但是维系人们交流的纽带是弱的，由此可见，因特网也就不能提供与强联系纽带相同的心理支持。”[②] 因此，思想政治教育主客体关系的深刻转变，要求网络党组织必须改变以教育者自居的身份傲慢，正视网民把握自身的理性力量。

（三）媒介交流环境的转变

媒介交流环境的转变，改变了现实媒介交流中身体在场的潜性要求，形成了虚拟环境中的身心分离的伦理规范。现实思想政治教育遵循组织系

---

① ［法］塞奇·莫斯科维奇著，许列民、薛丹云、李继红译：《群氓的时代》，江苏人民出版社2006年版，第28页。

② ［英］亚当·乔伊斯著，任衍具、魏玲译：《网络行为心理学——虚拟世界与真实生活》，商务印书馆2010年版，第90页。

统内部的规范要求，即在开展思想政治教育活动时，组织成员必须身体在场。这是现实思想政治教育活动得以维系的主要原因。由此决定了现实思想政治教育的潜在规范就是突出强调组织成员个体数量的硬性要求，而对组织成员接受教育的效果则表现出弱要求的软性特征。

网络虚拟环境中的思想政治教育则由于网络的虚拟性而形成了新的伦理规范。主要表现为三个方面的特征：一是思想政治教育主题的自主性。在网络虚拟环境中，思想政治教育的主题选择失去了现实物理环境中主题确定的强制性，表现出根据网民关注焦点进行主题选择的自主性。二是思想政治教育方式的交互性。在网络虚拟环境中，由于教育者与被教育者之间的模糊角色，从而使思想政治教育的方式更多地体现为互动性。三是思想政治教育效果的影响性。在网络虚拟环境中，思想政治教育效果改变了现实思想政治教育有定性而无定量的评判标准，具有了明确而简单的定性定量评定标准，即思想政治教育者吸引的网民数量。吸引的网民越多，引起的关注越多，越说明思想政治教育的效果越有效。可以说，思想政治教育环境从物理空间向虚拟空间的转变，突破了现实环境下身体在场的硬性要求，形成了虚拟环境中身心分离的新规范。因此，思想政治教育环境的深刻转变，使得如何吸引网民、增强思想政治教育说服力成为网络党组织必须解决的迫切问题。

三、提升媒介交流能力的途径

“当代的信息革命涉及通信生态学的深刻变革，这场变革对那些已适应了过时的通信方式的组织和机构而言，具有相当大的影响。这一革命不仅仅是信息量的增加，或哲学家伯格曼所谓的‘信息的咆哮’。它还是定性的，因为所有种类的信息都变得更为廉价，其结构也变得前所未有的复杂和非线性，而且其分布与过去任何时代相比都更为对称。”[①] 因此，信息网络技术深刻的社会变革性，要求网络党组织必须具备与之相适应的媒介交流能力。具体来说，要提升网络党组织媒介交流能力可以从以下四个方面着手。

---

① ［美］宾柏著，刘钢等译：《信息与美国民主：技术在政治权力演化中的作用》，科学出版社 2011 年版，第 13 页。

（一）树立平等的交流态度

“交谈是绝对权力的克星。”[①]

要提升网络党组织的媒介交流能力，网络党组织必须树立平等、开放、包容的态度。其原因主要有三个：

一是从网络自媒体的本质来看，网络改变了受众和媒介的关系，完全打破了两者之间的区隔。以博客、维基等新形态为代表的信息交互模式，从根本上改变了传播者与受众之间的关系。即互联网有效地提升了公民政治参与的能力，使得“公民在交流的自主领域中能够自由参与更改辩论，远离国家、大媒体公司以及侵犯他们日常生活的社会不平等结构的控制与影响”[②]。作为个体的受众已不仅是被动享受媒介提供传播内容的接受者，更是传媒资源和内容的提供者、制造者和传播者。可以说，传播者和受众处于完全平等的地位，共享自由发表意见的权利。正如马克·波斯特在《第二媒介时代》中所说的，在互联网出现之后，媒体进入了新时代，特征是消灭了传播中心，使传播者可以成为散点的交流。因此，没有对网络自媒体这一平等性质的深刻洞识，就不可能进行有效沟通。

二是从网络党组织的活动场阈来看，由于互联网具有虚拟性、隐蔽性、发散性、渗透性和随意性等特点，各大网站并不强求网民在发表意见时提供真实的个人信息和明确的身份认证。互联网的这一特质反映了人们对于相互之间无障碍交流的渴望。“网络首先是这样一片空间：我们可以在里面用自己的声音，相互谈论与自己有重大关系的事情。全世界的人之所以迅速接纳了网络这一古怪的新科技，并不是因为我们受到这一前景——我们可以用电子分类目录购物——的鼓舞。同样，其原因也不宜归结为，全世界的人热情空前高涨，争着成为研究馆员。《线车宣言》说，这些说法都不对，真正的原因是，网络接触了我们最古老的需要——彼此联系的需要。”[③] 因此，无论是谁，不管你有什么样的政治背景，从属于哪个党派集团，信仰何种宗教文化，都可以在网上发布信息、展开讨论、表

① ［法］塞奇·莫斯科维奇著，许列民、薛丹云、李继红译：《群氓的时代》，江苏人民出版社2006年版，第250页。

② ［英］安德鲁·查德威克著，任孟山译：《互联网政治学：国家、公民与新传播技术》，华夏出版社2010年版，第117页。

③ ［美］里克·莱文、克里斯托弗·洛克、道克·希尔斯、戴维·温伯格著，江唐、丁康吉译：《线车宣言：互联网的95条军规》，中国青年出版社2010年版，第22页。

达意见。这种意见主体的自由分散性，使得网络党组织必须以平等的态度作为双方对话交流的基石。否则，只会让人敬而远之，双方既不能接触，更何谈有效沟通！

三是从网络党组织的对象来看，网民年轻化与知识化水平的提高，需要树立平等的交流态度。以党内成员的年龄构成和知识水平来看，年轻化和知识的高学历化的趋势已经越来越明显。据中组部统计显示，2000 年，35 岁及以下党员总数为 1439.1 万人，占党员总数的 22.3%。[①] 2010 年，35 岁以下的党员为 1951.1 万名，占党员总数的 24.3%。[②] 与此同时，党员的知识水平不断提高。2000 年，全国党员中，大学本、专科文化程度者占 17.4%。[③] 截至 2010 年底，具有大专以上学历的党员 2977.5 万名，占党员总数的 37.1%，[④] 同比有较大增长。2001 年，上海党员中，具有大学本、专科学历的有 39658 人，占 30.3%。[⑤] 截至 2009 年，上海具有大专及以上学历的党员 82.72 万名，占党员总数的比例达到 48.56%。[⑥] 无论是党员年龄的年轻化还是党员知识水平的高学历化，都要求党组织在进行传统的教育管理时，必须适应这一主体的平等诉求，一味地灌输式教育，往往只能使其“身服”而“心不服”。特别是在网络虚拟空间领域，这种由于网民的年轻化、理智化倾向的增强，更需要网络党组织以平等的态度与网民进行真诚对话，通过自身的言行实践，赢得网民的尊重和亲近，才能真正使党的思想理论在网络虚拟空间中落地生根。否则，“在群众面前把你的资格摆得越老，越像个‘英雄’，越要出卖这一套，群众就越不买你的账”。[⑦]

（二）掌握恰当的交流语言

语言是思维的体现，是情感的表达。“每一种媒介都为思考、表达思

---

① 《全国党组织、党员队伍、干部队伍统计资料》，《党建》，2001 年第 7 期。

② 《中国共产党党员总数 8026.9 万名》，人民网，2011 年 6 月 24 日。

③ 《全国党组织、党员队伍、干部队伍统计资料》，《党建》，2001 年第 7 期。

④ 《中国共产党党员总数 8026.9 万名》，人民网，2011 年 6 月 24 日。

⑤ 中共上海市委组织部：《二〇〇一年上海市党员和党组织统计资料》，见高骥、虞志灏：《基层党建 e 时代》，上海人民出版社 2012 年版，第 13 页。

⑥ 《上海每百人中有中共党员 8.82 名》，《解放日报》，2010 年 7 月 8 日。

⑦ 毛泽东：《在延安文艺座谈会上的讲话》（1942 年），《毛泽东选集》第 3 卷，人民出版社 1991 年版，第 851 页。

想和抒发情感的方式提供了新的定位，从而创造出独特的话语符号。”① 在印刷时代，“公众话语往往是事实和观点明确而有序的组合，大众通常都有能力进行这样的话语活动。在这样的文化中，如果作者撒谎、自相矛盾、无法证明自己的观点或滥用逻辑，他就会犯错误。在这样的文化中，如果读者没有判断力，他也会犯错误，如果他对一切漠不关心，情况则会更糟”②。但是，在网络时代，这种严谨理性的语言表达常常被碎片化的行文风格所打破，一套独立于官方之外的“在野的话语体系与行为方式”开始形成。“原先庄重的主流政治话语时常退缩为纸媒体上的自说自话，而在互联网中，民众则以俏皮甚至恶搞的方式消解崇高。”③ 网络党组织要进行交流，只有掌握了与网络环境相适应的新语言，才能被网民所接受。正如毛泽东在《延安文艺座谈会上的讲话》中所言：“我们的文艺工作者不熟悉工人，不熟悉农民，不熟悉士兵，也不熟悉他们的干部。什么是不懂？语言不懂，就是说，对于人民群众的丰富的生动的语言，缺乏充分的知识。许多文艺工作者由于自己脱离群众、生活空虚，当然也不熟悉人民的语言，因此他们的作品不但显得语言无味，而且里面常常夹着一些生造出来的和人民的语言相对立的不三不四的词句。许多同志爱说‘大众化’，但是什么叫做大众化呢？就是我们的文艺工作者的思想感情和工农兵大众的思想感情打成一片。而要打成一片，就应当认真学习群众的语言。如果连群众的语言都有许多不懂，还讲什么文艺创造呢？”④

一般来说，网络语言具备“短、平、快”等特点，富有创造性，娱乐性强。造成这一特点的因素主要有：一是网络信息流通具有“瞬时性”特征。海量信息迅捷涌入，往往会不断掩盖旧的信息。在这种情况下，鸿篇巨制往往不能追踪时效，抓住眼球。二是网络具有“娱乐性”特征。对于很多网民来说，上网的需求很多，但是娱乐仍然是主要目的。“娱乐节目的好处不仅是有利于销售，它还是隐含的意识形态信息的有效载体。进一

---

① ［美］尼尔·波兹曼著，章艳、吴燕莛译：《娱乐至死》，广西师范大学出版社2009年版，第11页。

② ［美］尼尔·波兹曼著，章艳、吴燕莛译：《娱乐至死》，广西师范大学出版社2009年版，第48页。

③ 李永刚：《我们的防火墙：网络时代的表达与监管》，广西师范大学出版社2009年版，第151页。

④ 毛泽东：《在延安文艺座谈会上的讲话》（1942年），《毛泽东选集》第3卷，人民出版社1991年版，第850—851页。

步说，在一个日益恶化的极不平等的体系中，娱乐就是罗马斗兽场的游戏的代名词——它将人们导离政治，并生成一种有利于保持现状的政治冷漠。”[①] 三是网络具有“个性化”特征。网民的多元化分布，使主体越来越呈现出个性化的特征。正是这种个性化特点，使得网络变得愈来愈精彩。可以说，网络语言“减少语言形式和表征反思，抽象、发展、矛盾的符号；用形象取代概念。这种语言否定或者吞没超越性术语，它不探究而只是确认真理和谬误，并把它们强加于人”[②]。

因此，网络党组织要想创造出一种喜闻乐见、适应网络生存环境、为广大网民所接受的语言形式，必须突出语言的“精、实、平、快”等特点。在“140个字的世界”里，不再给你选择的余地，“由于信息的大量繁殖与传播，人们与媒体希望一切都简洁明了、通俗易懂。但是，有些复杂的问题是不能简单化的。这是一个严峻的挑战”[③]。总之，在网络空间，“人们相互认同、组建群体的基础，是对话交流——是针对人们所关心的问题而发表的有人情味的言论”[④]。因此，无论我们喜欢与否，也不管正确与否，我们都必须调整自己去适应简洁明了的交流。

（三）饱含丰富的交流情感

在网络虚拟空间领域开展党的活动，尤其要注重真挚感情的投入。这主要是因为是网络虚拟空间中的“人”的生存状态摆脱了传统地理接近的限制，使得人与人之间的交往更多地体现为一种情感交往和精神交往。只有满足并能提供一种心理上的情感需求，网络党组织才能真正发挥作用。因此，网络党组织要想介入网络社会并成为网络舆情的有效治理力量，必须首先从网民的这一心理体验和需求开始。正如毛泽东所言：“那时，我觉得世界上干净的人只有知识分子，工人农民总是比较脏的。知识分子的衣服，别人的我可以穿，以为是干净的；工人农民的衣服，我就不愿意

---

① ［美］爱德华·S. 赫尔曼、诺姆·乔姆斯基著，邵红松译：《制造共识：大众传媒的政治经济学》，北京大学出版社2011年版，导论，第7页。

② ［美］赫伯特·马尔库塞著，刘继译：《单向度的人》，上海译文出版社1989年版，第94页。

③ ［美］埃里克·奎尔曼著，刘吉熙译：《颠覆：社会化媒体改变世界》，人民邮电出版社2010年版，第99页。

④ ［美］里克·莱文、克里斯托弗·洛克、道克·希尔斯、戴维·温伯格著，江唐、丁康吉译：《线车宣言：互联网的95条军规》，中国青年出版社2010年版，第14页。

穿，以为是脏的。革命了，同工人农民和革命军的战士在一起了，我逐渐熟悉他们，他们也逐渐熟悉了我。这时，只是在这时，我才根本地改变了资产阶级学校所教给我的那种资产阶级的和小资产阶级的感情。这时，拿未曾改造的知识分子和工人农民比较，就觉得知识分子不干净了，最干净的还是工人农民，尽管他们手是黑的，脚上有牛屎，还是比资产阶级和小资产阶级知识分子都干净。这就叫做感情起了变化，由一个阶级变到另一个阶级。我们知识分子出身的文艺工作者，要使自己的作品为群众所欢迎，就得把自己的思想感情来一个变化，来一番改造。没有这个变化，没有这个改造，什么事情都是做不好的，都是格格不入的。"[①]

（四）运用互动的交流方式

现实世界里的党组织在组织传统的活动时，主要采用的是自上而下的层级灌输方式。这种教育模式往往在一开始就把受众放在需要被先进思想改造的被动位置，忽视了受众的主体意愿和个体认知，从而使宣传呈现出一种单一灌输的"海报张贴式"特点。而网络传播的散点交流特性体现的是一种双向互动交流方式。交流各方根据议题的设定，通过共同的探讨，在思想的碰撞交锋之中达到共识，从而促进某一主张或思想的广泛传播。在这一交流模式中，摒除了现实因素的影响，没有谁能够真正成为传播的主体。

事实上，这也是由网民的特点决定的。一是网民认知水平的提升和自主选择意愿的加强。根据中国互联网络信息中心（CNNIC）发布的《第29次中国互联网络发展状况统计报告》显示，截至2011年12月底，中国网民规模突破5亿。网民数量与知识水平的不断提高，在相当程度上使其对事物的选择表现出更大的自主性。这就要求网络党组织的沟通要体现出一种说服，而不是强制性的灌输。二是网民"多疑"的网络生存状态要求在沟通交流中不断"去疑"。据《2009世界互联网项目报告》[②]（The World Internet Project Report 2009）分析，在调查所涉及的10个国家和地区中超过40%的网民认为，网络信息中只有一半甚至更少的信息是可信的。而中

① 毛泽东：《在延安文艺座谈会上的讲话》（1942年），《毛泽东选集》第3卷，人民出版社1991年版，第851页。

② 该报告是美国南加州大学安南堡通信学院（Annenberg School for Communication）数字未来研究中心（The Center for the Digital Future）创建并组织的"世界互联网项目"（The World Internet Project，简称WIP）中的年度报告。

国网民最为“多疑”，约有70%的中国网民认为一半或超过一半的网络信息不可信。在这一网络生存状态下，要使思想政治教育的内容被广大网民接受，只能通过这种交流倾听的方式，通过对社会现实问题的有力解释，才能使双方在交流的过程中不断“去疑”，从而使思想政治教育理论被人们广泛接受。否则，以整齐划一的要求去约束限制，就会出现马克思所说的指定表情的“强颜欢笑”。“法律允许我写作，但是不允许我用自己的风格去写，我只能用另一种风格去写！我有权利表露自己的精神面貌，但是首先必须使这种面貌具有一种指定的表情！哪一个正直的人不为这种无理的要求脸红，而宁愿把自己的脑袋藏到罗马式长袍里去呢？至少可以预料在那长袍下面有一个丘必特的脑袋。指定的表情只不过意味着‘强颜欢笑’而已。”①

第三节　意见表达能力

网络党组织的意见表达能力，主要是为了解决党在网络虚拟空间领域的“失声”现象，力图通过网络党组织的各种活动，使党的声音能够在网络空间传播扩散，扩大党在网络空间的影响力。其根源在于互联网可以带来没有制度构成的、表面的、潜在的意识形态。“具有高速度、灵活性以及空间距离缩短的网络，培育了一个新的、激进的、以个人权力为核心的思想体系，人们对专业权力开始怀疑。这种思想体系作为一条纽带和一个跳板，服务于那些患有慢性病的人们进行政策讨论。”②

一、把握意见表达能力的内涵

意见表达能力在本质上是一种话语权，即谁的意见表达能力强，就表示谁所掌握的话语权占据主动地位。作为话语权的能力体现，意见表达能力是指某些组织、群体或个人在公共空间领域能够进行有效的观点宣示，并以此吸引、获取其他群体或个人的关注与赞同，从而在事实上引导舆论导向的一种能力。信息网络技术的发展，使得在网络空间领域，“主流话

① 马克思：《评普鲁士最后的书报检查令》，《马克思恩格斯全集》第1卷(上)，人民出版社1957年版，第111页。

② ［英］安德鲁·查德威克著，任孟山译：《互联网政治学：国家、公民与新传播技术》，华夏出版社2010年版，第181页。

语”作为理性主体的中心权力有可能被“边缘话语”所解构。“网络带来了‘话语平权’，它在使权威阶层更方便实施数据监控和规训的同时，也给‘边缘话语’的建构提供了一席之地，从而推动两种话语之间相互交错。‘主流话语’不再能够一手遮天，权力结构越来越呈现出多元化和离散的取向。”① 失去了现实空间强力结构的支撑，网络党组织的意见表达就是在这样一个崭新的意见空间展开的。因此，网络党组织的意见表达能力就是指政党组织在网络虚拟空间领域中，通过政党的意见表达，吸引、团结广大网民，使党的政治主张能够被网民广泛接受，扩大党在虚拟空间领域的影响力，进而与现实生活中党的主流舆论导向互相配合，使党成为社会意见的主导者、引领者。具体来说，意见表达能力主要包含三个方面的核心内容：立场、态度和方式。

（一）立场

意见表达的立场实质上反映的是意见背后的利益取向。网络党组织作为中国共产党在网络虚拟空间领域的组织延伸和功能拓展，其意见表达的根本立场就是中国共产党在现实政治生活中的根本立场。即代表最广大人民群众的根本利益，全心全意为人民服务。应该说，网络党组织要想在网络空间有所作为，必须采取切实有效的措施，来维护和体现党组织的根本立场。不过，网络党组织要想坚持根本立场，就必须思考网络空间中意见表达应该如何进行代表的问题。在现实政治环境中，党作为执政党，通过制定路线方针政策，形成法律意志和政府行为，用一系列具体实在的社会改善行动坚持党的根本政治立场，赢得广大人民群众的信赖与支持。

那么，网络虚拟空间中网络党组织应该如何代表和体现全心全意为人民服务的根本政治立场呢？这主要由网络虚拟空间的特点来决定。从网络空间的权力特质来看，作为一种虚拟的空间领域，互联网“通过‘改变谁在讲，讲了什么，讲给谁听’这种网络的动员形式已经重构了政治行动”②。其结果就是：强制性的硬权力在其中发挥的作用比较有限，而代表着说服、引导的软权力则可以“润物细无声”地发挥积极的作用。从网络民众的个体特质来看，网络民众与现实生活中的社会公民最大的区别就在

① 喻国明主编：《中国社会舆情年度报告（2012）》，人民日报出版社2012年版，第2页。

② ［英］安德鲁·查德威克著，任孟山译：《互联网政治学：国家、公民与新传播技术》，华夏出版社2010年版，第190页。

于：网络民众没有现实物理空间中的严格限制，其行为的自主性、自由性被瞬间放大。从网络焦点的舆情特质来看，网络舆情是网络虚拟空间领域的热焦点问题，既构成了网络生活的常态，又成为影响现实生活的强大力量。网络舆情的治理，既要靠法律的运用来维护社会秩序，同时更要靠提升网络党组织在舆情治理中的意见表达能力来积极引导。

因此，网络党组织要在网络虚拟空间代表和反映党的根本政治立场，就必须着力提升自己的意见表达能力，积极引导网络秩序的理性发展。

（二）态度

态度是立场的直接话语反映。网络党组织的意见表达，实质上反映的就是党和政府在网民关注的相关问题上的根本态度。从党和政府的网络治理管治的角度来看，其从技术与思维两个层面表现了政府的作为：一是从治理管治的技术层面而言，政府的态度表明了政府在认知层面上对事件性质、过程与影响的事实认定。二是从治理管治的思维层面而言，党和政府的态度反映了政府对公权力来源及其使用的认识、对与公众关系的理解等政府治理正当性与合法性的核心问题。可以说，党和政府的态度是一个融合了“信息集合”和“情绪集合”的复杂综合体。

所谓“信息集合”是指党和政府态度的背后往往包含着各种复杂的信息。这其中既有正规制度性的信息，比如中央文件和法律对政府行为的相关规定，这属于“公”范畴；同时又容纳了很多非制度性信息，比如政府官员背后的人际交往、社会背景等，这属于“私”范畴。制度性信息与非制度性信息，“公”与“私”信息的相互掺杂，都会对政府态度产生或多或少、或明或暗的影响。由于这种信息源的复杂性及其难辩解性，再加上政府与公众之间缺乏良好的对话机制，往往会使公众很难把握政府形成态度的真实原因。不同的阶层、不同的群体、不同的人，由于各自关心的利益角度的不同，其从政府的态度表现而获取、分析与理解的信息也就有所不同。这种主观认识上的差异，往往会造成主观行为选择的不同。

所谓“情绪集合”是指在泛化的政府概念中，党和政府的态度是通过相关政府工作人员的个体化行为表现出来的。在现有的格局之下，受中国传统社会中存在的“官大民小、官强民弱”的传统政治心理，以及1949年以后在革命性意识形态下所营造出来的政治社会话语氛围的影响，公众，特别是社会弱势群体一般都会把“民不与官斗”作为处置利益问题的心理习惯与行为规避。在对待与自身利益相关的问题时，如果能够避免与政府的直接对抗，一般不会选择对抗性的斗争方式来表达自身的利益诉求。相反，如果选择了比较激烈的非制度抗争方式来实现自己的利益表达权利，那么原因往往是出在政府自身行为的不当上。政府行为的不当，最突出的表现就是政府工作人员的态度。政府工作人员态度的好与坏，对事态发展常常起着引导或激化的作用。如果态度良好，有可能将事态向和缓的方向引导；如果态度强硬，有可能激化事态向尖锐对抗的方向发展。

因此，作为信息与情绪集合的党和政府的态度，往往会对因群体利益冲突事件而引发的网络舆情产生直接的影响力。仔细分析近年来频发的"网络群体性事件"形成的原因，很重要的一个因素就在于政府与公众之间缺乏良好的信息共享平台，从而导致信息失真，引发社会各方的猜疑，不仅激化了现存矛盾，而且给党和政府的后续工作造成很大的被动。贵州"瓮安事件"能够发展到万人规模的游行，原因之一就是政府在信息披露方面存在缺陷，对社会各界，特别是参与群体获取事件真相的需求不能及时满足引起的。

（三）方式

网络党组织要想增强自身的意见表达能力，赢得网络民众的支持，必须借助于一定的表现形式才能实现。从近年来网络舆情发生发展的原因来看，通过提升网络党组织的意见表达能力，使之成为网络空间领域的"意见领袖"不失为一种好的尝试。所谓"意见领袖"又称"舆论领袖"，是美国传播学者保罗·拉扎斯费尔德在 20 世纪 40 年代提出的概念。拉扎斯费尔德认为：对于媒介所播的信息和观点，有部分受众会积极接受，并加以再传播，这些人即为"意见领袖"；而另一部分人则主要依靠与这些"意见领袖"的接触来指导自己的行动。由此概念生发出一种观点，即大众传播对受众的影响不是直接的、及时的，而是通过"意见领袖"这些中介人物的作用而影响到广大受众的。网络党组织之所以能够成为"意见领袖"，主要是基于以下三个方面的原因：

首先，从网络舆情的现状来讲，具有发展性。就当前网络舆情发展现状来看，能够自觉担当起网络舆情引导的"意见领袖"的网络组织尚属不多，在一定程度上呈现出真空状态。因此，对于分布于全国的网络党组织力量而言，其发展大有空间、大有作为。其次，从网络党组织功能来讲，具有实验性。开展网络党组织活动，不仅是网络党建的一个重要内容，而且可以成为执政党执政方式转变的一个"试验田"。网络环境所具备的无中心、公开、公正、透明的特点，其对社会政治生活的影响绝对不止于网络虚拟环境。应该看到，随着网络的普及以及我国政治民主化进程的不断深入，探索一种新型的执政领导方式已经成为执政党需要考虑的迫切问题。这种新型执政方式最突出的特点就是如何发挥执政党的政治参与与领导能力。可以说，与现实政治生活需要承担的巨大风险相比，网络环境无疑可以为执政党执政方式的转变提供一个实践的新场阈。最后，从“意见领袖”生成看，具有可控性。在虚拟的网络社区中，“意见领袖”对网络舆情的影响可以通过以下技术和管理机制实现：第一，有见地的帖往往能得到很多人的回复，并吸引大量的点击，迅速成为论坛上的热点。第二，如果帖子被“加精”，就会与普通帖区别对待。再次，通过“置顶”功能，以突出那些引人深思或长久争鸣的精华帖。第三，有些帖被其他论坛或媒体所转载，获得广泛的社会关注。从传播学的角度来看，网络论坛的这一机制实际上就是一种“人为的议程设置”。通过网站的头条或前十条新闻、博客的“十大”排名、BBS每日的“十大”等具体的议程设置形式，实现对网民的意见影响。可以说，通过这一机制的运作，可以实现对舆情的有效引导。

因此，将网络党组织打造成为引领网络舆情健康发展的“意见领袖”应该可以成为一个明确而有效的组织目标。

二、增强意见表达能力的意义

网络虚拟空间由于其迥异于现实物理空间的特质，使得传统政党对社会治理的方式方法均无法达到预期的治理目标。因此，增强网络党组织的意见表达能力，就成为政党在网络空间领域尝试治理的一种新的举措，具有重要的现实意义。具体来说，主要表现在以下三个方面。

（一）网络声音的“失语”，需要网络党组织意见表达的“存在彰显”

网络声音的“失语”，既是指网络表达的嘈杂喧嚣，又是指党和政府声音的弱化无力。从网络表达的嘈杂喧嚣来看，由于网络空间在本质上是一个无权威的虚拟领域，网络表达工具的迅捷性又使得网络民众的诉求表达能够得到直接实现。正是由于这一原因，网络空间声音表达的突出特点就是“人自为王”。每一个人都是以自己为中心，强调的是自己的个体意见的淋漓宣泄。从而在事实上营造出一个观点纷呈、意见不一的繁杂景象。

从党和政府在网络空间的表达来看，由于网络的去权威性、无中心化的特点，使得党和政府在现实物理世界所形成的政治权威资源无法有效地移植到网络虚拟空间，从而造成党和政府在网络空间领域的暂时性失声。

当然，造成这种暂时性失声的原因很多，大致有以下两个方面的因素。一个是在对待网络的态度上仍然存在着“网络就是谣言的滋生地”的偏见，从而在主观思想上就将网络拒之门外，因而在实际上采取的是“鸵鸟政策”。具体来说，主要体现为四个特征：一是“模糊”，往往对公众需要特别关注的问题一笔带过，草草了事；二是“主观”，不见广泛的调查取证，听取群众意见，就自觉以辖区群众为代表，掀起“轰轰烈烈的群众声势”；三是“强势”，对各方的质疑，特别是相关利益者关心的话题，不是给予耐心的解释，常常居高临下，以自己的意志代替他人的意志；四是“漠视”，对社会上的质疑声音置之不理，不予反驳，从而造成舆论上的被动，引起更大范围和程度上的群众抵触。

造成暂时性失声的另一个因素则在于缺乏意见表达的正确方法。往往习惯于现实物理世界的公文式表达，以程式化的思维来应对网络民众，造成的结果就是距离网络民众越来越远，最后被敬而远之，无法在网络空间扎根立足。

不过，党和政府在网络空间表达弱化无力的更重要的原因则在于网络虚拟空间的泛娱乐化本质。网络在为社会公众提供海量信息的同时，又能够极大地满足不同类型网民的休闲娱乐需求。可以说，娱乐性是网络吸引社会公众的主要原因。造成网络娱乐性特质的原因在于：一是网络提供了大量可以随时满足网民需求的娱乐内容，如电影、音乐、游戏等。二是消费主义思潮在网络的催化下更加蔓延开来，更加凸显了网络的娱乐特质。“20世纪的工业主义已经创造了一种新的心理类型——‘消费人’，这主要是由于经济原因造成的，例如，受广告刺激和操纵的大众消费的需要。但是，这种性格类型一旦形成，也会影响经济并使不断增加的满意原则看上去是合理的、现实的。这样，当代人就会产生对消费的无限渴望。”[①] 三是现实社会的生活压力使得网络成为舒缓、宣泄压力的重要场所，“痛并快乐式”的生活成为社会大众留连于网络的社会心理原因。

正是由于这种娱乐需求的不断泛化，就产生和形成了网络空间的政治祛魅。严肃政治话题的网络讨论既非治理者所愿，又是网络把关者的首要职责。在这种情况下，党和政府的声音就在娱乐化的情绪性氛围中被不断弱化。因此，如何在网络娱乐化的虚拟空间中，使党和政府的声音能够被

① ［美］赫伯特·席勒著，刘晓红译：《大众传播与美利坚帝国》，上海译文出版社2006年版，第93页。

网民所听见，并接受和理解，就成为网络党组织发挥意见表达能力时必须要考虑的重要问题。

（二）网络空间的“多元”，需要网络党组织意见表达的“能力重塑”

网络空间的“多元”，既包括网络空间活动主体的多元，又包括网络舆情参与力量的多元。从网络空间活动主体的多元来看，由于网络的匿名性以及网民身份的模糊性①，导致活动于网络空间的网络民众来源繁多，身份复杂，要想通过实名登记的手段来一一核对网民身份信息，无疑是一件耗时费力而又不能得到网民支持的事情。因此，在网络身份隐匿的情况下，网民的个人表达常常会因为失去了现实世界的物理控制而得到反弹与宣泄。从而使得政党和政府对于网络空间领域的舆情治理无法像在现实世界那样，通过强而有力的组织和行政力量进行直接干预和控制。从网络舆情参与力量的多元来看，网络舆情的发展，往往具有突发性，并会在发展的过程中不断得到新的力量的补充而不断扩大，形成网络风潮。

以“网络群体性事件”的发生为例。冲突社会学的研究表明，社会冲突的根源在于利益冲突，利益冲突反映到心理上就是心理冲突，心理冲突反映到行动上就形成社会冲突。利益—矛盾—冲突是社会心理冲突的发生机制。从当前我国社会发展情况来看，改革在普遍提高人们生活水平的同时，诱发了社会成员越来越高的社会期望，并且期望程度和现实生活水平之间形成了越来越大的差距，这是社会冲突乃至社会动荡发生的重要社会心理因素。在“网络群体性事件”中，参与各方因实际利益、假想利益或精神利益受损，又无法通过现实正常的合法合理合情的渠道获得解决，从而产生精神受辱、人格被贬、利益被侵和需要受阻等心理，经长期积累，在适当的社会诱因下很容易引发冲突行为，并通过网络的力量而不断被放大。仔细分析“网络群体性事件”便可发现，参与各方的社会心理特征主要表现为以下四种：

从众心理。从众，俗称“随大流”，指团体成员由于受到团体压力等因素的影响而存在知觉、判断、信仰或行为上与多数人趋于一致的现象。“当人们聚集到一起时，一个群体就诞生了。他们混杂、融合、聚变，获得一种共有的、窒息自我的本性。他们屈从于集体的意志，抵制自己的意

---

① 尽管要求网上注册需要实名登记，但在多数场合（如论坛）下，对于网民的具体的个人身份的追寻并不是时常发生。

志。这种压力是真正的威胁，许多人有被淹没的感觉。”① “网络群体性事件”中的公众心理，大多属于一种盲目从众，即盲从。盲从是指不问是非地附和别人，在群体性事件中是一种普遍存在的心理现象，是公众在群体性事件影响下的一种非理性的心理反应。由于群体性事件中各种信息真假掺杂，公众无法做出正确判断，容易受群体行为和情绪影响，往往会不假思索就盲目跟从附和多数人的意见。在许多“网络群体性事件”中，部分公众就是出于看热闹的原因而参与进来的。

同情心理。同情是一种不期望报答、出于自觉自愿的助人行为，是人类固有的一种内存心理活动。一般来说，当弱势群体遭遇强势群体的时候，对弱者的同情与支持是社会心理中的一种集体无意识。这种集体无意识的突出特点在于，由于实施帮助的人认定自己站在道德的制高点上，是为弱者鸣不平的仗义执言，所以在心理与行为上就表现出浓厚的道德特征，即心理上的优越感、行为上的正当性。可以说，在“网络群体性事件”中，对弱者的同情是参与各方彰显正义的道义旗帜。以“邓玉娇案”为例，之所以能够吸引网络的关注，并通过网络的放大形成社会焦点，就是因为包括网民在内的社会公众将对弱者的同情之心、怜悯之心和寻求公正的社会愿望寄托在一介弱女子的身上。

搭便车心理。奥尔森在其名作《集体行动的逻辑》中提出了“搭便车理论”。他认为，公共物品一旦存在，每个社会成员不管是否对这一物品的产生做过贡献，都能享受这一物品所带来的好处。公共物品的这一特性决定了当一群理性的人聚在一起想为获取某一公共物品而奋斗时，其中的每一个人都可能想让别人去为达到该目标而努力，而自己则坐享其成。“搭便车理论”对我们分析“网络群体性事件”中的部分个体心理的启发意义就在于，部分人群之所以能够参与进集体行动中来，其实是对集体行为与政府反应的一次博弈行为。如果集体行为能够引起政府重视，并获得政府对相关问题的解决，那么个体的利益就有可能获得解决；如果集体行为造成一定的社会后果，导致政府的强硬反应，那么参与个体也会因法不责众的心理和旁观的角色意识来淡化自身的行为后果，避免给自身利益带来损害。针对这种群体心理，勒庞也明确指出：“即使仅从数量上考虑，形成群体的个人也会感觉到一种势不可挡的力量，这使他敢于发泄出自本

① ［法］塞奇·莫斯科维奇著，许列民、薛丹云、李继红译：《群氓的时代》，江苏人民出版社2006年版，第19页。

能的欲望；而在独自一人时，他是必须对这些欲望加以克制的。他很难约束自己不产生这样的念头：群体是个无名氏，因此也不必承担责任。这样一来，总是约束着个人的责任感便彻底消失了。”① 在当前我国发生的一些“网络群体性事件”中，正是这种“搭便车心理”导致部分群众主动参与进来。

泄愤心理。即通过一些极端方式宣泄自身对他人或社会的不满。它其实是一种挫折攻击行为的表现。从社会心理学的角度来看，如果人们无法适应社会发展带来的新变化，无法接受新事物，无法与变化了的社会环境相协调时，就会产生挫折感，甚至产生恐惧感和破坏欲。如果社会没有提供合理、畅通的消解渠道，这种挫折感就会以不理智的行为方式表现出来。参与无直接利益冲突的个体因自身遭遇挫折而又得不到公权力的救助，积怨会越来越深，一旦遇到群体性事件的发生，就很容易将个体心理冲突行为化。而且，相对于大部分参与群体来说，法不责众的侥幸心理也成为刺激心理冲突行为化的推进剂。“群体感情的狂暴，尤其是在异质性群体中间，又会因责任感的彻底消失而强化。意识到肯定不会受到惩罚——而且人数越多，这一点就越是肯定——以及因为人多势众而一时产生的力量感，会使群体表现出一些个人不可能有的情绪和行动。在群体中间傻瓜、低能儿和心怀妒忌的人，摆脱了自己卑微无能的感觉，会感觉到一种残忍、短暂但又巨大的力量。”②

可见，“网络群体性事件”中的各参与群体的心理不是一个简单的社会心理表达，而是一个包括各类型特征的心理集群。在这一心理集群中，可以分为正性、中性和负性三个层面的心理状况：同情心理构成了参与群体心理结构的核心位置，它赋予了心理行为选择的道义特征，是一种正性心理状况。从众心理和“搭便车”心理是构成群体行为规模化、类集团性的普遍心理原因，它具有两极化发展的中性心理特征——随着事件发展的情势变化，从众心理和“搭便车”心理有可能向同情心理发展，又可能向负性方面发展。泄愤心理在参与群体的心理集群中只是极小一部分人的心理状况，但其破坏力却是最大的，往往也是造成群体事件恶性发展的主要

① ［法］古斯塔夫·勒庞著，冯克利译：《乌合之众——大众心理研究》，广西师范大学出版社2007年版，第49—50页。

② ［法］古斯塔夫·勒庞著，冯克利译：《乌合之众——大众心理研究》，广西师范大学出版社2007年版，第66页。

因素。网络空间领域的形成以及由此而带来的活动主体与利益诉求的多元性，对党和政府的治理能力提出了新要求。因此，通过重塑党和政府的意见表达能力，无疑可以成为治理的新思路、新途径。

（三）网络群体的“多疑”，需要网络党组织意见表达的“理性关怀”

网络群体的“多疑”，既是指网络民众所持有的怀疑心理，同时又关涉到党和政府的公信力问题。从网络民众的多疑来看，这是网民一个比较普遍的心理状态。造成这种多疑心理的原因有两个：一方面是源于现实社会生活诚信缺失所引发的普遍性的道德危机，使得个体常常是用一种戒备的心态去处理与他人的关系。这种持续性的非正常心理状态，在网络空间更是被加倍夸大。由于网络的匿名性特征，使得个体的年龄、性别、姓氏、职业、家庭等个体存在的表征都被隐匿起来，人与人之间的交往失去了现实物理空间明确的信息判断能力，从而进一步加剧了这种怀疑心理。这是网民多疑心理的另一方面原因。有观察家就“华南虎事件”所引发的社会普遍猜疑中认识到，“对于这种‘猜疑一切’的舆论氛围，我过去曾认为这是一种社会信任制度缺失下的制度性焦虑：由于社会在透明度、法治化、规范性、诚信度等基础秩序上非常差，在看惯了一个个黑幕和丑闻后，在遭受过一次次的权力排挤和关系暗算后，人们总感觉每件事后必有一双罪恶的双手在操纵着一切。所谓‘一朝遭蛇咬，十年怕井绳’，猜疑，是缺乏制度预期下公众对现实一种悲观的过度防卫”，“后来经过了‘华南虎’事件，质疑越来越多，猜疑思维越来越普遍化，甚至毫无根据地怀疑‘嫦娥’失踪和月球图片造假，我感觉问题并非都出在制度上，‘猜疑一切’中也有人们自身的毛病和网络的弊病。作为一种吸引关注和制造轰动的姿态，怀疑越来越无厘头和娱乐化，已经成为一种大众狂欢的方式”。[①]

不过，事物总是具有两面性。网络多疑心理的另一面就是轻信。对一些不加证实的信息盲目轻信，又反过来加剧了怀疑的心理。而这种轻信心理背后隐藏的群体思维则是感性的形象思维而非理性的逻辑思维。在形象思维的习惯下，“一些可以轻易在群体中流传的神话之所以能够产生，不仅是因为他们极端轻信，也是事件在人群的想象中经过了奇妙曲解之后造成的结果。在群体众目睽睽之下发生的最简单的事情，不久就会变得面目全非。群体是用形象来思维的，而形象本身又会立刻引起与它毫无逻辑关

---

① 曹林：《虎照事件，怀疑一切或许也不是好事》，《今日快报》，2007 年 12 月 3 日。

系的一系列形象。我们只要想一下，有时我们会因为在头脑中想到的任何事实而产生一连串幻觉，就很容易理解这种状态。我们的理性告诉我们，它们之间没有任何关系。但是群体对这个事实却视若无睹，把歪曲性的想象力所引起的幻觉和真实事件混为一谈。群体很少对主观和客观加以区分，它把头脑中产生的景象也当作现实，尽管这个景象同观察到的事实几乎总是只有微乎其微的关系。”①

从政府公信力的角度来看，公信力的下降与社会怀疑心理的增长，其实是一个事物的正反两方面。两者之间互为因果，互相影响。正如蒂利所言：“政权的政治品质在很大程度上是由民众的基本信任网络（basic trust networks）与统治者的统治策略（strategic of ruke）之间的关系决定的。就此意义而言，公共政治包含了所有显而易见地存在于所涉之政治角色和政府代理人之间的交互行为。”② 但是，从根本上来说，政府自身是主要原因。从近年来发生的一系列网络舆情事件来看，一个重要的现象就是，网络舆情之所以风潮迭起，其导火索往往就是政府不能对事件进行信息的及时公开，在对事件进行解释时缺乏诚恳，敷衍塞责，“一些地方发生重大生产安全事故和食品安全事故给人民群众生命财产造成重大损失。从这些事件中反映出，一些干部缺乏宗旨意识、大局意识、忧患意识、责任意识，作风浮躁、管理松弛、工作不扎实，有的甚至对群众呼声和疾苦置若罔闻，对关系群众生命安全这样的重大问题麻木不仁”③，以致让社会公众大失所望，由此造成政府公信力的不断下降。

而另一方面，造成政府公信力下降的原因就在于政府职能定位的模糊性。作为一个良治政府，政府的最大功能与意义在于为社会提供公共服务。这种面向全社会的公共服务特性要求政府必须处在一种超脱、超越的位置上，在社会各方利益博弈过程中担任规则的制定者、矛盾的协调者与问题的裁判者，以体现良治政府的超越性与公正性。当前我国经济生活中的利益关系失衡，以及由此引发的群体性事件，往往与一些地方政府和部门直接介入市场活动甚至成为市场中的利益主体有直接关系。如征地、拆

---

① ［法］古斯塔夫·勒庞著，冯克利译：《乌合之众——大众心理研究》，广西师范大学出版社2007年版，第59页。

② ［美］查尔斯·蒂利著，胡位钧译：《信任与统治》，世纪出版集团、上海人民出版社2010年版，第6页。

③ 胡锦涛在2008年9月19日中央党校举办的“全党深入学习实践科学发展观活动动员大会暨省部级主要领导干部专题研讨班”的讲话。

迁等事务中存在的利益冲突与矛盾。政府介入市场并在相当程度上成为利益主体，损害了政府在各方利益博弈中的超越性与公正性，不仅影响到政府处理群体利益冲突事件的公信力，而且往往使政府成为利益冲突的标的，不得不为社会秩序的局部失范和干群关系恶化吃下苦果。哈耶克指出，尽管每个人可能都希望国家以某种方式采取行动，但在政府应该干什么的问题上，几乎有多少种不同的人，就有多少种不同的看法。因此，随着我国经济政治改革的逐步深入，政府必须在科学执政、民主执政的执政理念下，重新定位自身功能，要加快推进政企分开、政资分开、政事分开、政府与市场中介组织分开，规范行政行为，加强行政执法部门建设，减少和规范行政审批，减少政府对微观经济运行的干预，努力建设服务型政府。

因此，作为网络党组织而言，在面对网民多疑的情况下，必须坚持实事求是的理性精神，通过信息公开、事实说明来重塑公信力。

三、拓展意见表达能力的途径

网络党组织的意见表达能力作为网络话语权的集中表现形式，是通过意见表达的准确性、有效性，而不是通过组织权力的威压来实现对话语的争夺。因此，如何在一个观点多元、意见分歧、利益分殊、身份虚拟的网络空间领域，实现党对网络民众的思想引领，就是一个迫切需要解决的理论和现实问题。具体来说，要提升网络党组织的意见表达能力，应该注重以下三个方面的着力点。

（一）增强意见表达的解释力

所谓解释力，是就意见表达分析的科学性与准确性而言的。治理网络舆情，是党和政府在信息网络时代面临的一个主要问题。作为这一职责的主要承担者，网络党组织要想真正发挥舆情治理的力量，必须提升意见表达的科学性和准确性。即必须在尊重事实的基础上，从人民群众的根本利益出发来分析问题。

以“网络群体性事件”为例。此类事件中有一个突出的现象就是“无直接利益现象”，其典型特点就是参与群体虽然不是事件的直接利益相关者，但却有其自身的利益诉求。一般来说，参与群体的利益表达需求可以分为两个层面：一是显性需求；二是隐性需求。

所谓显性需求，就是事件激发主体获取直接利益的诉求。在“无直接利益冲突现象”中，显性需求主要是指直接利益相关者的利益诉求。一般来说，显性需求容易激发社会的心理共振，是无直接利益各方参与行为选择的“心理诱发剂”。事实上，很多群体性事件之所以发生，往往就是由于事件的直接相关者所提出的利益诉求能够获得其他社会群体的肯定与支持。

所谓隐性需求，就是事件参与各方的利益弥补与期望。如果说，显性利益需求是群体事件的促发剂，那么，隐性利益需求则是推动群体事件深入发展的主要动力，其实质是隐性动机导致显性行为。在“无直接利益冲突现象”中，隐性利益需求是诱导各方参与的深层原因。可以说，隐性需求表达了参与各方的利益弥补与期望。对于无直接利益的参与各方来讲，他们之所以能够主动参与并由此形成群体事件，很大一部分原因就是他们自身的利益受损而得不到有效解决，或是对维护自身利益的未来期望值比较低引起的。

可以说，在“无直接利益冲突现象”中，事件激发主体的显性利益需求是群体事件得以发生的促发因素；事件参与群体的隐性利益需求则是构成群体事件扩大化、深度化的动力群，是群体事件发生发展的关键因素。因此，要提升网络党组织意见表达能力的解释力，就必须正视网络舆情发生发展中的社会利益诉求，忽视、轻视甚至无视公众的利益，必将破坏党和群众的血肉联系，使党和政府的公信力下降，从而影响党和政府在人民群众中的形象。

（二）提升意见表达的亲和力

所谓亲和力，是就意见表达态度的大众性与亲民性而言的。当前部分基层政权在群体利益冲突事件中的决策失当、处置失措，从根本原因上来看，主要在于传统执政思维的僵化与惯性和现实经济社会生活发展的错位。在传统的执政思维视野中，对社会冲突认识更多地是从政治意义上来理解，突出的是革命性的意识形态色彩，从而将正常的社会冲突视为社会病态的表现，抹杀了社会冲突对维护社会系统所发挥的正功能。但是，随着我国改革开放的深入发展，1949 年以后确立的全能主义的国家—社会关系开始解体，社会的独立性逐步增强，社会自治的范围逐步扩大，公众的民主意识和独立意识有了极大的增强。再以革命性的意识形态说教来理解现实生活的利益冲突，试图压制群体间的利益冲突，不仅不能降低冲突的总能量，“只能使冲突没入表层之下，在那里，它酝酿着、积累着，长期不被人们察觉。然而不管怎样，被浸没的冲突总要周期性地爆发出来。当它爆发出来的时候，往往采取暴力革命的形式”[1]。因此，必须转变治理思维，树立科学执政、民主执政、依法执政的新的执政理念，以一种务实、理性的态度对待当前我国社会发生的群体利益矛盾和冲突以及由此引发的“网络群体性事件”，就事论事，而不是无限上纲，动辄“扣帽子”，以强力的手段去压制压服，结果只能是适得其反。正如卢梭所言：“向强力屈服，只是一种必要的行为，而不是一种意志的行为，它最多也不过是一种明智的行为而已”，它不可能使人们产生义务感，因为“强力并不构成权利，而人们只对合法的权力才有服从的义务”。[2]

因此，要想提高意见表达的亲和力，就必须坚持以理服人的态度，慎用强力。具体来说，就是要建立理性的冲突化解机制，除了应以法律规范为基本准则对社会利益进行分配、协调和化解外，还必须严格界定警务活动与非警务活动的界限，做到有法可依、有章可循、出警有据，对必须动用警力的非警务活动，在行为上进行规范。时任公安部部长孟建柱特别指出，在处置群体性事件中，要明确公安机关的主要任务是维护现场秩序，化解矛盾，制止过激行为，防止局势失控。工作中，必须讲究政策、讲究策略、讲究方法，坚持“三个慎用”（慎用警力、慎用武器警械、慎用强制措施），坚决防止因用警不当、定位不准、处置不妥而激化矛盾，坚决防止发生流血伤亡事件。要严格请求报告制度，凡调用警力参与重大非警务活动，必须逐级上报、严格审批；情况特别紧急，不及时果断采取措施难以有效控制事态时，要边出警、边处置、边报告。[3]

（三）扩大意见表达的影响力

所谓影响力，是就意见表达效度的广泛性和有效性而言的。要扩大网络党组织意见表达在网络领域的影响力，就必须在培养网民的法治精神和理性精神下功夫。迈克尔·沃尔泽指出：“对公共事务的关注和对公共事业的投入是公民美德的关键标志。”[4] 因此，网络党组织必须将增强公民的法治精神和培育公民利益诉求的理性妥协精神作为扩大党和政府在网络空

---

① ［美］D. P. 约翰逊著，南开大学社会学系译：《社会学理论》，国际文化出版公司1988年版，第608页。

② ［法］卢梭著，何兆武译：《社会契约论》，商务印书馆1980年版，第13—14页。

③ 孟建柱：《深入学习实践科学发展观，做党的忠诚卫士和人民群众的贴心人》，《求是》，2008年第21期。

④ Walzer, Civility and Civic Virtue, p. 64.

间影响力和领导力的重要内容。

一是要倡导理性，搞好法治宣传教育。从当前我国发生的“网络群体性事件”来看，参与群体的绝大多数人是出于一种义愤而参与其间，但情绪的义愤往往在受到刺激后会转变成为对现存法治秩序的破坏，从而导致社会秩序的局部失落，表明当前我国公民的公民意识，特别是其中的法治意识并不成熟，还有待进一步的提高。所谓公民意识，即是意味着作为个体的公民，享有公民权利，有强烈的自我意识，人权意识，承担由公民权利引发的责任与义务，为自己的行为负责，遵守法律，以维护法制为己任。健康理性的公民意识既是教育熏陶的结果，同时也是在法制建设的实践中磨练出来的。因此，建设一个法制社会既是防止群体利益冲突事件的需要，也是构建和谐社会之必需。具体来说，其一要加强群体利益事件的相关立法工作，规范群体利益的博弈行为，避免暴力化倾向的滋生蔓延。一方面，就当前的相关法律现状来讲，应该以《国家应对突发事件总体应急预案》为总纲，规范各级政府的处置行为；另一方面，要进一步加强和完善群体利益表达程序的法制化建设，使表达机制常规化、合法化。其二要加大治理政府寻租、官员腐败等问题，增强政府的合法性与公信力。不得不说，当前我国很多群体利益冲突事件中，之所以参与群众对政府抱有怀疑心理，很大一部分原因就是由于腐败现象的存在造成的。据最高人民法院院长王胜俊向全国人大常委会做工作报告时透露，2003 年至 2008 年上半年，全国法院判处的罪犯中，原县、处级以上公务人员 4525 人，同比上升 77.52%。五年来，全国法院从严惩处贪污贿赂、渎职等职务犯罪，判处罪犯 12 万余人，同比上升 12.15%。[①] 这两组数据显示，滥用公权资源导致的犯罪呈急剧攀升态势，其对公众利益的伤害不可能不广泛，其对政府公信力的危害不可能不深重。所以，要倡导全社会形成理性平和的利益博弈态度和行为，没有对政治生态环境的根本改善，只能是本末倒置。

二是要培育妥协，大力构建和谐文化。和谐文化及和谐社会的构建，本质上要求社会各方的利益能够以一种“共赢”而非“零和”的态度达到利益博弈与问题解决。因此，培育社会的政治经济利益的妥协精神，不仅能够折射出政府治理理念的转变，也标志着一个成熟文明、现代理性的公民社会的形成。所谓妥协，意味着对利益冲突各方特别是少数一方权利的尊重，妥协的达成也依赖于各方的积极参与、平等协商与同意，因此，就

① 《报刊文摘》，2008 年 11 月 5 日。

其实质价值来看，妥协是与人民的同意这一民主政治的核心理念相一致的[①]。在我们过去的生活中，一旦发生了分歧和冲突，往往总是用全胜全负的方式来解决。在这样的一种冲突模式中，总是将冲突看作是正确与错误的斗争，总是期待正确全胜而错误全负的结局。实际上，在这样的利益矛盾和利益冲突中，关键的问题往往不是正确与错误的对立，而是一种利益的博弈。[②] 就当前我国出现的“网络群体性事件”中的利益冲突而言，参与各方的利益诉求目的是利益博弈和解决问题，冲突的结果往往不是哪一方的彻底胜利，而是妥协和让步。构建和谐文化的精神实质在于社会各方力量的相互让步与妥协，而其物质诉求则在于要求这种让步与妥协心理和行为的制度化，以形成制度性依赖和忠诚，从而有助于利益冲突的体制性解决。正如罗尔斯在《正义论》中所指出的，“给予不宽容者以自由可以说服他们信奉自由，这种说服是基于下述心理原则而起作用的：如果其他情况相同的话，那么其自由受到一种正义宪法保护并且自己能从这种宪法中获利的人，会在一段时间后变得忠诚于这种宪法。”[③] 如果人们能够通过制度性的参与、协商来实现其利益诉求，那么，即便最终结果并非全如所愿，“公平”感的心理获得与尊重，会使人们对体制性的问题处理程序和方法更有信心，并引导人们付出加倍的努力在合法规则下竞争，从而实现群体利益诉求的规范、合法、有序。正如英克尔斯所言：“如果一个国家的公民缺乏一种能赋予这些制度以真实生命力的广泛的现代心理基础，如果执行和运用这些现代制度的人，自身还没有从心理、思想、态度和行为方式上都经历一个向现代化的转变，失败和畸形发展的悲剧结局是不可避免的。”[④]

总之，网络空间领域虚实结合的特点，以及网络空间所孕育的社会能量，要求网络党组织必须肩负起团结、凝聚广大网民的任务，使党的执政基础深深扎根于网络之间。正如蒂利所说：“民主的未来取决于信任网络与政权体系的关系，倘若信任网络广泛地脱离了公共政治，那么，其发生之日便是民主受损之时。此外，社会保障或医疗保健的私营化、社会精英

① 龙太江：《理解妥协——对一种政治现象与政治精神的学理分析》，陈明明：《革命后社会的政治与现代化》，上海辞书出版社2002年版，第138页。

② 孙立平：《博弈——断裂社会的利益冲突与和谐》，社会科学文献出版社2006年版，第232页。

③ ［美］约翰·罗尔斯著，何怀宏、何保钢、廖申白译：《正义论》，中国社会科学出版社1988年版，第209页。

④ 殷陆君编译：《人的现代化》，四川人民出版社1985年版，第4页。

或少数群体不再进入公立学校、电子通讯取代了政治行为人的面对面沟通，凡此种种均潜在地导致了当今民主制度下既有信任网络与公共政治的破坏性分离，并进而败坏了民主。”[①]

① ［美］查尔斯·蒂利著，胡位钧译：《信任与统治》，世纪出版集团、上海人民出版社2010年版，第14页。

结束语

网络党建：信息时代中国共产党的创新发展

列宁指出：“无产阶级在争取政权的斗争中，除了组织，没有别的武器。”①

以互联网为代表的信息网络技术的深入发展，使得当代中国社会逐步从工业社会开始向信息社会过渡。党的建设的社会环境呈现出工业社会与信息社会相互交织的复杂特点。这一转型时期社会发展的结构性特点在相当长时期内必然会对党的建设产生长远影响。

一方面，工业社会成熟的组织形态与适应于组织结构的组织伦理、组织话语等组织体系仍然在发挥着积极而主导的作用。但是，工业社会持续发展下的传统社会结构的不断分化、重组，党的全社会覆盖开始出现“盲点”，既有的组织结构无法容纳更多的社会力量。另一方面，互联网的发展则进一步加剧了社会的阶层分化，并带来了影响组织形态发展的新的政治文化和政治价值。“扩展型及多样化网络不仅是一种具体的组织目标，它自身还是具有高度价值观的文化目标。自我产生、自我发展、自我管理的网络成为一种广泛传播的文化思想，不仅提供有效的政治组织模式，而且从整体上还提供了一种社会重组模式。”② 一种与现存政党大异其趣的新的政治文化逐步产生，并在信息网络技术的支持和社会公众的心理趋向下日益壮大。“随着政治组织内部信息流的增加，越来越多的人士在官方的功能和作用也就越独立，韦伯式的科层制的基础之一被弱化了：这些作用作为诸功能之一，使其与信息和通信的分隔正式区分出来。在这些条件下，非正式的、灵活的结构所呈现出的重要性，是越来越实质性的。……随着信息成本越来越低，协议式的关系、临时的联盟以及特设的合作和伙伴关系等，更容易作为传统的层级组织结构的替代物。”③

---

① 列宁：《进一步，退两步——我们党内的危机》（1904 年），《列宁全集》第 8 卷，人民出版社 1961 年版，第 415 页。

② ［美］曼纽尔·卡斯特著，周凯译：《网络社会——跨文化的视角》，社会科学文献出版社 2009 年版，第 389 页。

③ ［美］宾柏著，刘钢等译：《信息与美国民主：技术在政治权力演化中的作用》，科学出版社 2011 年版，第 96—97 页。

因此，如何应对工业社会向信息社会转型发展带来的双重社会环境中的党的建设，就成为中国共产党必须解决的战略问题。正如刘少奇所言："党的组织形式和工作方法，是依据党所处的内外环境和党的政治任务来决定的，必须具有一定的限度的灵活性。如果党的组织形式和环境变更，工作条件改变，党提出了新的政治任务，那么，党的组织形式和工作方法，也必须有所改变。"[①] 网络党建的提出及其实践推进，是中国共产党在信息网络时代的重大创新发展，也是解决转型时期双重社会交织复杂结构带来的党的建设迫切问题的重大战略举措。其意义在于：

一是网络党建代表了党的建设适应信息时代发展的趋势性。无论承认与否，信息网络技术的迅速发展及其社会应用，已经开始形成一个区别于以往任何社会的新的社会形态——信息网络社会。"信息技术革命和资本主义的重构，已经诱发了一种新的社会形式——网络社会。它的典型特征是战略决策性经济活动的全球化、组织形式的网络化、工作的弹性与不稳定性、劳动的个体化、由一种无处不在的纵横交错的变化多端的媒体系统所构筑的现实虚拟的文化，以及通过形成一种占主导地位的活动和占支配地位的精英所表达出来的流动的空间和无时间的时间，而造成的生活、时间和空间的物质基础的转变。这个新的社会组织形式以其普遍的全球性，扩散到了全世界，一如工业资本主义及其孪生敌人——工业国家主义在20世纪所做的那样，它撼动了各种制度，转变了各种文化，创造了财富又引发了贫穷，激发出了贪婪、创新和希望，同时又强加了苦难，输入了绝望。不管你是否有勇气面对，它的确是一个新世界。"[②] 中国共产党要始终保持党的活力，就必须对这一社会变革进行充分的思想准备。网络党建的提出及其以信息化为契入点所进行的党建实践，已经表明了中国共产党在适应未来信息网络社会所进行的有益尝试。

二是网络党建代表了党的建设适应信息时代发展的包容性。网络党建的实践是在中国社会不断分化重组的转型时期进行的。面对社会层出不穷的新情况、新问题，党的建设必须在传统党建的基础上进行创新发展。因此，可以说网络党建是对传统党建的继承与发展，两者既有区别，又是互相包容的。网络党建与传统党建最大的区别在于：网络党建是基于信息网

① 《刘少奇选集》上卷，人民出版社1981年版，第316—317页。

② ［美］曼纽尔·卡斯特著，曹荣湘译：《认同的力量》，社会科学文献出版社2006年版，第1—2页。

络平台而进行的党的建设。那么，网络党建是否就可以界定为是传统党建在信息传播、工作手段、工作领域的技术创新和工作延伸呢？从各级党委组织部门以信息化网络技术推进党建工作的实践表明，基于信息网络平台开展工作的网络党建，不仅是对传统党建在技术手段、工作方式上的丰富和完善，更为重要的是网络在赋予了网络党建的技术创新意义的同时，又赋予了网络党建新的社会政治意义。这就是在网络生活已经逐渐深入到社会生活，成为人们日常生活的重要组成的新情况下，网络党建在一个与现实世界相互依存相互影响的“虚拟世界”开展工作。“虚拟世界”的党建工作，有自己独特的工作原则、目标任务和方式方法。可以说，传统党建与网络党建的关系，既是互相补充，又是互相影响，而不能简单地认定网络党建只是传统党建工作方法上的技术创新。

三是网络党建代表了党的建设适应信息时代发展的系统性。网络党建的提出与实践，是一个系统工程。具体来说，主要应包括三个层面：第一个层面是技术层面，是指运用信息化网络技术加强和改进党建工作，其目的是运用信息化手段提高党建工作的水平和实效。比如借助于办公自动化等手段。第二个层面是组织层面，即运用信息网络技术，通过功能开发、资源保障，把分散在社会各个角落的党员组织起来，让他们在网上活动起来、作用发挥出来，在网络空间实现新的组织化。比如党员党组织信息的录入、“网上党支部”的开展等。第三个层面是价值层面，是指网络党建不仅仅局限于党建网站等平台，而是要通过组织党员干部主动参与网络活动，发出主流声音，引领社会价值，再造身份认同，夯实群众基础。从当前网络党建的实践来看，对以上三个层面都有所涉猎，但总体看更主要地集中于第一层面，即以数据库、平台、系统等各项硬件建设为基础，进行模块设计、功能开发、系统实施，有待于向第二、第三层面大力推进，特别是组织发动党员骨干，参与社会网站的 BBS、开通微博等，做实社会舆论的引领工作，进一步放大网络党建的实效。当然，网络党建同时也要避免可能存在的一个误区，就是一说到网络党建，就要“一刀切”，动员所有的组织和党员，运动式地从网下全部搬到网上，而不是联系实际，按需而动，强化服务，根据方便党组织组织党员过组织生活，发挥党组织和党员发挥作用的需求，实事求是地开展网络党建工作。因此，今后网络党建的发展，更应该在夯实基础的同时，从体系建设的高度进行顶层设计，预先规划，统筹发展。

总之，以互联网为代表的信息网络技术对当代世界，特别是对当代中国的影响已经日益明显。党的十八大明确提出要建设“学习型、服务型、创新型”[①] 的马克思主义执政党，中国共产党必须积极、主动地适应由信息技术发展所引起的社会变革要求，创造出新的组织形态及相应的组织体系，才能在变动不居的时代永葆生机与活力！

① 胡锦涛：《坚定不移地沿着中国特色社会主义道路前进 为全面建设小康社会而奋斗——在中国共产党第十八次全国代表大会上的报告》，人民出版社 2012 年版，第 51 页。

附　录

一、浦东新区基层党建网负责人员管理情况调查

1. 您所在街镇党建网的全称是：________________

2. 您所在街镇党建网创立于：________________

［1］2005　［2］2006　［3］2007

［4］2008　［5］2009　［6］2010

3. 您所在街镇党建网是由________________主办的？

［1］镇党委

［2］街道党支部

［3］企业党支部

［4］其他（请说明）：________________

4. 您所在街镇党建网是________________方式经营的？

［1］自主管理运营

［2］外包给专业的网络公司

［3］其他（请说明）：________________

5. 如果街镇党建网是自主管理运营，一年需要的资金投入是：________________

［1］1—2 万　［2］2—3 万

［3］3—4 万　［4］4—5 万

［5］5—6 万　［6］6—7 万

［7］7—8 万　［8］8—9 万

［9］9—10 万［10］其他（请说明）：________________

6. 自主管理运营的街镇党建网的资金支出是：________

［1］专项资金支出

［2］部门活动资金的一部分

[3] 各级负责部门自筹

[4] 其他（请说明）：______________________________

7. 如果街镇党建网是外包给专业网络公司运营，一年需要的资金投入是：__________

[1] 1—2 万　　[2] 2—3 万

[3] 3—4 万　　[4] 4—5 万

[5] 5—6 万　　[6] 6—7 万

[7] 7—8 万　　[8] 8—9 万

[9] 9—10 万　　[10] 其他（请说明）：________________

8. 街镇党建网的信息采集主要是依靠：______________________

[1] 各部门指定的信息员提供的相关部门的党组织活动

[2] 党员个人向党建网提供新闻素材

[3] 转载其他党建网的信息

[4] 其他（请说明）：______________________________

9. 街镇党建网的信息员队伍的建设是：______________________

[1] 临时人员担任

[2] 固定人员担任

[3] 其他（请说明）：______________________________

10. 街镇党建网信息员担任的时间：______________________

[1] 5 个月　　[2] 1 年

[3] 2 年　　[4] 其他（请说明）：__________________

11. 街镇党建网信息员有没有专门进行培训：________________

[1] 有　　[2] 没有

12. 如果对街镇党建网信息员有专业培训，通常是由谁来组织完成？

[1] 信息员所在的相关各部门自己培训

[2] 街镇党建网统一组织培训

[3] 专业的网络公司负责培训

[4] 以上三种方式综合培训

[5] 其他（请说明）：______________________________

13. 街镇党建网信息员的培训内容有：____________________

[1] 相关部门工作动态的采集

[2] 相关部门典型事迹的编撰

[3] 相关部门与党建网的协调

［4］其他（请说明）：______________________________

14. 街镇党建网的栏目设置有：____________________

［1］党委文件

［2］领导讲话

［3］政法工作

［4］组织工作

［5］纪检工作

［6］宣传统战

［7］武装工作

［8］群团工作

［9］党员服务

［10］基层党建

［11］其他（请说明）：______________________________

15. 上述栏目按照点击率的多少，其排序是：______________

［1］党委文件

［2］领导讲话

［3］政法工作

［4］组织工作

［5］纪检工作

［6］宣传统战

［7］武装工作

［8］群团工作

［9］党员服务

［10］基层党建

16. 街镇党建网的栏目设置依据是：______________________

［1］根据镇党委职能分工设置

［2］根据街镇党建特点设置

［3］参考其他党建网的栏目设置

［4］其他（请说明）：______________________________

17. 您对目前街镇党建网的栏目设置的意见：__________

［1］突出基层党建活动的信息

［2］强化上下级党组织的沟通

［3］搭建基层党支部活动平台

[4] 其他意见（请说明）：______________________________

二、浦东新区基层党建网支部书记使用情况调查

作为基层党支部书记，请您根据支部开展活动时，利用党建网的实际情况，对下述问题做出回答。谢谢配合！

1. 请根据您在开展基层党务活动时利用党建网的实际情况，按照从多到少的顺序对下面所列的党建网站进行排序：________________

[1] 中国党建网

[2] 浦东党建网

[3] 中国基层党建网

[4] 上海基层党建网

[5] 上海两新互动网

[6] 浦东人才党建网

[7] 所在街镇的党建网

[8] 其他党建网（请说明）：______________________________

2. 您在开展基层党支部活动时，期望通过党建网获取：__________

[1] 了解党建的最新信息和指示

[2] 了解上级党组织的活动动态

[3] 寻求上级党组织的指导和帮助

[4] 获取开展党务活动的相关资料

[5] 了解其他基层党支部活动情况

[6] 其他需要说明的情况：______________________________

3. 您认为现有的党建网能不能为基层党支部提供网上活动平台？

[1] 能

[2] 不能

[3] 其他说明：______________________________

4. 如果党建网能够为基层党支部提供网上活动平台，这种平台的表现形式是：__________

[1] 论坛的形式

[2] 专栏的形式

[3] 博客的形式

[4] e 支部的形式

[5] 其他的形式（请说明）：______________________________

5. 如果党建网能够为基层党支部提供网上活动平台，您的态度是：________________

［1］赞同

［2］不赞同

［3］无所谓，随大流

［4］其他意见（请说明）：________________

6. 您一般在开展哪些党务活动时需要借助党建网？

［1］方针政策的传达

［2］党员的学习活动

［3］远程教育

［4］其他（请说明）：________________

7. 您对目前正在开展的网络党建的意见是：________________

［1］符合互联网广泛运用对党建提出的新要求，是党建发展的必然趋势

［2］适应了党员的流动性和分散性特点，是解决组织活动困境的新尝试

［3］党建网是网络党建的主要体现形式

［4］其他意见（请说明）：________________

8. 您还有其他的意见吗？如果有，请填写：________________

三、浦东党建网社会认知效果调查问卷

尊敬的朋友：您好！为了解浦东党建网的具体运行和实际效果，我们进行这项问卷调查。请您在百忙中如实填写。填答不记名，结果无对错之分。请您在符合自己意见的选项序号上画“○”。我们真诚希望地感谢您的参与、合作。

A：您的基本信息

1. 您的性别：

［1］男

［2］女

2. 您的年龄：

［1］20—25

［2］25—30

［3］30—35

［4］35—40

［5］40—45

［6］45—50

［7］50 以上

3. 您的文化程度：

［1］初中及以下

［2］高中

［3］大专

［4］大学本科

［5］研究生及以上

4. 您的党龄：______________________________

5. 您所在的区：______________________________

6. 您所在的区是否有党建网：

［1］有

［2］没有

B：您的网络行为

1. 您上浦东党建网的情况是：

［1］经常上网

［2］较少上网

［3］极少上网

［4］从没有上过网（您的回答到此结束，谢谢您的配合）

2. 您每天平均上浦东党建网的时间：

［1］1 小时以内

［2］1—3 小时

［3］3—5 小时

［4］5 小时以上

3. 您上浦东党建网的目的是：

［1］了解并获取党建的最新信息（如果是，想找哪些信息）：______

［2］想找志同道合的同志

［3］想寻求党组织的帮助

［4］更好地开展支部活动

［5］其他：______________________________

4. 您认为浦东党建网的版面设计合理吗？

［1］合理

［2］还需要完善

5. 您比较喜欢上浦东党建网的哪些版块？

［1］党建传真

［2］党务公开

［3］党内民主

［4］“三服务”

［5］学习交流

［6］热土风采

［7］前沿探索

［8］党建专题

6. 您认为浦东党建网在版面设计方面需要改善的是（可以多选）：

［1］增强互动性，加强与个体的交流

［2］改变雷同性，突出网站个性特征

［3］扩大信息量，扩充网络信息容量

［4］其他建议______________________________

7. 您对浦东党建网的感觉是：

［1］很亲切，有一种找到组织的感觉

［2］很陌生，感觉组织离我很遥远

［3］无所谓，就是上去逛逛

8. 您在浦东党建网上反映的问题类型是：

［1］思想上

［2］生活上

［3］工作上

［4］心理上

［5］其他______________________________

9. 您在浦东党建网上所反映的问题能够得到及时答复吗？

［1］能

［2］不能

［3］能答复，但就是太慢

10. 您认为浦东党建网对哪些类型的问题答复的比较好？

［1］思想上

［2］生活上

［3］工作上

［4］心理上

［5］其他______________________________

11. 您以后还愿意在浦东党建网上反映情况吗？

［1］愿意

［2］不愿意

12. 您所在的党支部是否经常利用浦东党建网？

［1］没用过

［2］用过，但不多

［3］经常用

13. 您认为党支部利用浦东党建网开展活动的效果怎么样？

［1］一般

［2］比较好

14. 您是否认同党支部利用党建网开展党建活动？

［1］赞同

［2］不赞同

［3］无所谓

15. 您认为党支部利用党建网开展党建活动的好处是：

［1］形式新颖

［2］信息量大

［3］快捷方便

［4］其他______________________________

16. 您有没有在党建网上同其它支部书记（包括陌生网友）沟通交流的经历？

［1］有

［2］没有

17. 您在党建网上与其它支部书记沟通交流的内容是：

［1］党建方面的话题

［2］个人工作、生活方面的话题

［3］社会热焦点方面的话题

［4］其他话题

18. 您觉得在党建网上有必要使用“网名”吗？

［1］有必要，有了“网名”，讲话就放得开

［2］没有必要，党建网是个大家庭，应该坦诚相待

19. 您认为党建论坛里的气氛怎么样？

［1］不好，死气沉沉

［2］一般，每天会有几个新帖子出现

［3］热烈，发言很积极

20. 您认为党建论坛里最能引起网友兴趣的是哪些话题？

［1］党建新动态

［2］社会热焦点

［3］与个人利益比较相关的话题

［4］其他（如果方便，请您列举）__________

21. 您认为浦东党建网的更新速度怎么样？

［1］太慢，好几天都不见更新

［2］一般，每天都更新

［3］比较快，每天更新好几次

22. 您觉得浦东党建网能够全面反映基层党组织活动吗？

［1］能

［2］不能

23. 您认为浦东党建网在基层党组织活动中的作用是：

［1］有效的平台，便于和其他基层党组织联系

［2］功能不健全，基层党组织的活动还没法充分利用开展

［3］形式主义，建网而不用网

［4］其他（如果方便，请您列举）__________

24. 您认为浦东党建网能够给基层党组织活动带来什么：

［1］迅捷的信息

［2］新颖的形式

［3］方便的沟通

［4］其他（如果方便，请您列举）______________________________

调查时间：______________________________

调查区域：______________________________

调查人员：______________________________

四、第四届全国基层党建创新典型案例·“互联网＋党建”

2018年1月5日，第四届全国基层党建创新论坛暨基层党建创新典型

案例颁奖仪式在人民日报社举行。人民日报社副总编辑、人民网董事长王一彪，中央党史研究室副主任冯俊，全国党建研究会副会长、中央组织部原秘书长高世琦出席会议并讲话。来自中央党校、中央党史研究室、求是杂志社、全国党建研究会、国家工商总局、中国浦东干部学院等部门的多位党建专家分别从不同角度对基层创新实践进行了分析和点评。经过网上展示、网上公示、初评、复评和终评等环节，最后评出全国基层党建创新最佳案例和优秀案例共100个，其中最佳案例30个、优秀案例70个。在“互联网+党建”分类中，共有10个优秀案例入选：

1. 上海黄浦区：树立“大数据”理念 实现党建引领下的社区治理创新

2. 上海浦东沪东街道：“微心愿”托起社会治理“大平台”

3. 内蒙古鄂托克前旗构建“1+4”智慧党建模式的探索与实践

4. 贵州省贵阳市：聚力大数据 打造云党建——贵阳市建设“党建红云”平台提升党建工作科学化水平

5. 湖南长沙县：“口袋里”党建小阵地“零距离”党建大服务

6. 四川盐亭：移动互联网与党建深度融合之路径探索

7. 陕西白河：支部建在网上　党员连在线上

8. 湖北荆州沙市区：探索“农村党建+电商”三依托模式推进农村党建与电商产业融合发展

9. 江苏昆山：构建党建信息化管理系统积极探索信息化途径落实从严管党要求

10. 神华神东煤炭集团：“互联网+党建”创新党内政治生活平台

11. “双创”时代——非公企业91金融“互联网+党建”之路

12. 伊春市：构建“五大平台”打造开放型“互联网+党建”新模式

参考文献

[1] 薛小荣:《网络党建论：互联网时代政党的组织变革与社会适应》，时事出版社2013年版。

[2] 薛小荣:《网络党建能力论：信息时代执政党的网络社会治理能力》，时事出版社2014年版。

[3] 薛小荣:《互联网企业党建：技术、资本与政治逻辑张力下的政党治理》，时事出版社2018年版。

[4] 刘文海:《技术的政治价值》，人民出版社1996年版。

[5] 刘建军:《单位中国：社会调控体系重构中的个人、组织与国家》，天津人民出版社2000年版。

[6] 李永全:《俄国政党史——权力金字塔的形成》，中央编译出版社2006年版。

[7] 苗秀娟、王敏主编:《军队网络党组织建设》，国防大学出版社2007年版。

[8] 杨立英、曾盛聪:《全球化、网络化境遇与社会主义意识形态建设研究》，人民出版社2007年版。

[9] 陈丽凤:《中国共产党领导体制的历史考察（1921—2006)》，上海人民出版社2008年版。

[10] 雷启立:《传媒的幻象：当代生活与媒体文化分析》，上海书店出版社2008年版。

[11] 袁进、丁云亮、王有富:《身份建构与物质生活：20世纪50年代上海工人的社会文化生活》，上海书店出版社2008年版。

[12] 王长江:《政党论》，人民出版社2009年版。

[13] 胡泳:《众声喧哗：网络时代的个人表达与公共讨论》，广西师范大学出版社2008年版。

[14] 李永刚:《我们的防火墙：网络时代的表达与监督》，广西师范大学出版社2009年版。

[15] 田青毅、张小琴：《手机：个人移动多媒体》，清华大学出版社 2009 年版。
[16] 中共中央宣传部舆情信息局：《网络舆情信息工作理论与实务》，学习出版社 2009 年版。
[17] 郭玉锦、王欢编著：《网络社会学》，中国人民大学出版社 2010 年版。
[18] 匡文波：《手机媒体：新媒体中的新革命》，华夏出版社 2010 年版。
[19] 余红：《网络时政论坛舆论领袖研究——以强国社区“中日论坛”为例》，华中科技大学出版社 2010 年版。
[20] 彭兰：《网络传播学》，中国人民大学出版社 2010 年版。
[21] 丁俊杰、张树庭主编：《网络舆情及突发公共事件危机管理经典案例》，中共中央党校出版社 2010 年版。
[22] 唐魁玉：《网络化的后果——日常生活与生产实践的变迁》，社会科学文献出版社 2011 年版。
[23] 石海明、刘杨钺、张茜：《适应者死亡：媒体狂欢时代的全球战略博弈》，武汉出版社 2011 年版。
[24] 喻国明等：《微博：一种新传播形态的考察——影响力模型和社会性适应》，人民日报出版社 2011 年版。
[25] 谢耕耘主编：《中国社会舆情与危机管理报告（2011）》，社会科学文献出版社 2011 年版。
[26] 连玉明、武建忠：《中国舆情报告（2011）》，中国时代经济出版社 2011 年版。
[27] 夏德元：《电子媒介人的崛起——社会的媒介化及人与媒介关系的嬗变》，复旦大学出版社 2011 年版。
[28] 蒋淑媛：《网络媒介社会功能论》，新华出版社 2011 年版。
[29] 周淑真：《政党政治学》，人民出版社 2011 年版。
[30] 祁刚利：《政党民主论》，中央编译出版社 2011 年版。
[31] 高骥、虞志灏等：《基层党建 e 时代》，上海人民出版社 2012 年版。
[32] 喻国明主编：《中国社会舆情年度报告（2012）》，人民日报出版社 2012 年版。
[33] 樊浩等：《中国大众意识形态报告》，中国社会科学出版社 2012 年版。
[34] ［法］阿芒·马拉特著，陈卫星译：《世界传播与文化霸权——思想

与战略的历史》，中央编译出版社 2001 年版。

［35］［法］古斯塔夫·勒庞著，佟德志、刘训练译：《革命心理学》，吉林人民出版社 2001 年版。

［36］［美］曼纽尔·卡斯特著，夏铸九等译：《网络社会的崛起》，社会科学文献出版社 2001 年版。

［37］［德］托玛斯·迈尔著，殷叙彝译：《社会民主主义的转型：走向 21 世纪的社会民主党》，北京大学出版社 2001 年版。

［38］［美］约书亚·梅罗维茨著，肖志军译：《消失的地域：电子媒介对社会行为的影响》，清华大学出版社 2002 年版。

［39］［美］杰弗里·庞顿、彼得·吉尔著，张定淮等译：《政治学导论》，社会科学文献出版社 2003 年版。

［40］［美］哈罗德·D. 拉斯韦尔著，张洁、田青译：《世界大战中的宣传技巧》，中国人民大学出版社 2003 年版。

［41］［加］哈罗德·伊尼斯著，何道宽译：《帝国与传播》，中国人民大学出版社 2003 年版。

［42］［美］凯斯·桑斯坦著，黄维明译：《网络共和国：网络社会中的民主问题》，世纪出版集团、上海人民出版社 2003 年版。

［43］［俄］B. A. 利西奇金、JI. A. 谢列平著，徐昌翰等译：《第三次世界大战：信息心理战》，社会科学文献出版社 2003 年版。

［44］［俄］谢·卡拉—穆尔扎著，徐昌翰等译：《论意识操纵》，社会科学文献出版社 2004 年版。

［45］［法］加布里埃尔·塔尔德著，何道宽译：《传播与社会影响》，［美］特里·N. 克拉克编，中国人民大学出版社 2005 年版。

［46］［法］让—诺埃尔·让纳内著，段慧敏译：《西方媒介史》，桂林：广西师范大学出版社 2005 年版。

［47］［美］曼瑟·奥尔森著，苏长和、嵇飞译：《权力与繁荣》，世纪出版集团、上海人民出版社 2005 年版。

［48］［美］E. M. 罗杰斯著，殷晓蓉译：《传播学史——一种传记式的方法》，上海译文出版社 2005 年版。

［49］［美］曼纽尔·卡斯特著，夏铸九、黄慧琦译：《千年终结》，社会科学文献出版社 2006 年版。

［50］［美］曼纽尔·卡斯特著，曹荣湘译：《认同的力量》，社会科学文献出版社 2006 年版。

[51] [法] 塞奇·莫斯科维奇著，许列民、薛丹云、李继红译：《群氓的时代》，江苏人民出版社 2006 年版。

[52] [英] 齐格蒙·鲍曼著，洪涛、周顺、郭台辉译：《寻找政治》，世纪出版集团、上海人民出版社 2006 年版。

[53] [美] 沃尔特·李普曼著，阎克文、江红译：《公众舆论》，世纪出版集团、上海人民出版社 2006 年版。

[54] [美] 赫伯特·席勒著，刘晓红译：《大众传播与美利坚帝国》，上海译文出版社 2006 年版。

[55] [美] 多丽斯·A. 格拉伯等著，张熹珂译：《沟通的力量——公共组织信息管理》，复旦大学出版社 2007 年版。

[56] [法] 古斯塔夫·勒庞著，冯克利译：《乌合之众——大众心理研究》，广西师范大学出版社 2007 年版。

[57] [美] 尼尔·波斯曼著，何道宽译：《技术垄断：文化向技术投降》，北京大学出版社 2007 年版。

[58] [美] 欧文·戈夫曼著，冯钢译：《日常生活中的自我呈现》，北京大学出版社 2008 年版。

[59] [英] 丹尼斯·麦奎尔、[瑞典] 斯文·温德尔著，祝建华译：《大众传播模式论》，上海译文出版社 2008 年版。

[60] [英] 提摩太·贝维斯著，胡继华译：《犬儒主义与后现代性》，上海世纪出版集团 2008 年版。

[61] [美] 查尔斯·埃德温·贝克著，冯建兰、陈卫星译：《媒体、市场与民主》，世纪出版集团、上海人民出版社 2008 年版。

[62] [德] 阿诺德·盖伦著，何兆武、何冰译：《技术时代的人类心灵——工业社会的社会心理问题》，世纪出版集团、上海人民出版社 2008 年版。

[63] [美] 尼尔·波兹曼著，章艳、吴燕莛译：《娱乐至死》，广西师范大学出版社 2009 年版。

[64] [德] 尤尔根·哈贝马斯著，刘北成、曹卫东译：《合法化危机》，世纪出版集团、上海人民出版社 2009 年版。

[65] [美] 托马斯·德·曾戈提塔著，王珊珊译：《中介化》，上海译文出版社 2009 年版。

[66] [美] 罗伯特·W. 麦克切斯尼著，高金萍译：《传播革命》，上海译文出版社 2009 年版。

[67]［美］曼纽尔·卡斯特著，周凯译：《网络社会——跨文化的视角》，社会科学文献出版社 2009 年版。
[68]［法］弗雷德里克·巴尔比耶、卡特琳娜·贝尔托·拉维尼尔著，施婉丽、徐艳、俞佳乐译：《狄德罗到因特网：法国传媒史》，世纪出版集团、上海人民出版社 2009 年版。
[69]［美］乔治·萨拜因著，邓正来译：《政治学说史》，上海人民出版社 2010 年版。
[70]［美］大卫·斯隆著，刘琛等译：《美国传媒史》，世纪出版集团、上海人民出版社 2010 年版。
[71]［英］安德鲁·查德威克著，任孟山译：《互联网政治学：国家、公民与新传播技术》，华夏出版社 2010 年版。
[72]［美］尼古拉斯·卡尔著，刘纯毅译：《浅薄——互联网如何毒化了我们的大脑》，中信出版社 2010 年版。
[73]［美］查尔斯·蒂利著，胡位钧译：《信任与统治》，世纪出版集团、上海人民出版社 2010 年版。
[74]［荷兰］丹尼斯·麦奎尔著，崔保国、李琨译：《麦奎尔大众传播理论》，清华大学出版社 2010 年版。
[75]［美］威尔伯·施拉姆、威廉·波特著，何道宽译：《传播学概论》，中国人民大学出版社 2010 年版。
[76]［美］杰弗里·斯蒂伯著，李昕译：《我们改变了互联网，还是互联网改变了我们?》，中信出版社 2010 年版。
[77]［英］亚当·乔伊斯著，任衍具、魏玲译：《网络行为心理学——虚拟世界与真实生活》，商务印书馆 2010 年版。
[78]［美］查伦·李、乔希·贝诺夫著，陈宋卓涵译：《公众风潮：互联网海啸》，机械工业出版社 2010 年版。
[79]［美］埃里克·奎尔曼著，刘吉熙译：《颠覆：社会化媒体改变世界》，人民邮电出版社 2010 年版。
[80]［美］里克·莱文、克里斯托弗·洛克、道克·希尔斯、戴维·温伯格著，江唐、丁康吉译：《线车宣言：互联网的 95 条军规》，中国青年出版社 2010 年版。
[81]［德］施尔玛赫著，邱袁炜译：《网络至死：如何在喧嚣的互联网时代重获我们的创造力和思维力》，龙门书局 2011 年版。
[82]［美］乔纳森·齐特林著，康国平等译：《互联网的未来》，东方出

版社 2011 年版。
[83] [加拿大] 马歇尔·麦克卢汉著，何道宽译：《理解媒介：论人的延伸》，译林出版社 2011 年版。
[84] [美] 埃里克·霍弗著，梁永安译：《狂热分子：群众运动圣经》，广西师范大学出版社 2011 年第 2 版。
[85] [美] 莱文森著，何道宽译：《软利器：信息革命的自然历史与未来》，复旦大学出版社 2011 年版。
[86] [美] 爱德华·S. 赫尔曼、诺姆·乔姆斯基著，邵红松译：《制造共识：大众传媒的政治经济学》，北京大学出版社 2011 年版。
[87] [美] 宾柏著，刘钢等译：《信息与美国民主：技术在政治权力演化中的作用》，科学出版社 2011 年版。
[88] [美] 约瑟夫·奈著，王吉美译：《权力大未来》，中信出版社 2012 年版。